嘉年華的誕生

慶典、舞會、演唱會、運動會如何翻轉全世界

Dancing in the Streets:

A History of Collective Joy

芭芭拉・艾倫瑞克（Barbara Ehrenreich） 著

胡訢諄　譯

目次

導論　來跳舞吧

當歐洲人大舉展開侵略，探索他們眼中的「新世界」時，發現當地居民從事許多詭異又駭人的活動。雖然他們沒有留下可信的資料，但傳言紛紛，說有食人族，還有殺人獻祭、肉刑、人體與臉部刺青、明目張膽的性行爲。同樣讓歐洲人起雞皮疙瘩的，還有到處可見的狂熱儀式，當地居民齊聚唱歌、跳舞，唱誦到精疲力竭，甚至到更高的境界——出神。不管歐洲人走到哪裡，無不親眼目睹這些觸電般激動的儀式——澳洲的採集打獵者、玻里尼西亞的火耕農、印度的鄉下人，頻率如此之高，對白人男性與少數女性目擊者而言，「這些野蠻人的社會……儘管有風俗上的差異，各地的神話儀式之間仍有特殊的一致性」。[1] 歐洲人對「野蠻」的印象，便是那些在荒郊野外、穿著奇裝異服、身體繪上圖案、圍著營火打鼓又跳舞的人。

他們到底看見什麼？同一個儀式，從不同觀察者的角度看起來也大不同。庫克船長（James Cook）一九七〇年末抵達大溪地時，見到一群一群的女孩表演「非常不入流的舞蹈，稱爲提莫羅蒂（Timorodee），唱著不入流的歌曲，加上不入流的動作……同時，還能準確地跟上拍子」。[2]大約六十年後，小說家赫爾曼．梅爾維爾（Herman Melville）發現同樣的儀式，當時稱爲羅力羅力（Lory-Lory），也許有些許變化，但依舊媚惑迷人：

不久後，揚起一陣奇異的吟唱聲，他們輕柔地擺動身體，慢慢加快，持續好長一段時間。有好幾次，他們胸前激烈地顫動，雙頰發亮，完全沉醉在舞蹈的精神之中，顯然無視四周的一切。但很快地，又平靜下來，回到剛剛無精打采的樣子，眼神飄忽，胡亂地齊唱，倒在彼此的懷中。[3]

和庫克船長一樣，達爾文（Charles Darwin）也對西澳土著夜間舉行的狂歡儀式（corroboree）感到反感。他寫道：

跳舞儀式進行時，他們時而向兩旁跑去，或成縱隊在空地跑步，後頭的跑者輪番衝刺到隊首。他們行進的時候，用力踏著地上，強力的步伐伴隨低鳴聲，還敲打棍棒和長矛，擺出各種姿態，例如伸長手臂，全身蠕動。對我們而言，這一幕可說是極為粗魯又野蠻，毫無意義。[4]

但對人類學家包德溫・史賓瑟（Baldwin Spencer）和法蘭克・吉蘭（Frank Gillen）來說，類似的原住民儀式反而非常引人注目，甚至令人著迷：「煙霧瀰漫、火炬閃耀。火花從天而降，往四面八方灑向跳舞的人們。男人吼叫，形成非常瘋狂又野性的場景，文字難以適切描述這一切。」[5]就是這段敘述，促成偉大的法國社會學家艾彌爾・涂爾幹（Emile Durkheim）提出「集體亢奮」（collective effervescence）這個概念：儀式誘發的熱情或狂喜，能夠鞏固社會關係。他並提出，集體亢奮是宗教的根本基礎。

透過奴隸制度，歐裔的美洲人有機會近距離觀察他們俘虜來的「原住民」，對於移居美洲的非洲人所舉行的狂熱儀式，他們也有多種矛盾的反應。許多蓄奴的白人認為這些習俗「吵雜、粗魯、不敬、放蕩」，[6]並且採取激烈手段打壓。十九世紀時，一名牙買加農地的主人發現他的奴隸曠職，跑去跳姆啲舞（Myal Dance，可能是源於非洲阿贊德人〔Azande〕的一種入門儀式）。他描述他們跳的舞「全是些奇形怪狀的舉動，從頭到尾都在吟唱，有時像歌曲，有時像嗷叫」。[7]同樣地，一八四五年，一名英格蘭的旅客到了千里達（Trinidad），他語帶厭惡地描述：

聖誕節前夕，似乎在宗教的掩護下，地獄的門被打開了……每個黑人都在發酒瘋，狂飲又狂叫……在這噁心又放蕩的縱情狂歡中，根本沒人去睡覺……樂手被一大群酒醉的男男女女圍繞，那些女人都是最低的階級，所有人都在跳舞、尖叫、拍手，活像一群惡魔。這些都是「子夜彌撒」的影響，這種彌撒最終都是如此的墮落。[8]

但是，也有其他白人觀察者受到這種來自非洲慶典的怪異力量吸引。美國景觀建築師弗列德瑞克．歐姆斯德（Frederick Law Olmsted）十九世紀中期旅行到紐奧良，觀察黑人基督徒的禮拜，深深受到吸引，「呼喊、低鳴以及驚人的尖叫聲，眾人進入不可置信的狂熱狀態，不知是出於狂喜還是狂悲」，他發現自己的面容「發熱」，雙腳開始踏動，好像「不知不覺被感染了」。[9]一位名叫柯林頓．凡內司（Clinton Furness）的旅行者，一九二〇年代到了南加州，他看見非裔美洲人的宗教舞蹈「繞圈呼喊」（ring shout），也有相同的感受：

> 有幾個男人，以奇怪的節奏左右踏步。一段旋律就這麼產生了，幾乎和牧師說的話沒有關係，就這樣在我眼前發生，並蔓延開來。我感到自己被巨大的靈體緊箍住，那是一個有意識的個體，一點一滴賦予群眾活力，占據每一個心靈，包括我自己的……我感到彷彿有一個清楚的旨意帶領著我們。你也可以說這整個過程是暴民心理、群落作用，或看你怎麼稱呼。[10]

總而言之，白人觀察者認爲黑人的狂熱儀式恐怖又令人厭惡。「怪誕」（grotesque）這個字一再出現在歐洲人描述這些場合的文獻中，「驚駭」（hideous）則是另一個字。十九世紀瑞典的傳教士亨利・瑞諾（Henri Junod）描述莫三比克南部容加族（Ba Ronga）的鼓聲是「可怕的噪音」和「魔鬼的演奏」。[11]其他的天主教傳教士，一聽到非洲人儀式開始的鼓聲，就覺得有義務要去阻止這「恐怖的行爲」。[12]到了二十世紀，鼓的聲音已經足以把白人嚇跑，彷彿它是從另一個世界來的，超乎人類的理解範圍。一九一〇年的小說《祭司王約翰》（*Prester John*）中，一個年輕的英國人到了南非，他說：「我沒聽過這麼詭異的聲音，不像人類也不像動物，好像來自人類視覺與聽覺不可及的世界。」[13]人類學家威弗立德・漢利（W. D Hambly）在他一九二六年關於部落舞蹈的著作導論中，請讀者對於其研究對象發揮一點「同理心」：

同學們研究原始音樂與舞蹈時，需要培養對落後種族的寬容心態……在熱帶叢林裡，圍著營火表演的音樂與舞蹈經常引起歐洲旅人的譴責與厭惡，因為他們只看到古怪和肉慾的那一面。[14]

其實，很多時候我們是乾脆選擇視而不見：一九三〇年代初期，勇敢的昆蟲學家伊芙林・奇斯曼（Evelyn Cheeseman）徒步行經新幾內亞，尋找新的昆蟲品種。她經過許多當地居民的「舞蹈場」，卻絲毫不感到好奇。到了某個村莊時，她和腳伕被請了出去，因為那天晚上有宴會和舞蹈，外地人不准圍觀。奇斯曼對她的計畫受到阻撓感到有點生氣，但她安慰自己：「大家都知道，這個奇怪的村莊沒什麼好駐足欣賞的，這裡的人都被叫來瘋狂地崇拜魔鬼。」[15]

對白人觀察者而言，最不舒服的是，在冗長的舞蹈、歌唱或吟誦後，狂熱儀式偶爾會達到高潮，部分或全體的參加者會進入出神的境界，我們現在稱爲「意識改變的狀態」。神智不清的人可能會用奇怪的聲音或語言說話，表現出對疼痛無感，將身體扭曲成不尋常的樣子，口吐白沫，產生幻覺，相信自己被神靈上身，最後不支倒地。（根據人類學家文森・克拉潘扎諾〔Vincent Crapanzano〕的說法，「出神」〔trance〕的定義爲：「部分或完全的解離狀態，特徵爲自我認同、記憶、感官、思想等功能的改變。可能也包括喪失自主行爲的控制力，並且同時出現錯覺與幻覺。」詳見其著作，*The Hamadsha*, fn, p. 195.）

一位斐濟群島的傳教士提到，出神狀態是「恐怖的景象」，[16]但那樣的景象對旅行者來說又難以避免。人類學家愛瑞卡・布吉尼翁（Erika Bourguignon）在一九六三年的民族誌研究中，發現在百分之九十二的受調小型社會中，宗教式的出神狀態是受到鼓勵的，而且大多數都是透過集體的狂熱儀式產生。[17]二十世紀初期，德國學者康斯坦丁・烏斯特賀（T. K. Oesterreich）提供了一段描述，說明一位白人到玻里尼西亞如何看待「原始」民族的出神過程：

> 當神明差不多要進入祭司的身體的時候，祭司猛地激動起來，直到癲狂，肌肉和四

肢激烈地顫動，身體腫脹，神情凝重，表情扭曲，雙眼睜大，眼裡布滿血絲。這時候他會口吐白沫，在地上打滾。[18]

在基督教中，也有類似獻身與食人肉的儀式，但男女雜交對歐洲人來說是最難理解的。人類學家麥克・陶西格（Michael Taussig）寫道：「對歐洲人而言，一個人能被上身，表示有不可思議的『他者』存在。當然那也可能只是一種野蠻儀式而已。」[19]許多狂野的儀式最後都會演變成附身狀態，對歐洲人而言，那代表著原始文化最黑暗的核心——人類自身以外的世界。

更糟的是，那個世界可能存在於人類的「內在」。在《黑暗之心》（*Heart of Darkness*）中，小說家約瑟夫・康拉德（Joseph Conrad）筆下的敘事者觀察了非洲的宗教儀式，得出以下的感想：

那是超自然的景象，而且那些人……其實他們也是人。呃，你知道的，最糟糕的是，你無法否認他們也是人。這種懷疑慢慢地浮現。他們扮相恐怖，不斷呼號、跳躍、旋轉；但真正令你害怕的是，他們擁有人性，就跟你一樣。狂野、激情喧囂的這群人，千古以前和你是一家人。一想到這些，沒錯，很噁心，令人倒胃。如果你夠勇敢的話，你會對自己承認，其實你的內心微弱地呼應了那些糟糕又露骨的噪音。你難免懷疑，自己離創世的夜晚已經數千年，能夠理解那些噪音的意義嗎？爲什麼不可能？人的心智能力是無限的。[20]

對歐洲人而言，要理解世界各地土著的狂歡慶典，只要掌握一點：既然這些奇怪的行爲都是在「原始」文化中出現，而「文明人」又從不從事這些行爲，因此這些行爲必定是「野蠻心智」的不良產物。它本身比起文明心智較不穩定、幼稚，在一些不理性因素或「自我暗示」影響下，則脆弱且易受左右。[21]在一些例子中，野蠻心智被描述爲「失去控制」，缺乏紀律和節制，這也是十七世紀歐洲人認爲的原始特質。換個角度想，野蠻人也許是受到巫醫的強烈控制，成爲暴民心理的受害者。[22]美國政治學家費德瑞克・戴文波（Federick Morgan Davenport）甚至從解剖學的角度解釋原始部落的行爲：他們只有「單一的脊椎神經」來處理感官系統接收的訊號，並將訊號轉化成肌肉反應。完整的人腦才能產生文明的心智，能夠評估所接收的訊息，並決定身體的反應。[23]因此野蠻人才會對他們宗教儀式的音樂、景象如此難以抗拒。眞是令人遺憾，畢竟「迷信又衝動的黑人最不欠缺的就是情緒波動」。24

但如果歐洲人想一想，一定會發現，原住民之間盛行的集體狂歡，在歐洲也能找到相比擬的。例如一七三〇年代，法國的天主教傳教士就聽說過，巴黎的異端人士拜神時會「抽搐」，這種膜拜儀式的慣例就和那些「野蠻人」一樣的狂野：

當一群人聚集，禱告越來越熱烈、一起抵達宗教狂熱的巔峰時，至少會有一些人陷入無法控制的狀態，身體開始無法自主……他們在地板上焦躁扭動，處於亢奮的狀態，尖叫、咆哮、顫抖、抽搐……興奮且無秩序的動作，可能會持續數小時，並且蔓延開來，一些激動的膜拜動作像是催化劑一樣，其他人受到挑動，開始以各種方式舞動身體。25

後人爲「原始」的狂歡行爲編目時，發現這些詭異的野蠻儀式可與歐洲人的嘉年華比擬。烏斯特賀觀察到，在歐洲的嘉年華中，心智正常的人也會變裝，也會飲酒過量、徹夜跳舞，顚覆一本正經的形象和基督的規範。「我們必須承認……」他寫道：「在某些情況下，文明人也會陷入高度的自我暗示情境。在某些精神中毒的案例中，許多人都是在年度慶典中受到汙染（例如在慕尼黑、科隆等地）。」[26]有些人批評歐洲傳統的節慶，並不時提出有利的論點，指出嘉年華時狂歡的歐洲人，他們的「野蠻」是如何反過來嚇到被殖民地區的人。舉例來說，一八〇五年，瑞士巴爾賽聖經社（Basle Bible Society）發行了一本手冊，名為《改信基督的霍屯都人與歐洲天主教徒嘉年華期間的對話》（*Conversation of a Converted Hottentot with a European Christian During Carnival Time*），其中，「霍屯都人」的結論是，巴塞爾有一些當地居民是「野蠻未改信的異教徒」。另外，在十九世紀末一本手冊中，一個「改信基督的印度人」接受訪問時透露，巴爾賽瘋狂的慶典讓他想起「同鄉異教徒從事的膜拜慶典和舞蹈」。[27]

很快地，歐洲人在他們的社會底層找到類似異邦「野蠻」的情況。十八世紀以前，人類學家安・史托勒（Ann Stoler）寫道：「在英國社會底層、愛爾蘭的農夫和原始的非洲人之間，都可發現同樣不道德的生活。」[28]英格蘭人覺得他們自己的低下階級和美洲原住民相同：「英國這裡粗魯的奴隸，就像那裡的人一樣。」[29]同樣地，十九世紀中期，去過法國勃根第的人也會和你分享他的見聞：「想看野蠻人，根本不用跑到美國。」[30]在法國、英格蘭、德國、西班牙，又是哪些人的嘉年華慶典擾亂了整個城市呢？十八、十九世紀之前，很可能是農夫和都市的窮人，高尚的人在這段危險又放肆的期間則盡可能待在室內。

因此，當歐洲殖民者看到集體狂歡的現象，心中就充滿敵意、厭惡與害怕。群眾的狂歡是「別人」的事，就是野蠻人和歐洲低下階層的事。事實上，若你能隨著群眾的情緒與音樂節奏放下自我，就具備「野蠻」和他者的特徵，表示某種致命的心智衰弱。見識到狂熱儀式後，歐洲人都嚇壞了，他們可能完全不了解那些舉行儀式的人（也經常破壞儀式進行），也不了解當地人的神靈、傳統、文化及世界觀。相反地，歐洲人只知道（或有意地建構）自己的重要性：歐洲思想的菁華（特別體現在西方的男性身上）與上層階級的心智，使他們能夠抗拒這種具感染力的節奏和鼓聲，在自負和理性的高塔當中保護自己，以抵擋這世界誘人的野性。

當科學遇見狂歡

隨著社會科學的興起，尤其是一九三〇年後的人類學，西方人開始以貌似開明的態度看待非西方人的狂歡行爲。「野蠻」、「原始」等字眼從民族誌研究中除去，連帶地，人們也拋棄過去的想法，不再爲那些人貼標籤，也不認爲他們生物上演化程度不足以成爲人科人屬的智人（*Homo sapiens*）。醫學上找不到大腦的差異來說明他們的行爲；殖民者必然也發現了，以前的「野人」可能是今天的店員、軍人、僕人。西方人不得不承認，人類看起來像個平等的大家庭，傳統文化中的狂歡行爲並非源自野蠻的「他者」，而是存在於每個人內在的表達能力（不論是好或壞）。

一九三〇年代，人類學家開始思考，小型社會的這些儀式具有哪些「功能」，也就是說，這些儀式就某方面來看是理性的。人類是社會動物，儀式、慶典或其他活動可用來表達社會性，是一種增長情誼，連繫社群的方式。功能論的人類學在一九四〇與五〇年代達到高峰，過去看似怪異的原住民行爲，現在可以看成社會機制，是爲了促進團結、產生凝聚力。美國人也藉由愛國或宗教的儀式達到同樣的目的，原住民只不過採用了不同的方式。

但即便到了當代，就連是最科學又富同情心的觀察者，也傾向帶著懷疑的眼光看待非西方文化的狂熱儀式。一九七三，文森．克拉潘扎諾（Vincent Crapanzano）觀察摩洛哥黑魅夏族（Hamadsha）展現兄弟情誼的狂熱儀式後，描述道：「這個時候，鼓聲開始讓我覺得乏味。」他還說：「還有音樂，很刺耳……那些發熱、流汗，緊貼在一起的身體氣味，眞是令人窒息。」[31]

我們也可想想，人類學家維克多・特納（Victor Turner）在有名的「儀式的過程」研究中，爲何留下一段奇怪的空白。不同其他二十世紀中期的人類學家，他發現集體狂歡是一種普世皆然的能力，也就是人們在展現所謂的「共同體」（communitas）概念，簡單來說，就是在一個社群中，群眾自然而然產生的愛與團結。在《儀式的過程》（*The Ritual Process*）一書中，特納承認一開始「對儀式有偏見」，也有點藐視「震耳欲聾的鼓聲」。[32] 爲了彌補這種忽視造成的錯誤，他對非洲中部的恩丹布部落（Ndembu）展開詳細的研究，重點放在其拜神儀式艾索瑪（Isoma）。這項研究有三個部分，前兩部分大量且詳細地描述當地人如何使用象徵物品，並完全以結構主義者的角度分析。拜神儀式的最後階段爲庫湯布卡（Ku-tumbuka），也就是慶典舞蹈，大家以爲那會是整個研究的高潮，特納在第三部分卻完全沒提起，顯然決定跳過它。（二〇〇三年，在鮑林格林州立大學〔Bowling Green State University〕儀式與慶典的研討會上，迦納的人類學家克列佛・阿波〔Klevor Abo〕發表了一篇精采的文章，內容是關於西非迦納東南方的安洛埃維族〔Anlo-Ewe〕的哈格比嚓嚓〔Hogbetsotso〕節慶，重點在於慶典活動如何重現歷史事件。他發表論文後，我問道，其中是否有任何舞蹈或音樂。他眼睛爲之一亮，回答說那其實是他最喜歡的部分，於是他簡短地示範了儀式中的舞蹈，這段舞蹈看起來似乎不足以納入他正式的報告當中。）

特納的理論廣受各方讚譽，他賦予集體狂歡（包括那些自發與不受控制的行為）人類學上的合法地位。但事實上，他賦予的是邊緣、次要的地位。對特納而言，文化的核心是「結構」，本質上它就是階級與社會規則。狂熱儀式的功能是，藉由集體的興奮情緒和慶典活動，讓整個社會結構能暫時鬆動，使其不至於過度僵化或不安，不過這些活動不能維持太久，僅能偶一為之。在特納的理論中，「共同體」的狂喜必須是「閾限」（liminal）或邊緣的，否則社會崩解將隨之發生，「暴政隨即來臨」。[33]因此，他惹惱了六〇年代中期美國的嬉皮同胞，他描述道：「嬉皮使用『增強感覺』的藥物、『搖滾』樂、五彩燈光……建立彼此之間『完全的』交流。」此外，嬉皮們還想像這種「自發性的共同感所帶來的狂喜」可以發展成一種常態。[34]對特納來說，這種「伊甸園的想像」是完全不負責任的，他提醒讀者，我們應該要把重心放在「食物、飲水、衣服等基本需求」。（特納顯然沒注意到，許多嬉皮下田耕作、自給自足，或從事其他有建設性的工作。）他又說，人與人之間「保持距離與神祕感」也是好事，這一點呼應了傳統西方文化對個人主義的偏愛。[35]

其他人類學家轉向以心理學解釋這種非西方人的縱情儀式。歐洲和美國的旅行者之前看見的是「野蠻行爲」，現在看見的是心理疾病，甚至是營養方面的問題。克拉潘扎諾懷疑黑魅夏族的狂喜可能是缺乏鈣質所致。[36]最常出現的診斷是「歇斯底里」，這個詞一開始是用來描述十九世紀末維也納中上階級女性的神經病症，但現在毫不費力地用在海地的村民、斯里蘭卡的農夫或任何不符合理性分析的行爲上。知名的民族誌學者阿爾弗雷德．梅特勞（Alfred Métraux）研究過海地傳統的伏都教（Vodou），他認爲「附身初期很明顯具有精神病症狀，與臨床上歇斯底里的主要特徵完全一致」。[37]另外，有位人類學家在其一九八一年出版的著作中談到，有關斯里蘭卡女性的狂喜活動，他判斷「純粹從臨床的觀點來看，當中許多女性就是歇斯底里發作」。[38]

基本上，心理學界還沒準備好要擔起人類學家丟給他們的責任。新科學希望提出普世的理論來解釋人類的情緒與性格，但這些理論的研究基礎，都來自有錢西方都市人身上常見的強迫症、恐懼症、抽搐等「神經衰弱」症狀，這些心理失調和那些鄉土的「原始人」似乎對應不上。[39]心理學不只是在文化觀點上狹隘，在病理研究上也大舉排除對愉悅情緒的探究，包括從喜悅增長爲亢奮的過程，那是許多鄉土儀式與慶典的特徵。心理學家談「需求」和「動力」，指出人類不會自由且堅決地追求愉悅，相反地，我們是被近似痛苦的感覺所「驅動」。直到今天，許多論點指出，痛苦依舊是心理學全神貫注的議題。該領域的期刊過去三十年發表了四萬五千篇關於憂鬱症的文章，但只有四百篇關於喜悅。40

有種愉悅的類型，從佛洛伊德以降，心理學家都極感興趣，那就是性的愉悅。如果「原住民」慶典和狂熱儀式總是以性愛活動為高潮（不管是公開或私下進行），心理學家也許就較能理解。音樂、興奮、身體緊密接觸，便可理解為催情劑，讓人們拋下平日的束縛。事實上許多西方人乾脆這樣解釋他們觀察到的儀式，當成下流、淫亂的活動，只是為了進行性行為而已。

有些狂熱儀式確實包括性行為，不過通常都是象徵性的動作，或比較低調，結束的時候，成雙成對消失在夜色中。在西澳土著的夜間儀式中，男人和女人會特地「演出」性交，平常這可是禁忌，同部落的男女性交是亂倫行為。但即使是那種情況，性交也只是部分儀式，絕不是整體的高潮。相反地，人們舉辦狂歡儀式時，是懷著崇敬的態度，依嚴謹的流程進行，參加的男性女性則是各個年齡都有，它所提供的功能以「宗教」來形容比較恰當。參與者在狂熱儀式中所尋求的忘我感，並非來自和另一人的肉體上的結合，而是與團體精神上的相融。

性交的極樂通常發生於對偶、兩兩一組的團體，但「原住民」集體的狂熱儀式通常有三十人或更多的參加者。感謝心理學家以及西方文化長久以來的心理學傳統，不管是稍縱即逝的性吸引力、無私的大愛甚至毀滅性的占有，我們都有豐富的語言可以描述人與人之間的種種感情。然而，我們卻無法理解與描述，數十人在同一時間對彼此的「愛」是什麼，而這就是狂熱儀式中所出現的愛。涂爾幹提出的「集體亢奮」，以及特納「共同體」的概念，各自說明在團體中將人們連繫在一起的愛。假使同性之間的吸引是「不敢說出口的愛」，那個將群眾緊扣在一起的愛也無以名狀。「共同體」和「集體亢奮」描述了整個社群興奮時的特色與感覺；這種難以言喻的愛、力量或需求，能夠引領個人尋求融入團體的極樂。

　　西方心理學的元老佛洛伊德不打算或不願意在這的話題上多談，令人懷疑他是否眞正見識或經驗過集體狂歡。舉例來說，他知道歐洲有嘉年華的傳統，但卻用自己的階級偏見看待此事。在一封致未婚妻瑪莎・伯尼斯（Martha Bernays）的信中，他附和她，認爲德國小鎭凡斯貝克（Wandsbek）市集裡，那些飲酒作樂的低下階級「討厭又沒水準」，尤其比不上中產階級的興趣，如「和所愛的人依偎談心」或「閱讀一本書」。[41]他在論文集中也提到，他不認爲在團體或「一群人」（他用這個字）中，凝聚眾人情緒有任何涵養可言。如同人類學家查爾斯・林霍爾姆（Charles Lindholm）所說，佛洛伊德沉迷在兩個人之間「遼闊又醉人的忘我感受」，至於團體，他還是強調當中充滿「罪惡、焦慮、受到壓抑的侵略性」。[42]佛洛伊德認爲，人在群眾裡得到的，是有機會對領導者臣服，領導者則通常是「巫醫」或煽動者，扮演伊底帕斯情節中「大父」的角色。

在佛洛伊德的理論中，人類的親密關係裡只有一種愛——存在於兩者間、情色的愛。這是他在《文明與其不滿》（*Civilization and its Discontents*）一書提出的問題：「文明與性慾兩者相反之處在於，性慾之愛是兩個個體之間的關係，第三者是沒必要，甚至是干擾的。而文明建立在一大群兩兩的關係上。」[43]不幸地，從文明的角度，佛洛伊德無法想像凝聚一大群人的愛。他說，愛慾可將人兩兩結合，但他「不想再更進一步討論」。因此，團體的興奮感，不過是來自於個人與團體領袖間兩造的愛，即使在狂熱團體或「原始」儀式中，往往根本就沒有領袖或核心人物。

然而，西方心理學也無法從更哲學、更深刻的角度來理解集體狂喜的現象。從定義上來看，心理學便是著重於個人的問題，其治療方法亦在協助自我抵抗不理性或受壓抑的情緒。但是「自我」本身是一個狹隘的概念，在二十世紀初的劍橋或維也納，這個概念非常具有意義，但在十九世紀遙遠的歐洲殖民地區可不是如此。如同民族誌學者朗・克圖特・舍亞利（Luh Ketut Suryani）與戈登・詹生（Gordon Jensen）研究峇里島的狂熱儀式時所觀察到的：「在西方的自我觀感與思想中，個體對自我的控制是重要且珍貴的，但這不是峇里島人會強調的特質，他們的生命主要受到自己家庭、祖先與超自然的掌控。」[44]

西方思想界崇尚「自我」，除了會使人迷失自我的浪漫愛情以外，其他的都只能是病理上的，而這也是現代心理學傾向的分類方式。《精神疾病診斷與統計手冊》（第四版）（*The Diagnostic and Statistical Manual of Mental Disorders*），簡稱DSM-IV，對心理失常的標準精神病指引中有一項「自我感喪失症」（*depersonalization disorder*），包括「被抽離的感覺，彷彿從外觀察自己的心理歷程或身體」。[45]林霍爾姆評論道，針對集體狂熱，心理學家所使用的理論架構「具有強烈的價值判斷。預設了忘我的欲望『必定』是反社會與退化的本我所驅策的結果」。[46]那些手足舞蹈、興高采烈進行狂熱儀式的人們，認爲自己在與神靈交流、建立社群凝聚力或進行某種治療行爲。但在西方心理學家的眼中，那些只是他們發病的症狀罷了。

有人可能會希望社會學家能提供一些洞見來解釋集體狂喜現象，畢竟他們的專長是研究群體問題。可惜的是，心理學家只看見疾病和非理性，社會學近幾十年來的發展則是走到另一個極端，把團體行爲詮釋成純理性且自利的行爲，只是滿足參加者的利益。一九六〇年起，學者發表大量的文章討論群眾行爲，但幾乎只談一些枯燥的議題，例如「團體的結構……召集的模式、其意識形態與矛盾、號召群眾的機制、既定社會脈絡中團體的維持與演進」。[47]因此，根據林霍爾姆的看法，我們無從得知「參加狂喜團體的興奮感」爲何。社會學家約翰·羅弗蘭（John Lofland）與一般社會學界的觀點不同，他在一九八〇年代初期對同儕學者大聲疾呼：「現在還有人想要認眞討論『狂喜的群眾』、『社會傳染』、『狂熱』、『宗教的歇斯底里』、『激情與熱情』、『狂亂起舞』這些議題嗎？」[48]

狂喜的技藝

本書的任務在於嚴正探討群體的狂喜現象。在刻意安排下，人們在喜悅與興奮的過程中形成群體，但它所產生的狂喜現象經常被忽略，而且難以傳達。然而，並非所有「非理性」的群體行爲都在討論的範圍，恐慌、流行、一頭熱、暴民行動都不包括在內。私刑或暴動對參加者也可能產生劇烈的興奮與愉悅感，但這裡要談的群體活動，是歐洲人在「原始社會」中親眼目睹並且與歐洲嘉年華傳統呼應的慶典。這些活動不是歐洲人以爲、想像的「歇斯底里大爆發」，也不是暫時解放禁忌、「抒發一下」的場合。那些西方人看來「野蠻」又粗魯的行爲，其實是經過用心規劃、安排，一直以來都符合文化規範與社會期待。

舉例來說，後來西方人以較公允的角度研究原始的儀式後，才發現這些儀式和慶典在時序上不是隨機的。隨著季節不同或是在特定日期，人們才舉辦這些活動。有些是年輕人發起的，有些是婚禮、喪禮或加冕儀式，換句話說，都是期盼了數週、數月，悉心計畫的。餐點要特地預先準備，服裝與面具都經過設計，還要彩排歌舞。這些都是團隊合作的成果，過程還得條理分明、仔細規劃。

此外，即使在狂喜活動的高潮，群眾的行爲依舊遵循文化規範，不同性別、年齡所扮演的角色各有不同，甚至最「瘋狂」的一刻——出神，也是在特定流程後產生。某些節慶的橋段只是用來娛樂或世俗意味較濃，這些橋段中不允許、不會出現「出神」狀態。另外，像一些西非的宗教儀式或庫恩（!Kung）治療儀式，出神境界常被視爲靈性狀態的象徵，需要嚴守紀律、聚精會神才能達到。民族誌學者跟在殖民者後頭，亦步亦趨地觀察後，才了解每一個狂熱儀式都歸屬於各自的文化，是人類創造力與智性的結晶，並賦予參加者不同的意義。

儘管細節與表現方式不同，從古至今也有些變化，但世界各地的狂熱儀式和慶典還是有些共通處或共同的元素。特納觀察到，「每一種儀式、慶典、節慶都會搭配特別的服裝、音樂、舞蹈、食物、飲料等，經常有面具、身體彩繪、頭飾、器具和神龕」。49 在這些狂熱儀式與慶典中，同樣的元素——舞蹈、音樂、飲食、改變心智的藥物、各種形式的服裝與裝扮（如臉部與身體彩繪），似乎都普遍存在。（另一位人類學家認爲：「慶典的元素都具有強烈的對比，以此來表達極端的體驗……身體成爲一個客體，用來展現自己的穿著、裝扮、面具……不用說，唱歌、跳舞和其他玩樂也是慶典的一部分，這些舉動是爲了將自我延伸到慶典當中。這些舉動都是在強調人的活力，要將生命發揮到最圓滿的狀態，這也是慶典的核心所在。」詳見Roger D. Abraham, in Turner [ed.], *Celebration: Studied in Festivities and Ritual*, 1982, pp. 167-68.。或者如研究劇場的歷史學家謝克納〔Richard Schechner〕所言：「唱歌、跳舞、戴面具、扮裝，扮演其他人、動物或神明〔或被他們附身〕；演戲、講故事、重述打獵的過程……採排、尋找特殊的時間地點來表演——這些活動就是人類存在的一部分。」詳見Y. Garfinkel, *Dancing at the Dawn of Agriculture*, p.40）

還有一些元素不一定普世皆同，但也很常見，它們特別出現在冗長又精心安排的場合，包括列隊、展現神聖器物的宗教儀式、運動或其他競賽、戲劇表演，還有帶著嘲諷意味的喜劇。[50]但無論如何，核心元素都是跳舞、設宴、身體和臉部的裝飾藝術。

達爾文目睹原住民的儀式後，卻找不出「意義」，畢竟對外地人來說，要了解那些儀式確實是不容易。人們援用相同的活動——跳舞、設宴、變裝等等，達到不同目的。有些儀式可以看得出宗教性，人們希望神靈能因此現身。其他的儀式則具有醫療功能（例如庫恩儀式），從參加者的角度來看，不管神靈在不在，都有功效。但如果我們套用西方文化對宗教、治療、娛樂的分別，有些儀式看起來好像「只是」娛樂。人類學家傾向認為，他們能區分「儀式」和「慶典」，前者較具宗教和治療的功能，而「慶典是指非宗教、具娛樂性或為孩童舉辦的」。[51]也就是說，儀式和慶典分屬宗教和娛樂，但這種區別對參加者而言不見得有意義。一名美國喬治亞洲的奴隸回憶道，其他奴隸描述他們的禮拜或活動「聚會」時，「我喜歡找『老耶』，就像我喜歡派對一樣」（請原諒我引用的文獻把方言翻譯得有點輕浮）。[52]

在本書裡，我會盡可能探討人類學對儀式與慶典的區分，但重點還是在它本身的現象——集體的活動，如跳舞、宴會等等，以及引發的感受。無論是何種目的的儀式——與神靈接觸、慶祝婚禮、戰前的整備，人們都一再舉辦，以達到群體的歡愉，甚至是亢奮或狂喜的狀態。然而，爲什麼我們只選擇這些活動來達到目的？我們在下一章會回到這個問題，但現在，最簡單的答案是，這些是「有用的」活動。經過數千年的實驗，人類發現了「狂喜的技藝」。（歷史學家米爾恰・伊利亞德〔Mircea Eliade〕研究巫術後發明這個詞。）

本書的寫作動機，是源於一種失落的感覺：如果狂熱儀式和慶典曾經如此風行，爲何今日卻所剩無幾？如果狂喜的「技藝」代表人類重要的文化傳承，爲什麼我們將其遺忘了？我將爬梳遠古至今日淵遠流長的狂熱儀式，從歷史的角度切入這些問題。每個人多少都意識到，過去幾世紀以來，人類社會正在經歷社群的衰退，許多社會學家都曾深入研究這個趨勢。在這裡，我們關注的是更強的歡愉感，比「社群」這個字所隱含的都還要有力，它不僅能引起人們的信任感，還能形成小鎮般的交際圈。除了社群之外，狂喜的愉悅失去了，以前常以舞蹈、音樂等等呈現的儀式也失去了，這些都值得我們關切與哀悼。

這種失落的感受對我個人有特別的意義。就理論上而言，這本書的基礎建立在我上一本著作《血的儀式：戰爭狂熱的起源與歷史》（*Blood Rites: Origins and History of the Passions of War*）。在該書中，我探討了人類集體亢奮的黑暗面，透過獻身與戰爭的形式呈現。當我進一步探討較不具破壞性的慶典時（也就是本書關切的主題），我想起一些跟自身情感面有關的場合，幾十年前在搖滾演唱會上、非正式的派對裡，還有一切特意安排的「聚會」。我想讀者對本書許多的內容也會產生共鳴，不管是宗教的或娛樂的，而且會很想和我一起提問：如果我們擁有集體狂喜的能力，爲什麼現在不用了呢？

第一章　狂歡的古老源頭

回到一萬年前，你會發現人類為了生存，每天都必須疲於奔命地勞動：打獵、採集食物、製造武器和衣物、嘗試耕種。但如果你在某個月亮高照的夜晚或季節交替的時分回到過去，也許還會發現他們正在做一些沒必要又浪費體力的事：列隊或圍成一圈跳舞，有時戴著面具，服裝看起來經過設計，也常揮舞樹枝。通常，男女都會跳舞，分別在兩隊或兩個圈內。他們的臉或身體可能會塗上赭色之類的顏色，考古學家猜測人類定居的地方布滿那種顏色的礦石。這幅景象，換句話說，也許和十九世紀歐洲人所見到土著的「野蠻」儀式，不會相差太大。

史前時代的非洲、印度、澳洲、義大利、土耳其、以色列、伊朗和埃及，這些地方均有岩石藝術，上頭有描繪手舞足蹈的人。因此我們可推論出，不管我們遙遠的祖先還做了什麼其他的事，他們似乎找到蠻多時間從事休閒活動，也就是人類學家維克多・特納（Victor Turner）所謂閾限（liminal）的或邊緣的活動。

歡慶的舞蹈是史前時代藝術家常描繪的主題。以色列考古學家約瑟夫・加芬克爾（Yosef Garfinkel）認為跳舞的場景是「最常見的，幾乎是新石器時代和紅銅時代唯一用來描述人際互動的主題」。[1]這種跳舞的儀式源於何時仍然未知，但有證據指出，可以追溯到舊石器時代或石器時代。近期在英格蘭發現的一處考古位址中，洞穴天花板上的繪圖是女性舞者列隊跳著「康加舞」，旁邊還有動物的圖畫，像是野牛（bison）和山羊（ibex）。這兩種動物後來證實一萬年前已在英格蘭絕跡。[2]在有文字之前，甚至過著定居的生活之前，人們就已開始跳舞，並且認為跳舞的重要性足以記錄在石頭上。

了解史前時代的舞蹈儀式並不容易，也無從知道那種興奮感為何。那些圖案風格獨特，許多加芬克爾整理出來的圖案只是一些線條和輪廓，幾乎沒有臉部表情或任何像是表情的描繪，就連辨別哪些是舞者，也要費一番功夫。四肢的位置必須有別於一般活動才看得出是舞者，例如：雙手舉高、牽手圍成一圈、抬腿或跳躍。即使是如此原始、平面的圖案，我們仍可以看出，當中有一些元素一直延續到近代並成為傳統，例如面具和服裝。有些男性人物戴著動物造型或抽象圖案的面具，在考古學家看來，有些舞者則穿的衣服則像是「扮裝」，例如豹皮。畫中人物最清楚的動作應該是在表現歡樂，有些人物長髮舞動，彷彿他們正在快速移動，隨著一陣漫長的鼓聲搖頭晃腦。

明顯地，舞蹈儀式對史前時代的人而言並非在浪費體力。他們花時間設計面具與服裝，不計後果把熱量消耗在跳舞上。他們寧願花時間記錄跳舞的場面，而不是其他團體活動。人類學家特納將舞蹈視爲非常態、邊緣或閾限的活動，這只能說明他是以現今工業時代的思維，懷著產品導向的心態來看待舞蹈，以史前時代的情況來說，這似乎不盡合理。那些人當然過得辛苦，常常受到食物短缺、疾病、野獸的威脅。但是跳舞的儀式是他們生活的中心，能滿足他們對狂熱的渴望。也許因爲我們現在生活的各個面向都輕鬆多了，而且工作的義務大於一切，所以才會想問「爲什麼」。

人類學家普遍同意跳舞有演化上的功能，它鼓勵我們不要侷限於自己親戚的小圈子，使我們能進到更大的群體中。原始人生活在荒野，從他們的角度來看，大團體的優點很明顯：能保護自己不受掠食者侵略。原始人和大多數的動物（比方說羚羊）不同，他們能夠形成集體防禦：包圍侵略的掠食者，拿樹枝威脅，或至少敲打可怕的聲音嚇跑敵人。對遠古的人類來說，危險的不只是其他掠食動物（大型貓科），還有現在已經絕種的其他原始人種，或者躲起來準備突擊自己的同類。就人類的情況來說，防禦的工具包括火、石頭、尖銳的樹枝，但防禦的第一步，就是聚在一起，形成一個團體。

英國人類學家羅賓・鄧巴（Robin Dunbar）寫了一本暢銷書《哈拉與抓虱的語言》（*Grooming, Gossip, and the Evolution of Language*），他在書中提到，一個舊石器時代團體的適合人數，大約為一百五十人。他仔細研究了交談（包括講八卦）的功能後，認為那能幫助人們聚集成約一百五十人的團體。抓虱也一樣，互相挑出對方毛髮裡的小蟲、灰塵，對其他原始人有同樣的功能。雖然他的書名沒提到跳舞，但書中有提到，跳舞將這些古早的人類團體聚集起來。鄧巴認為，交談的問題在於，「無法完全滿足情感的層面」：

> 我們學習辯論和推理的能力，同時需要更原始的情感機制來凝聚大的團體……需要較深層且充滿感情的活動來超越冰冷的推理和辯論。看來我們需要音樂和身體接觸來達成。[3]

事實上，他認為舞蹈儀式比交談重要——舞蹈「能讓人表現當下內在的需求」，並提供人們「形而上或宗教的意義」。值得注意的是，現已發現上百個史前時代跳舞的圖像，但石頭上卻沒有任何線條圖案是有關聊天的。

鄧巴認爲團體的舞蹈，尤其是列隊和圍成圈，能夠打破隔閡與凝聚社群。特納從二十世紀原住民儀式中也發現，團體舞蹈能夠團結「共同體」中的成員。除了他們兩人的發現，有趣的是，希臘文中的「法律」（*nomos*）一字，也帶有音樂「旋律」的意思。透過舞蹈，將身體投入在音樂之中，就是將自己融入在社群裡，而且比起享有共同的神話或習俗，這種融入的程度更深。隨著音樂和唱誦動作的同時，團體中競爭對手和派系能以沒殺傷力的舞蹈一較高下，或者一笑泯恩仇。如同神經科學家說的：「跳舞是用來形成團體的生物科技。」（如果能知道舞蹈儀式發揮作用至少需要多少人，應該會很有趣，但我找不到這方面的著作。）

因此對於團體和團體中的個人而言，藉由舞蹈聚在一起，在演化上比起幾個人的小團體較有優勢：較易形成團體，以防禦侵入地盤或有威脅性的動物或人類。其他物種還做不到這一點。鳥類有牠們的曲子，螢火蟲能組合牠們的光芒，大猩猩有時會聚在一起揮舞手臂。雖然動物行爲學家稱這些爲「嘉年華」，但我們從沒發現有任何動物能創造音樂，並隨著旋律起舞。（也可能牠們隱瞞這個天賦不讓人類知道。）人類本身就有這種天賦，能夠交流對彼此的愛，這是佛洛伊德難以想像的：這種愛，或說是凝聚力，把大於兩人世界的團體結合起來。

當然，舞蹈只能在以下情況將人們拉近：第一，活動目的是爲了創造歡愉；第二，提供小團體無法達到的歡愉。[4]在史前時代，儀式中的舞者對自己所參與的活動有不同的認知，可能是爲了修補分裂的關係，或是爲下一次與敵人交戰而準備。無論如何，他們也在從事自己喜歡的事，因而願意投入大量的精力。在比較「原始」社會中，舞蹈慶典的參與者陷入狂熱，足以證實他們的慶典充滿愉悅。現代的西方人則是參加舞會或其他動感的活動，包括搖滾演唱會、銳舞派對或各種夜店的活動。如同歷史學家威廉·麥克尼爾（William H. McNeill）在他的著作《與時俱進》（*Keeping Together in Time*）中指出，簡單的團體活動就能產生深深的、甚至興奮的滿足感，例如列隊前進或吟唱。他談到自己年輕時在二次大戰中服役訓練的過程：

> 操練時，漫長的團體行動所喚起的情感，用文字很難描述。回想起來，那是一種良好的感覺，充滿全身；更確切地說，那是一種奇怪的感覺，整個人放大了、膨脹起來，變得比生命更巨大。這一切都得感謝這樣的團體儀式。[5]

事實上，我們喜歡有節奏的音樂，光看著別人跳舞就會興奮，很難克制自己不要加入。有些西方人觀察土著或奴隸的儀式時，發現跳舞是會傳染的；人們能察覺到強烈的欲望，想跟著其他人一起舞動。這樣的刺激可能是聽覺的或視覺的，或來自人體內肌肉對節奏的反應。某位精神科醫生研究過，跳舞能夠「刺激大腦皮質，繼而於人類身上製造強烈的快感以及難以言喻的體驗」。[6]

人類一起舞動時，爲什麼身體會有如此大的回饋？我們在性行爲中能獲得愉悅的回饋，這很容易理解：個體若無法從事性行爲或與異性性交，則無法繁衍後代。當大自然要我們做某事，像是吃飯和性交，它就會和善地提醒我們的腦袋，讓那件事情變得愉快。假如團體的動態活動確實能促成人類的集體防衛，那麼能從這種活動中感到愉悅的個體，就比較能在天擇過程中存活下來。換句話說，演化必須讓腦神經系統更緊密地連結：控制動作的中樞神經、回報他人動作的視覺中樞、以及邊緣系統（Limbic System）的愉悅區。節奏律動的快感也能幫助我們克服面對掠食者的恐懼，就像在歷史上的關鍵時刻，行進音樂能鼓舞士氣。

我們至今尚未理解這種愉悅感的神經傳導過程。最近剛好有個有趣的臆測，人類是高度的模仿動物，比猴子或其他的靈長類更甚。很多父母都很訝異，小嬰兒能以笑容回應笑容，當父母伸出舌頭時，也會跟著伸出舌頭。嬰兒是如何將伸出舌頭的影像轉換成肌肉的動作，自己也把舌頭伸出來呢？鏡像神經元的發現也許可以解答。個體觀察到某個行爲（例如父母伸出舌頭），以及執行該行爲時，神經元都會有反應。[7]換句話說，觀察與執行同一個行爲是緊密相連的。我們看到一個舞者，神經系統就不自覺地開始運作，這便是爲什麼我們會跟著跳進舞池。神經科學家馬賽爾・金斯波蘭尼（Marcel Kinsbourne）提到：

> 觀察到的行爲促使觀察者從事一樣的行爲，觀察者因而成爲參與者……鼓的節奏聲淹沒了個人的評斷，引發觀察者轉而回到原始的狀態。引用華特・弗利曼（Walter J. Freeman）的話：「跳舞是跟著節奏律動，並引起其他人做一致的動作。」舞者的一致性、互動、輪流表演，都像是回到原初狀態。和其他人在相同的節奏裡一起作樂——行進、唱誦、跳舞——能引發非理性的、親密的歸屬感，還有相同的心理狀態。[8]

儘管如此，要強調一點，舞蹈並不如金斯波蘭尼詮釋的，僅僅是一種反璞歸眞的手段，好把個人融入團體中。這是西方人普遍的偏見。如同我在導論指出的，現存「傳統社會」的舞者，經常嘔心瀝血為舞蹈作曲，為了完美的舞步與動作不斷練習，並且設計服裝和身上的裝飾品。他們在舞蹈當中體驗渾然忘我的狀態，或與團體交融，也為自己的技巧和才華尋求發光的機會。他們舞藝精湛的原因，非常有可能是演化生物學家所謂的性選擇。另外，跳舞的時候裝扮得好看，男性發出低沉的聲音、女性展現凹凸有緻的身材，也都是性選擇的結果。跳舞和作曲的能力不限於單一性別，我們常被這方面能力優越的人所吸引，因此他們在繁衍上較有優勢。

事實上，季節性的大型儀式和慶典可能肩負著繁衍的功能，提供機會讓個人在家族外尋找伴侶。好幾百人總是在曆法中規定的時間，從不同部落和小團體前來參加。從這個需求來看，音樂和舞蹈的才華也是個人的資產。在近代的研究中，有學者提出這樣的可能性，其研究對象是未婚的肯亞桑布魯族（Samburu）男子：

這些「奇怪的男人」年紀介於男孩與成年男性之間，也就是處於尷尬又漫長的青春期。他們沮喪的時候就跳舞，激動地搖晃身體，跳到出神。當一群年輕男性在女孩子面前被對手的舞藝比下去，就會出現這種情緒性的場面。[9]

被「比下去」是一種警訊，代表我族無法繼續繁衍下去。從演化的角度來看，女孩們可能在無意識中會認爲，你們這群人比較沒有能力組成團體防禦。

不過，談到演化，還是無法不談我對音樂和舞蹈所評估的適應值（adaptive value）。鄧巴和其他人強調，音樂和舞蹈的主要功能是大量聚集人群，但它們應該曾在團體防禦上扮演更重要的角色。如同今日在野外的靈長類，早期的人類需要聚集在一起面對掠食動物。大家緊緊靠在一起，踏步、吼叫，揮舞樹枝和棍棒。到我們這個時代，人們還是常建議登山者，在野外遇到熊的時候，要用類似的方法驅趕牠，比如拿著樹枝揮舞來誇大自己的身高。同樣的道理，早期的人類和原始人應該也學會了在侵略動物面前，一起踏步和揮動樹枝。就我理論上的推斷，侵略動物也許會被這個集合起來的動作欺騙，以爲他面對的是一個非常巨大的動物，而不是一群既脆弱又無力的人類。人們一起揮舞樹枝和踏步時，也許還齊聲吟唱或喊叫，動物看到了，很容易認爲只有眼前一個人，或只有一個神經系統在作用。對掠食者來說，最好等一會兒，去抓一個落單的人，也好過去和一個看起來六公尺高、發出巨大聲音，又有很多隻腳的怪獸對決。（這是可以用實驗來證實的假說。飢餓的掠食動物，像是獅子和獵豹，可能會遇到很多人類小團體，有些安靜地站著，有些雖然是移動的，但雜亂無章，有的則是一起行動。爲了安全考量，實驗者可架設肉眼看不見的電網，保護人類實驗者不被動物攻擊。希望有人敢去做這個實驗，我很期待它的結果。）

這種情況也可能發生在集體狩獵，獵物可能會被人類團體逼到網子、死路或崖邊。很多野生動物被史前人類捕捉，像是美洲野牛或原牛（Aurochs），牠們本身也是很凶猛的，需要很多勇氣去捕捉牠們。集體狩獵的時候，整個團體，包括男人、女人、小孩，都站出來，吼叫、踏步，也揮舞樹枝和火把，一同追捕成群的獵物。人類學的證據指出，這樣的狩獵模式可追溯到舊石器時代，甚至早於一小群人圍捕單隻獵物。[10]如同集體防禦對抗掠食動物，眾人一致的動作也增強團體的威力，使團體看起來像一個巨大的對手。

在岩畫上，各式各樣史前舞蹈的特徵，正符合這個假說。史前時代舞蹈的圖案常有很高的頭飾，讓頭看起來很大的面具，而且常是動物面貌的形狀，人們也高舉雙手揮舞樹枝。由此推測，舞蹈儀式應源於重演擊退動物的場景，爲了下一次迎戰對手凝聚向心力，並教導年輕人如何繁衍與生存。

隨著時間遷移，集體狩獵式微，來自野生動物的威脅也減少了，人類勝利的喜悅卻依舊能透過儀式重現。藉由節奏，人們就知道要做同一組動作，以展現集體的力量，威嚇想捕捉的動物，或嚇跑前來侵略的動物。落單的話，人類是很脆弱無能的動物，但經由旋律群聚在一起，並利用棍棒和面具壯大聲勢，眾人會覺得自己變得和其他非人類的野獸一樣有威脅性，或至少在外表上就很可怕。當我們談到超越實際經驗的感受，覺得「某部分比我自己還要巨大」，可能就是我們無意識地想起古時候曾假扮成多頭的怪物。

狂喜之神

離開臆測的史前景象後，我們進入信史時代。大約五千年前，人類開始留下文字紀錄和大量的藝術作品，這些更確實的材料，讓我們更進一步了解人類文化。我們從這些文字紀錄和藝術品中得知，舞蹈儀式一直延續到文明初期，也就是農業、城市、社會階級興起，以及開始書寫的時期。在古代兩河流域、希臘、印度以及巴勒斯坦的考古遺跡中發現的器皿和壁畫上，人們描繪列隊或繞圈的舞者。在遠古中國，鄉村的男女分別列隊跳舞，進入信史時代後，狂喜儀式也出現了。法國歷史學家葛蘭言（Marcel Granet）是中國史專家，他寫道：

冬季的慶典充滿戲劇化的場面，參加者常常顯得異常興奮。即使在孔子時代，這些參加的人都像「發狂」一樣（覺得被聖靈上身）……陶鼓聲帶動舞蹈，直到狂熱的境界，酒精更助長氣氛。降魔者（巫師的一種）則穿著動物的毛皮，模仿動物跳舞。[11]

在古代近東區，《舊約聖經》清楚指出，古希伯來人堅持傳統，很享受他們的慶典舞蹈，通常也會飲酒設宴。例如〈出埃及記〉中，女先知米里暗「手持鈴鼓，所有女人也拿著鈴鼓隨著她跳舞」。當以色列軍隊戰勝非利士人返鄉時，「婦女們從以色列各城裡出來、歡歡喜喜、打鼓擊磬、歌唱跳舞、迎接掃羅王」（〈撒母耳記上〉，第十八章第六節）。我們不確定，當時官方准許的舞蹈和儀式是否夠熱鬧，足以成爲狂歡派對。某位歷史學家的看法是「以色列的先知不懂得縱情作樂，投入熱情的狂歡儀式」，而是「保持冷靜，有時候如癱瘓般，只等著看見、聽見神的話語」。[12]但如同加芬克爾所觀察的，希伯來文中*bag*一字同時有「慶典」與「圍成一圈」的意思，表示許多猶太傳統慶典的原始形態就是圍成圈跳舞。[13]

毫無疑問地，希伯來人有集體狂歡的傳統，但很少得到官方的允許。事實上，我們只能從反對狂歡的人那裡得知相關訊息，也就是耶和華的信徒所寫的《舊約聖經》。書中記載，以色列地區土生土長的迦南人有傳統的多神信仰，膜拜兩河流域中心的神靈，例如暴風之神巴力（Baal）和女神愛娜特（Anat）、阿什拉（Asherah），這些信仰的特色應該就是集體狂歡儀式，只是我們不清楚活動的目的。經文裡頭直接或間接提到，這些儀式含有偶像崇拜、飲酒無度、放縱性慾等行爲，可能還有活人獻祭。比如說，亞撒王的祖母是太后，她崇拜女神，所以亞撒王貶了她，說她「不是一個偉大的女人，她造了可怕的偶像亞舍拉」。[14]雖然無法得知這些嚴厲的控訴是否屬實，但一代又一代，有些事從未中斷，威嚇著耶和華的信徒。摩西宣布，僅能崇拜唯一的神耶和華，數個世紀後，仍有先知大聲疾呼，要人民放棄老舊的迷信。但希伯來人繼續墮落，有證據指出，直到公元前第五世紀，還有人在舉行被禁止的拜神儀式。[15]

通常大家都認爲，古希臘人最具理性、最能代表西方文化，但反倒是他們留下清楚的證據，讓我們了解那些「危險的」、「會造成社會分裂」的狂熱儀式。不管是狂歡、隨性，或是高尚的跳舞，在古希臘社會中，都是重要又核心的活動。年輕男子或女子各自結群、或混在一起行進或繞圈，享受跳舞的樂趣。人們固定舉行慶典，偶有特殊事件，如戰爭勝利、拜神、甚至只是爲了好玩，也會大肆慶祝。[16]神話中，忒修斯

（Theseus）帶著他從米諾陶（Minotaur）救出來的年輕男女，圍成圈，跳著「鶴舞」，模仿這種快步涉水的鳥。[17]從荷馬描述的英雄時代，我們可以得知，希臘的年輕人在各種場合跳舞——婚禮、收成，或只是發洩他們青春的精力。希臘人認爲「跳舞」（choreia）一字，必定源於「喜悅」（chara）。阿基里斯盾牌上的圖案不是什麼可怕的敵人，而是軍隊裡思鄉的同袍看了必定認爲是希臘精髓的東西：

> 年輕人在跳舞，還有未婚女性在求愛，彼此的手搭在對方的手腕上……他們靈巧的雙腳，輕盈地繞著圈跑著……不久，他們列隊，面對彼此，周圍都是成群的圍觀者，一起開心地跳舞。一旁，聖潔的樂手彈奏著七弦琴，場中有兩個人飛舞著，帶領著大家的舞步。[19]

舞蹈也是希臘藝術常見的主題。工匠常用跳舞的圖案來增添器皿的光彩，希臘古典時期最棒的戲劇也是充滿合唱、舞蹈的音樂劇。事實上，「悲劇」（tragedy）一詞是延伸自「公羊」和「歌曲」這兩個字。最初，合唱團是由穿著羊皮的男士組成，模仿半人半山羊的森林之神薩梯（Satyr），薩梯會跳舞、娛樂他的主人——酒神戴奧尼索斯。

現在我們只能猜想，古希臘的宗教信仰是「跳舞教」，後來歐洲人遊歷世界所遇到的「野蠻人」中，也常出現這些儀式。如同作家阿道斯．赫胥黎（Aldous Huxley）所觀察的：「比起其他活動，舞蹈儀式所提供的宗教體驗似乎比更令人滿足、更有說服力……人類使用肌肉的時候，最容易感知神的旨意。」[20]

古典學家莉莉安．勞勒爾（Lillian Lawler）一九六〇年的著作提到，狂熱舞蹈毫無疑問是希臘的主要傳統之一。以女神阿蒂蜜絲（Artemis）的信仰爲例。阿蒂蜜絲是繁衍與狩獵之神，在希臘南部阿蒂蜜絲的神殿中，科學家發現了定音鼓。根據勞勒爾的看法，這個樂器，「有助於帶動狂熱氣氛」。在斯巴達，人們祭祀阿蒂蜜絲時，跳起舞來特別狂野。但我們不知道這是宗教的緣故，還是當中隱含的性誘惑。祭典裡女人和女孩只穿著露肩的袍衣，跟性感睡衣沒什麼兩樣。

在古代的西方世界，狂熱儀式崇拜的神明各式各樣：希臘有阿蒂蜜絲、迪蜜特（Demeter）；在羅馬，有來自埃及的伊西絲（Isis），以及大地之母希柏利（Cybele，在小亞細亞一帶則稱爲瑪格娜．瑪特〔Magna Mater〕），在波斯則有密特拉斯（Mithras）。有個希臘神明，祭祀他時一定得有狂歡儀式，不能省略。若不顧他的要求，人們將經歷比死亡或肉體折磨更可怕的命運。抗命的人會被逼瘋，然後殺了自己的小孩。這個神明是狂歡與恐懼的根源——戴奧尼索斯，在羅馬被稱爲巴克斯（Bacchus）。他掌管世間的莊園和葡萄酒，在靈性上的職責是統轄「晚會」（orgeia），字面的意思是，晚上在森林舉辦的儀式，從「縱酒狂歡」（orgy）一詞衍生而來，膜拜他的人會跳舞跳到出神。希臘人如此需要信仰眾神，便是告訴我們，在他們的世界中，體驗狂熱非常重要。他們的眾神包括了愛之神、戰爭之神、農業之神、金工之神、狩獵之神，他們需要這些具有人身人臉的眾神明，給予他們狂喜的感受。

比起當時其他的神，戴奧尼索斯對人一視平等，非常平易近人，不管是有權有勢的人或是窮人，都可以加入教團（Thiasus）。[22]尼采想像他的祭拜儀式是：「奴隸以自由之身前來。人與人之間，一道道僵硬、仇視的藩籬都粉碎了，社會已存的、統治者豎起的高牆都會倒下。」[23]歐洲古典學家之中，尼采特別強調古希臘戲劇源於戴奧尼索斯。尼采發現，高尚的希臘藝術背後的靈感來源來是如此瘋狂、熱情，就理論上他大膽推測，器皿表面上畫的不只是不朽的對稱圖案，還有狂野的舞蹈。尼采認爲，神明想要的很簡單，只是想藉著舞蹈的律動，從「個人存在的恐懼」中，解放人的靈魂，與「神祕的太一」融爲一體。[24]

女人與戴奧尼索斯最爲相應，他與女信徒的關係最爲密切。但在這裡要特別強調，男性也會膜拜他，比如鄉村慶祝釀酒收成，或是為了表達對神的敬意而暢飲狂歡等場合。只不過在當時禁止女人參與公共事務的希臘城邦，戴奧尼索斯對女人特別有吸引力。當男人謀劃戰爭或研究哲學時，女性的活動多半被約束在家庭中。男孩在襁褓中、還無法感受參與公共事務的樂趣與挑戰時，被稱為「活在黑暗當中」。在許多希臘的城市，女人喝酒甚至是不被允許的。[25]

女信徒祭拜戴奧尼索斯，最惡名昭彰的是冬季舞蹈的慶典，在現代人的眼裡看來，那就像女人暴動、胡亂演出的話劇一樣。從神話的觀點來看，這些女性是被神「召喚」，才放下她們的紡紗，拋棄她們的小孩，跑出家門到山上去，披著小鹿皮，發狂地跳舞。這些酒神的女信徒，在戴奧尼索斯的祭祀儀式中，披頭散髮、揮舞著酒神杖（thyrsus，上頭以松果裝飾），穿越森林，呼叫著神的名字或大喊著「呦咿」，最後到達希臘人所謂「迎接神靈進入體內」（enthousiasmos，編按：即熱情〔enthusiasm〕的字源）的狀態，也就是我們現代許多文化中常出現的「附身」現象。這不是神話裡才有的場景，在某些時節與地點，官方會允許人民舉辦冬季慶典，例如每兩年在寒冬中舉辦一次。公元二世紀的希臘作家帕薩尼亞斯（Pausanias）敘述過，曾有一群女信徒登上八千英尺高的帕納塞斯山（Parnassus），簡直和了不起的運動員一樣，而且是在冬天。希臘歷史家普魯塔克（Plutarch）也描述了一群女性祭祀者被暴風雪困住，必須派遣救援。[26]

對戴奧尼索斯的崇拜無種族界線。根據考古學家阿瑟・埃文斯（Arthur Evans）的研究，和戴奧尼索斯相似的祭神儀式遍布方圓五千英里遠，從葡萄牙，經過北非到印度，神的名字也大有不同，包括巴克豪斯（Bakkhos）、潘（Pan）、希德魯（Eleuthereus）、米諾陶（Minotaur）、薩巴齊奧斯（Sabazios）、伊那斯（Innus）、法烏努斯（Faunus）、普里阿普斯（Priapus）、利貝爾（Liber）、阿蒙（Ammon）、奧西里斯（Osris）、濕婆（Shiva）、科努諾斯（Cerenunnus）。我們還可以加上伊特拉斯坎文化（Etruscan）對戴奧尼索斯的稱呼：法福朗司（Fufluns）。[27]義大利作家羅貝托・卡拉索（Roberto Calasso）將印度史詩翻譯得很好，他描述印度的濕婆神：「這個陌生人，這個偷走女人的小偷，這個規範和制度的敵人，這個喜歡死人骨灰的遊民，賤民中的賤民把他的話當聖旨，這個有時看來瘋狂，又帶點猥褻，把頭髮留得跟女人一樣長的人。」[28]根據公元前四世紀住在印度的希臘人記載，濕婆神和戴奧尼索斯一樣，和酒也有關，他的祭典「在種葡萄的山區特別盛行」。[29]

在印度，克里希納（Krishna）也對女人施展了戴奧尼索斯的魔法，尤其是牧牛女，「他從森林裡，用長笛聲吸引她們，她們離開家、丈夫和家人，在夜裡向他奔去」。[30]

受到克里希納的啓發，十六世紀印度宗教領袖柴坦亞（Caitanya）的追隨者包括「洗衣婦、低下階級、甚至是被排除於階級外的女人」。[31]根據特納的紀錄，「她們狂歡、唱歌、跳舞，好像瘋了一樣」。特納接著評論：「戴奧尼索斯和克里希納的信徒都很狂熱，很難不去聯想彼此的共同之處。」的確，古羅馬詩人奧維德（Ovid）的《永恆少年》（*puer aeternus*，主角便是戴奧尼索斯）是來自「被遙遠的恆河所環繞的黑暗印度」。[32]其他學者則是將戴奧尼索斯的信仰起源定位在史前時代的希臘，也就是克里特島和邁錫尼文化。他經常被描繪成有角的神或半人半獸，這表示他可能是古希臘諸神之一，而不是後來從印度引進的神。

希臘女祭司對戴奧尼索斯瘋狂崇拜與脫序行爲，似乎不是來自一般女性對於生育的渴求。古典學者的學家多德（E. R. Dodds）不認爲這種信仰的終極目標是生育，因爲這個儀式兩年舉辦一次，而非每年都有。此外，象徵多產的儀式通常會在春天生機盎然的田野舉行，酒神祭典則是在冬季「山頂的不毛之地」舉行，再說祭典上也毫無任何與性交有關的儀式。遠古的器皿繪畫上，女性祭拜者的圖案旁邊通常是好色的薩梯或「纏繞的蛇」。[34]關於女信徒的瘋狂行爲，最有名的文字紀錄，是來自希臘詩人尤瑞皮底斯（Euripides）的劇作《酒神女祭司》（*The Bacchae*）。根據書中描述，性或狂飲並未出現在祭典中，明白地反駁了一般人的偏見。反而是淫慾薰心的彭透斯王（King Pentheus）親眼目睹並記下女祭司神祕的儀式。他在那裡看見睡著的女人，「她們完全倒趴在地上，但姿態莊重，不像人家說的酩酊大醉，或沉溺在長笛聲中，也沒有人在美麗的樹林中做愛」。[35]

其實在祭典中讓我們最驚訝的是女祭司的粗暴舉動，當年尤瑞皮底斯看了也是震驚萬分。據說在祭典的高潮時，女祭司會捕捉樹林裡的動物，將牠們生吞活剝。希臘文中甚至有相對應的詞：把活的動物剝開是*sparagmos*，用手把骨頭扒下然後生吃肉是*omophagia*。受害的動物體積小的像蛇，但也有鹿、熊、狼。在神話和小說裡，甚至還有人。在《酒神女祭司》中，狂歡的人錯把她們的國王當成獅子，將他分屍。

不同於我們對希臘人的印象，他們似乎不排斥這樣對待動物，還常用動物獻祭。女祭司的行爲會如此嚇人，一部分的原因是我們對女性柔弱的刻板印象。人們都說女祭司是徒手殺掉獵物，但根據藝術史家莉莉安・喬伊斯（Lillian Joyce）的研究，在一個裝軟膏用的容器（pyxis）上，則呈現另一種方式。容器上畫著兩個披頭散髮的女祭司，「懸空吊起一隻鹿，使牠的肚子外露、頭無力地垂下」。這個受害者馬上就要被解體了。接著女祭司拿出刀，於是這個粗暴的場景更加血腥，看起來就像傳統男人會做的事情。[36]

顯然這些犧牲的動物不是自願被捕的，到山裡祭拜戴奧尼索斯的女人也會打獵。學者莉莉安・波提法克斯（Lillian Portefaix）認爲，女祭司的粗暴舉動可能是要重現古代集體打獵的場景。在金屬武器發明、男性獨占打獵技術之前，人類（不分男女）追趕到獵物後，手上有什麼器物，都會順手拿來宰殺獵物，甚至當場吃掉。[37]若我的理論爲眞，那麼舞蹈儀式的起源，便是人類集體打獵和面對動物時的舉動，女祭司的粗暴舉動就很容易理解了。酒神祭典其實是最原初的嘉年華：跳舞、狂歡、大魚大肉、扮裝，這些都可追溯到人類集體面對動物的那一刻。

與此相關的還有一點，在神話中，戴奧尼索斯化身爲獵人札格斯（Zagreus）。他的信徒重演史前集體狩獵時，兩性的分工方式完全不同於往後的歷史。從器皿上的圖案看來，女信徒美麗又嬌媚，長髮飄逸，有時露出胸部讓小鹿吸吮。但她同時也是個獵人，擁有男性的體力，在蠻力上不讓男性專美於前。從這方面看來，戴奧尼索斯的祭典是「反轉身分的儀式」，在羅馬農神節（Saturnalia）、歐洲嘉年華，以及許多其他文化的慶典中都可見。在這些慶典中，次要的族群（例如女性）便暫居社會領導者的地位。農神節的時候，主人也得伺候他們的奴隸；嘉年華時，農夫可以模仿國王；而戴奧尼索斯的祭祀中，女人可以打獵。

這個神明究竟有什麼能耐，可以讓偉大的人和可憐的人都陶醉，又膽敢挑戰男人對女人的優越地位？現代學者經常對戴奧尼索斯產生這樣的疑惑與反感，歐洲旅人在遙遠的島嶼上所見到的儀式居然這麼「野蠻」。古典學家菲力普・韋拉科特（Philip Vellacott）在一九五四年爲《酒神女祭司》一書所寫的導論提到，「這不是一個正經的人會崇拜的神」。[38]研究希臘宗教與神話的瓦特・奧托（Walter Otto）在他關於戴奧尼索斯的書中也大聲疾呼：「這是一個瘋狂的神！他本性中有一部分一定是神經病！他們體驗到什麼？看到什麼？這些人一定被強迫灌輸了某些恐怖的想法。」[39]

事實上，這個神是美麗的，是男又是女，所以吸引了男人和女人。尤瑞皮底斯描述他「長鬈髮……從兩頰滑下，極爲撩人」，[40]某些地區的戴奧尼索斯祭典也能見到跨性別的變裝者。[41]雖然他偶爾和一些女性有來往，例如克里特島的公主阿莉安德妮（Ariadne），但人們通常說他「對性不感興趣」。[42]器皿繪畫上，從沒見他「掉入薩梯的性愛詭計。他會跳舞、飲酒，但從沒見他和女性伴侶成雙成對」。[43]

身爲少數有特殊追隨者的希臘之神，戴奧尼索斯和人類有著特別的關係。人類可以藉由跳舞來召喚他，他也會在人類狂熱之際附身在他們身上。換句話說，他很難與他的祭祀活動分開，這也可以說明，他爲何會對那些拒絕加入慶典的人生氣，因爲戴奧尼索斯沒有這些慶典就不算完全存在。其他的神會要求舉行牲禮，讓信徒表現誠意或是贖罪，但此舉不是這個神本身的特色。相反地，崇拜戴奧尼索斯不是另有目的（祈求豐收或戰爭勝利），而是爲了慶典本身的歡樂。他不只要求舉辦慶典、煽動人們狂歡，依照涂爾幹的說法，他本身就是那個「狂喜的感覺」，這種感覺正可以說明宗教體驗與日常生活有何不同。44

所以合理來看，人們是以祭典的種種特性，來賦予酒神人格化的特質，而不是透過其他活動。至於他不涉入性交，這正能說明，希臘人認爲集體狂喜的本質並不是性慾，這也和後來歐洲人的想像不同。此外，女人若跑去參加性愛慶典，丈夫很少可以視而不見。但這個神出了名的對性不敢興趣，也相對確保這些女人在山頂上的貞潔。他時而出現的粗暴形象，可能也透露了希臘人對崇拜酒神的矛盾心理。一方面，從男性菁英的角度來說，次要族群（在這個例子中就是女人）集體狂歡，這等於是在威脅整個社會秩序。另一方面，透過酒神粗暴的形象，女人就能合理提出要求去參加慶典，畢竟拒絕參加的人會遭受最瘋狂與殘暴的懲罰。我們可以合理猜測，人們創造這個神，是爲了間接傳承以前的祭祀儀式。

如果眞是如此，戴奧尼索斯的祭典可能源於遠古文化一些「非宗教」的活動。（但前提是我們能區別當中宗教與非宗教的面向）。多德猜測，「自發性的集體歇斯底里」發作時，宗教儀式就產生了。[45]確實如此，古希臘神話中也有一些瘋狂的舞蹈，但與戴奧尼索斯或其他神明都無關。勞勒爾認爲，狂熱的舞蹈浪潮席捲了整個史前希臘的邁錫尼文化，這與泰利安（Tiryns）的三位公主有關。她們要結婚的時候，三人居然都發瘋了：「她們跑出門外，狂亂地在城裡到處跳舞，唱著奇怪的歌，還撕破自己的衣服。三人就這樣停不下來一直跳。」[46]所以，在戴奧尼索斯的祭祀出現之前，就有人如此自動自發地「瘋狂」起來。但一定有什麼啓動她們、告訴她們要怎麼表演。一個人不自主地發瘋還能理解，但是，什麼樣的信號能同時呼喚上百個女人走出家門呢？誰創造了那些音樂，還提醒大家帶酒呢？（前提是她們眞的喝了酒。但根據尤瑞皮底斯的描述，她們沒有。學界的共識是，男信徒祭祀戴奧尼索斯時會隨性喝酒，女信徒在儀式中則不需要任何化學催化。詳見M. Roth, ed, *Drunk the Night Before: An Anatomy of Intoxication*, pp41-42.）

也許我們能從歷史中找到祭祀戴奧尼索斯的單一源頭。古典學者瓦特・伯科特（Walter Burkert）提到，在古希臘、甚至更早以前，就已有周遊四處的傳道者，他們魅力非凡，旅行一站又一站，扮演治療者、祭司或先知的角色。[47]早在公元前十五世紀，就有男祭司（orpheotelestae）在希臘四處旅行，爲人治病，也包括心理疾病，療法就是在病人身邊跳舞，「最常見的就是繞著病人轉圈跳舞」。[48]戴奧尼索斯就是類似這樣的旅行者，來到底比斯傳教。尤瑞皮底斯的時代過了兩百年後，四處流浪傳教的魔法師把戴奧尼索斯的信仰傳到羅馬。身兼治療者，魔法師所用的方法就是讓生病的人加入狂熱的舞蹈儀式[49]，這對心身症或其他心理疾病的患者可能有效。這表示他既是樂師、舞者，也是傳教士。他一出現，就會敲著鼓通知大家，女人也受到吸引走出家門。有趣的是，正是這些「瘋狂」的活動，治癒了「瘋狂」的人。

這些巡迴的樂手和狂熱儀式的祭司可能也是戴奧尼索斯的雛形。有位學者寫道，神明很多方面和我們當今的走唱藝人相同，有能力引導聽眾、使其歇斯底里：「流行樂團男主唱的特色是狂暴的嗓音、肢體動作和言語，但他們不具有傳統的陽剛形象，也不是陰柔。對於既有的社會秩序，他可能是個危害，但對崇拜他的年輕人來說可不是，尤其是年輕女生。」[50]一頭長髮、潛在的粗暴形象以及誘人狂歡的能力，戴奧尼索斯就是史上第一位搖滾巨星。

第二章 文明與反彈

進入信史時代後，便有文字正式記錄下狂歡慶典，同時，人們對此活動的矛盾心情也被記錄下來。這些儀式在社會上造成緊張氣氛，有些人甚至對參加者產生敵意或暴力相向。尤瑞皮底斯的《酒神女祭司》便記載了這些衝突，也充分表達出作者本身的糾結與矛盾。底比斯的彭透斯王一開始就看不起酒神，決心要以蠻力壓制他。他命令屬下：「去艾力克特拉城門，傳令下去，帶著大小盾牌的、駕著快馬或拉著弓箭的，通通在那裡等我，準備攻擊酒神的女祭司。女人如此藐視我們，忍無可忍。」[1]起初，作者似乎站在神那一邊，嘲笑嚴肅的彭透斯王，又說地方的耆老是多麼虔誠地參加祭典。畢竟，如果這個美麗又年輕的外來者眞的是神，身爲好公民便應去看看他的祭典。但到了結局，兩造都沒好下場，彭透斯王被自己的母親殺掉並肢解，因爲她沉醉在拜神的狂熱中，將他誤認成獅子。

在古代文字紀錄中發現的矛盾與敵意，不僅告訴我們狂熱儀式造成的衝突由來已久，更告訴我們寫作當時的社會境況。文字與「文明」同時興起，都是隨著社會階級與菁英的形成一起出現。事實上，文字可能和算數一樣，是創造出來的，是記錄社會菁英財產的工具：牲畜、穀物庫存、奴隸人數。從菁英的觀點來看，傳統慶典和狂熱儀式本身的問題在於，它們拉平階級，社會排序與各種分野都被消弭了。在瘋狂又亢奮的舞蹈裡，人就很難維持自己尊貴的地位。面具和各種樣式的扮裝能使每個參加者都是平等的主體，同樣都是「特別」的。神靈可能會附身或傳話給一個不起眼的牧羊女，讓她一下子就成爲女王。

從世界各地的古文明中，我們可以找到一些證據，顯示文明與社會階級抑制了傳統儀式。考古學家最近在墨西哥瓦哈卡州（Oaxaca）找到一處考古遺跡，經過碳十四檢定後，顯示大約距今九千年前當地就有居民，並以狩獵採集爲生。他們還會聚集在空地跳舞、祭祀，整個部落的人都會參加。農業興起後，這類儀式發展成只有「社會上有成就」、菁英圈的人（多半是男人）才能參加。接著，距今兩千年前，組織化與軍事化的城邦出現，考古學家便推論，「很多重要的儀式只有受過訓練、全職的祭司才能參加。

還得按照曆法，在徭役工人蓋的神殿中舉行」。以上述瓦哈卡州的部落為例，不過短短的數千年，舊石器時代的舞蹈儀式就精鍊成文明社會的官方儀式。[2]

人類學家認為，社會階級、軍國主義與戰爭可說是同時出現，並都威脅到古代舞蹈儀式的存續。第一批社會菁英應該是由專門攻打其他部落的男性組成，他們強迫家鄉的同伴繳交「保護費」：「給我們食物，不然還以為隔壁村莊的暴民會善待你們嗎？幫我們種田、養牛，不然刀口就指向你們這些同胞。」透過掠奪或長期爭戰，早期的菁英便可以自肥、壯大權力，演變到後來就出現單一軍人統治的城邦，也就是《酒神女祭司》中，被戴奧尼索斯威脅的國家。

在古代的以色列，統治者為了發展軍國主義和維持階級，所以同樣反對狂熱儀式。大衛的妻子米甲是掃羅王的二女兒，某次打仗勝利後，她發現丈夫幾乎一絲不掛、在耶路薩冷的街上跳著舞，她「心裡就輕視他」，見面就嘲笑他：「以色列王今日在臣僕的婢女眼前露體，如同一個輕賤人無恥露體一樣，有好大的榮耀啊。」（〈撒母耳記下〉，第六章）跟眾人一起跳舞，甚至跟低下的人一起忘情地跳舞，都會讓日益穩固的富裕階級難堪。

古代以色列人對群眾狂歡的厭惡，最有可能是出於軍事上的原因。希伯來人腹背受敵，西有非利士人，南有埃及人，北邊則是西台人，他們不能沉溺在集體狂歡的氣氛中，否則士氣會減弱。如同古典學家羅伯特・格雷夫斯（Robert Graves）說的：

很明顯地，如果埃及和亞述之間的緩衝區猶太（Judaea）要保持政治上的獨立，一定要教導他們嚴格的宗教紀律，並且讓人民接受武裝訓練。迄今，多數的以色列人固守迦南人的多神信仰，眾女神是要角，一些小神則是她們的配偶。在和平的日子裡，這些習俗固然很適合，但無法讓他們抵抗埃及和亞述的軍隊入侵。[4]

他們的神——耶和華，本身就是完美的紀律，身爲戰神，又被稱爲萬軍之上主。宗教學者凱倫・阿姆斯壯（Karen Armstrong）也認爲，軍事上的緊張關係使得希伯來人在宗教上猶疑不定：「在戰爭期間，他們需要耶和華的英武神力，所以會記得他們對耶和華的承諾。但太平之時，他們又會像以前一樣崇拜巴力、愛娜特、阿瑟拉（Asherah）。」[5]

爲了做好軍事整備，希臘人也逐漸改變對狂熱儀式的看法。在《酒神女祭司》中，尤瑞皮底斯明白指出，身爲武士的國王彭透斯，以及被描述爲「和平愛好者」的戴奧尼索斯，兩人根本上是不相容的。在相關著作中，埃文斯認爲戴奧尼索斯是反戰的神明。埃文斯指出，公元前四世紀，希臘哲學家狄奧多羅斯（Diodorus）就讚美過戴奧尼索斯，說他到處建立慶典，「大體而言，化解了國家和地方之間的衝突，以和諧與和平取代紛擾與戰爭」。[6]戴奧尼索斯也很粗暴，但不是以打打殺殺的方式。彭透斯和戴奧尼索斯初次見面，就嘲笑他陰柔的外貌：「看你那頭長鬈髮，就知道你不會打架。」

但古希臘的菁英並沒有拋棄古老的狂熱儀式；相反地，他們乾脆偷偷進行，便可以在平民看不見的時候盡情享受。早在公元前六世紀，就出現了新形態的奇特宗教聚會：神祕教派，它專爲社會菁英舉行定期聚會和祕密儀式，最重要的目的是帶動集體狂歡。參加者保密到家，這些宗教聚會到底是怎麼進行，學者們只能猜測。當然一定有舞蹈，古人已經證實這類活動的功效，還有飲酒也是。此外參加者可能還吸食一些迷幻藥，並配上震耳欲聾的音樂和炫目的火光。勞勒爾寫道：「聽說這些人晚上發狂地跳舞、瘋狂大叫，四周充滿長笛、鼓、銅鈸尖銳的聲音……『野牛般的吼叫』不停歇。現場有人舞蛇、有人跳到出神、有人預言未來，甚至還有人自殘。」[7]

瓦特・伯科特（Walter Burkert）在其著作《古代祕儀》（*Ancient Mystery Cults*）中提

出某種活動流程，它類似於人類學家在許多「原始社會」裡觀察到的。一開始，新人被隔離在外，老手還會刻意嚇唬他們，但慢慢地在團體舞蹈中，新人就會慢慢融入：

> 新人先坐著，身上塗滿米糠和泥土，黑暗中，女祭司像個駭人的惡魔；洗淨後，新人站起來：「我逃離惡魔，再生了！」旁邊的人也以高八度尖銳的聲音大喊，彷彿神靈的使者降臨。白天，新人則戴著茴香與白楊木的頭冠，加入慶典的團體中；他們跳著舞，順著節奏呼喊……有些還揮舞著活生生的蛇。[8]

參加者當中有人是識字的菁英，會留下一些相關的個人紀錄，我們得以知道儀式的效果。根據新人的描述，淨化、治療、重獲安全感等體驗，讓人完全地脫胎換骨。在伊流西斯（Eleusis）參加女神迪蜜特祭典的人說：「參加神祕儀式後，我覺得自己好像是一個全新的人。」[9]事實上，正因爲這種體驗，英文才會有「狂喜」（ecstasy）一字，其希臘文的根源便是「抽離自己」。

羅馬的鎮壓

希臘菁英猶豫不決，一邊懷疑地看著失控的女祭司，私下又祕密進行狂歡儀式。相較之下，羅馬人則採取堅定的立場。在羅馬文化中，軍國主義勝過傳統的社會慶典，戰神馬爾斯（Mars）終究征服了戴奧尼索斯。羅馬人把戴奧尼索斯貶爲只會尋歡作樂的酒神巴克斯。希臘文orgeia原指狂熱的宗教儀式，到了羅馬便衍生出其他意義並延用到現代，包括粗魯、過度、大吃大喝、飲酒過量、濫性。希臘文的「狂喜」（ekstasis）一字，在羅馬帝國的官方語言拉丁文中，常翻譯成「迷信」（superstito）。[10]

音樂和舞蹈是傳統狂歡活動的基本元素，但根據某位藝術史家的研究，到了帝國時期，對強調清醒、務實的羅馬人而言，那些活動就變成「外來」的了。[11]儘管羅馬人每年也有農神節，慶祝時會飲酒、設宴，甚至還有交換身分的儀式——主人和奴隸暫時交換身分，但顯然的，社會階級仍約束著掌權者，使他們不信任底下那些興高采烈歡呼的人。比起古希伯來人和希臘人，羅馬人更加拘謹。馬克斯・韋伯（Max Weber）觀察到，「貴族階級組成理性、高尚的政府部門，並逐漸擴張，家族成員占有了整個城市、省份。他們完全拒絕跳舞這類的狂歡活動，有榮譽感的高尚人士參加的話，有失身分」。[12]羅馬官方如此徹底地譴責舞會，奧古斯都時期的學者康涅利烏斯・尼波斯（Cornelius Nepos）也向他的讀者解釋，爲何傑出的希臘人會沉迷於這種不正當的活動：「研究者不應以自身的習俗評斷外地的習俗……但我們都知道，以羅馬的社會慣例來說，有名望的人不宜投入音樂活動，跳舞更是有害身心。然而在希臘，官方卻允許舉辦這些活動，眾人都稱讚這些娛樂。」[13]羅馬的建築與雕像代表著不可讓步的絕對權力，羅馬貴族每日的舉止姿態都在對旁觀者展現個人的權威。在公開場合，任何形式的狂歡都無法誘惑他，因爲「有損尊嚴」。光彩的雕像細緻地表現出羅馬人的尊嚴，它是多麼神聖，足以作爲社會菁英的典範。[14]

不過，有些富裕的羅馬家庭還是會私下場合跳舞，但仍然心懷矛盾。這些人經常受到輕視，還被說成聲譽不佳的生意人。根據史料，公元前一百五十年，羅馬執政官小西庇阿（Scipio Aemilianus Africanus）就曾下令關閉舞蹈學校。[15]兩百年後，又有文獻指出，若女人在家中爲賓客跳舞，不可展現舞技、也不可表現得太「專業」，否則會被批評是隨便的女人。舉例來說，諷刺詩人尤維納利斯（Juvenal）有次看到某位出身名門的女人跳舞，便認爲她在展露情慾，思量著「溫暖老男人冷掉的蛋」：

啊，高漲的熱情充滿她們的靈魂
高潮吧！如此情慾的叫喊，如此多的醇酒
流洩到大腿上！
蘇菲亞的花冠落下，她對青樓艷妓下了戰帖
扭啊擺啊，誰贏得過我
她仿傚的，正是梅杜莉納（Medullina）那震動的臀啊！[17]

毫不意外地，羅馬的官方宗教因而是個「冰冷且單調無味的宗教」，[18]其目的在強化社會階級，而非提供機會讓信徒與神靈交流。他們沒有專責的祭司，祭祀的時候，高層就指派男性貴族主持儀式。奧古斯都宣布自己是神之後，皇帝具有了神性，宗教和世俗權威的連結便牢不可破了。至於儀式本身，沒有人期待當中會有狂熱、激動的場面，或揚起任何情緒，而是強調整個流程要精準與完美，連最微小的細節都要注意。以宗教儀式中常見的牲禮爲例，羅馬人要求祭品要有完美的體型，最好還是自願犧牲的。所以這些動物被抬出來時，脖子都被朝前拉長，彷彿準備迎接屠刀。獻祭的儀式若有一丁點差池，就必須重來，直到祭祀的人員做到正確爲止。祭司在獻祭時若帽子掉下來，就得被迫辭職。諸神是祭祀典禮的評判，每個細節都要滿足他們的要求，人類無從置喙。

羅馬宗教的貴族化暗藏著危機。冗長的官方儀式確實強化了階級與人民服從，卻也使羅馬的神禁不起異邦平易近人的神一再挑戰。羅馬帝國四處征戰，人口包含不同的民族，從歐洲西部的高盧人與不列顛人，到溫文有禮的希臘與埃及人，因此羅馬人根本無法不接觸他國的神靈與狂熱儀式。直到最近，還有歷史學家語帶輕蔑稱呼這些狂熱慶典爲「東方的宗教」，意思是把這種「不理性」的源頭指向西方世界之外，也把羅馬帝國最後的衰敗歸因於此。就地理上來說，「東方」一詞只適用於盛行在小亞細亞的眾神之母希柏利女神，但她在公元前二〇四年傳入羅馬。西元初期，對伊西絲女神的崇拜從埃及傳遍羅馬，戴奧尼索斯（巴克斯）也不再是外來的神明。

大體上，羅馬人對治下民族的多神信仰非常寬容，甚至自己也跟著信仰幾個有魅力或有法力的神。不過這些外來的神往往是吸引到羅馬社會的邊緣族群，即女人和奴隸。這些人信仰「東方的」伊西絲女神、希柏利女神以及戴奧尼索斯，也多少是要威脅當局。希柏利女神的祭典舉辦時，人們特別瘋狂，歷史學家瑪麗・比爾德（Mary Beard）寫道：「他們（希柏利女神的信徒）披頭散髮，穿戴奢侈的珠寶、黃色絲袍，展現宗教狂熱的一面。他們不只狂歡起舞，還瘋了似地鞭打自己……神靈附身時，（男信徒）甚至自宮。」[20]羅馬傳統的陽剛氣概面臨最大的挑戰：希柏利不只在她的節日引來眾多女信徒，還要求男祭司當眾切下睪丸。這個至高奉獻的動作男性只能做一次，之後的祭典，神還要求男性拿刀割自己的皮膚，渾身是血、若無其事地在大街上跳舞。對階級意識鮮明的羅馬人來說，無法理解人爲何要如此自我貶抑。現代歷史學家都同意，希柏利女神的祭典因此成爲「反抗主流菁英」的活動，比爾德說：

一方面，在當時羅馬的政治體制與社會階級下，它是例行、正式的傳統祭典。另一方面，男祭司卻宣稱自己直接感應到眾神，在眾人面前陷入發狂、出神的狀態，無視於其政治與社會地位……去勢的男人是唯一能接觸神靈的人，也是神靈的守護者，這樣的身分挑戰羅馬菁英的地位，也挑戰了他們的權威以及長久以來樹立的社會文化規範。[22]

但是根據傳說，希柏利女神在羅馬與迦太基的布匿戰爭中幫助過羅馬，因此當局不能禁止拜神或對付她的信徒，只能嘲諷他們。尤維納利斯戲謔地寫道：

信徒來了
瘋狂的戰神貝羅納（Bellona）和眾神之母希柏利，
還有一個肥胖的閹人，臉長得不大嚇人。
很久以前，他拿著刀，切掉軟軟的性器。
現在，鬼吼的暴民和鑼鼓都敵不過他的尖叫聲。
粗俗的臉，頭上著一頂小軟帽（Phrygian cap，古希臘人祭祀戴奧尼索斯時戴的帽子）。[23]

然而，戴奧尼索斯，也就是巴克斯，並沒有如希柏利一樣受到官方的保護，他沒幫羅馬打過仗，也沒有其他貢獻。因此，他的信徒便被官方迫害，事實上，是被惡毒地剷除了，與幾個世紀後基督徒受到的迫害不相上下。沒有關方允許就自行集會，光這一點就使當權者非常反感。戴奧尼索斯的祭典時首次被禁止時，執事官召集人們，對他們說：「你們的祖先不希望百姓聚集，甚至連碰巧聚在一起也不可以，除非有正大光明的理由。祖先就是不希望你們聚在一起，除非要去看官方文告、選舉時接受軍隊召集，或是保民官對老百姓宣布事情的時候。」[24]「集會自由」看來遙不可及。羅馬人要進行社交活動，只有家庭聚會或發生國家大事時（集會方式要被嚴格管控），這兩者以外的情況都會引起當局懷疑。小普林尼（Pliny the Younger）成爲比提尼亞（Bithynia，今小亞細亞西北）的總督後，不知是否該同意人民組成義消。他寫信給當時的皇帝圖拉眞（Trajan）：「若義消的人數限制在一百五十人以下，您會考慮嗎？人數不多，不會太難管理。」儘管如此，圖拉眞還是拒絕了，他回信：「不管以什麼名目或目的，如果人民可以出於任何普通的理由集會，他們很快就會形成政治團體。」[25]

官方要開始打壓時，巴克斯的慶典與信仰已遍及整個義大利、深根人心數十年。根據羅馬歷史學家李維（Titus Livy）的說法，一切的紛亂都要歸咎於流浪到羅馬的傳教士。尤瑞皮底斯的劇作《酒神女祭司》也有這一幕，只是在羅馬的版本裡，這個陌生人不是萬人迷，只是一個到處流浪、不中用的希臘人，負責牲禮、占卜一類的事情。[27]一開始他只號召女人白天的時候參加祭祀，有男人參加的話就會改到晚上：

當夜晚來臨，暗黑的世界就開啓，罪犯、敗德之人都蠢蠢欲動。男人間的猥褻情事比男女更多，任何拒絕墮落或犯罪的人都被屠殺獻祭……男人顯然都失去理智，身體因狂亂而顫抖，嘴裡說著各種預言；婦人裝扮成巴克斯，頭髮蓬亂，手持刺眼的火炬，跳進台伯河。她們把火拒投入河中，趁火還沒熄滅時拿出來。[28]

男男之間性愛足以引起羅馬人緊張，他們並不像希臘人熱情地享受同性之愛。此外，從羅馬人務實的角度看來，同樣令他們緊張的是，應該有許多騙子混在這種儀式中，這些人聲稱自己是目擊者、握有某些文件和遺囑，還經常做僞證。[29]

後來發生一宗詐欺案，官方以此藉口強制取締酒神信仰。公元前一八六年，令人困擾的希柏利信仰才傳入八年，一名貴族騎兵的遺孀密謀詐騙她成年的兒子帕布里烏斯·阿布修斯（Publius Aebutius），要奪取他繼承的遺產，於是叫他去主持巴克斯的祭典。根據李維的記述，帕布里烏斯同意參加，也把這件事告訴他的女友希絲佩拉（Hispala），希絲佩拉以前是個奴隸，後來變成一個有錢的妓女。多年前身爲奴隸的她，知道參加祭典是多麼可怕的罪行，所以求他不要理會他母親，千萬別參加祭典。希絲佩拉曾經答應神，要對祭典的過程保密。但帕布里烏斯的母親不肯退讓，希絲佩拉只好違背諾言，儘管「驚怕到連寒毛都在顫抖」，她還是跑去向羅馬當局告發，說有人在舉辦這種祭典。

羅馬當局的反應非常理性，他們立刻召集人民，揭發巴克斯祭典中暗藏的陰謀，並下令全面禁止。舉報的人有賞，但調查結束前，任何人都不准出城。顯然地，羅馬城裡暗藏了眾多巴克斯信徒。當局宣布展開肅清後，整個城市陷入極度恐怖之中，數以千計的人試圖在政府逮到他們前逃走。當局接二連三地展開搜索，大約七千名男女被拘押，大多數都被處決了：男人交由官方處理，女人則被送回家，以私刑侍候。

我們無從知道李維講的故事和其指控的露骨情事究竟是眞是假。除了希臘人原有的狂熱舞蹈，在戴奧尼索斯的祭典中，羅馬信徒眞的進行男男之愛嗎？他們如何在狂亂的儀式中鍛鍊意志、提煉毒藥，忍受這些痛苦的折磨？

至少我們可以從李維的故事中推論出，在公元前一八六年，或在李維寫作期間、耶穌即將誕生前，羅馬的貴族階級很苦惱，尤其是憂心羅馬人的男子氣概。那個騎兵的兒子、優秀的青年，居然差點被他的母親、一個女人騙走遺產。說穿了，女人就是這件事的「禍源」，巴克斯的信徒都暗藏鬼胎。套句李維的話，在男信徒犯下的許多罪狀中，同性通姦「讓他們像女人沒兩樣」。[30]總而言之，不管男人在祕密儀式中做了些什麼，絕對都不符合羅馬軍國主義對男子漢的認知。執政官帶頭掃蕩巴克斯「陰謀分子」時，發表如下宣言：

> 羅馬的公民們！你們覺得那些向神明效忠的年輕人，可以成爲軍人嗎？兵器應當交託給在猥褻的神壇前聚集的男人嗎？這些男人，沉浸在彼此的酒色淫慾中，他們會提起刀劍自始至終捍衛你們妻兒的貞潔嗎？[31]

公元前一八六年官方取締巴克斯祭典後，是否出現抗爭運動或者政治權謀鬥爭，學者們至今仍有不同看法。羅馬男性貴族擔心非法的狂歡集會會威脅他們的生活。他們的財富靠刀劍獲取，舒適生活靠奴隸維護，家事靠女人打理。男性政治領袖不斷給羅馬女性設各種限制，比起來希臘的姊妹們還比較清閒。回到義大利，戴奧尼索斯信仰被官方查禁兩百年後，公元十九年，羅馬政府取締了另一個會舉辦狂熱儀式的「東方」信仰——伊西絲。同樣地，這次也以醜聞爲引爆點，官方宣稱，有人透過祭典來從事不法行爲，這次的受害者則是女人。有人舉報，有男子求愛被拒絕，於是把當事女子騙去神廟，性侵得逞。這次羅馬皇帝提圖斯（Tiberius）似乎也反應過度了，他將伊西絲的祭司處死，把女神的追隨者，連同四千名土匪一起流放到薩丁亞島（Sardinia）。[32]從此以後，羅馬再也沒有神祕宗教，只有在官方主辦的場合，例如馬戲團或人獸爭鬥，民眾才有機會歡慶。

所以古代人的性情可以分爲戴奧尼索斯與耶和華兩種類型，一個是注重享樂與平等，另一個是強調階級與戰爭。一邊追求當下的享樂，另一邊則致力於如何面對未來的風險。一邊的特色是女性化、雌雄同體、玩樂精神，另一邊則是冷冰冰的族長權威與教條。羅伯特・格雷夫斯、喬瑟夫・坎伯（Joseph Campbell）和許多學者也是這樣理解西方文化的興起。男性權威與軍國主義大勝農耕時代的純樸與無政府傳統；族長式的「天神」（如耶和華與宙斯）勝過偉大的女神與她們的配偶。以前人們參加祭典、進入狂喜狀態後就能接觸到神靈。新的神只透過先知或神父發言，還用威嚇的口氣警告或下令。

但耶穌降臨後，這種二分法就消解了。追隨者宣稱他是耶和華之子。耶穌讓執拗的耶和華更有人性，使祂變得和藹可親，又充滿寬恕精神。此外，有一點很少被人提起，追隨者描繪耶穌的形象時，許多特質是來自異教的神明——戴奧尼索斯。

第三章　耶穌與戴奧尼索斯

在人稱「西洋文學史最難以忘懷的一段」中，希臘歷史學家普魯塔克（Plutarch）說了一個故事。在提貝里烏斯（Tiberius）的時代（公元十四至三十七年），有艘希臘商船航行路過帕克索島（Paxos）時，船員聽到島上有人大聲哭喊，當船行駛過裴洛茲港（Palodes）時，請他大喊：「偉大的潘神（Pan）死了。」船員照做了，岸邊「許多人悲慟大哭」。[1]

這是個詭異的故事。一陣又一陣的哭喊從島上傳來，卻不見人影。早期的基督教作家似乎只聽到故事的前半部分，於是認爲，那一陣喊叫代表異教信仰已瓦解，基督教即將興起。長角的牧神潘和戴奧尼索斯有些共同之處，他也在跳舞和狂熱儀式中出現。他必須死，才能讓出位置給莊嚴穩重的耶穌。幾世紀之後，普魯塔克的讀者才注意到，岸邊的人對這個消息的反應是悲慟大哭。他們才了解，在一神教興起後，這個故事有許多部分被遺忘了。沒有戴奧尼索斯、潘神、巴克斯、薩巴茲烏斯（Sabazios）的世界，森林裡再也不會有長笛和風笛的聲音，大自然不再充滿生機，所有的愉悅只能去來世尋找。

大體來說，耶穌和戴奧尼索斯信仰互斥，等同於基督教與古代狂熱宗教的對立。進一步想，就等於是「西方思想」與狂熱宗教互不相容，這也是後來基督教神學家後來的共識。但對於一、二世紀的羅馬人來說，基督教興起時，這個新宗教對戴奧尼索斯或他的半動物化身——牧神潘——並無敵意。從羅馬人的角度來看，基督教就像其他省分的宗教，只是另一個來自東方的「外來」宗教，而且特別吸引女人和窮人。基督徒能直接和神溝通，並得到永恆的生命，許多讓羅馬帝國困擾的外來宗教也有這些特色。事實上，我們有理由認爲早期基督教本身也是狂熱宗教，和戴奧尼索斯的祭典有所雷同。

從神靈本身先說起。很久之前，社會人類學家詹姆斯．弗雷澤（James Frazer）在著作《金枝》（*The Golden Bough*）中便將耶穌和異教的神相對照。如同來自小亞細亞的埃及神靈歐西里斯（Osiris）和阿提斯（Attis），耶穌也是「死而復生之神」，是受難的神，他的死裨益了全人類。戴奧尼索斯也曾經歷過磨難，迫害他的是宙斯的妻子希拉

（Hera）。希拉下令將還是嬰兒的戴奧尼索斯撕成碎片，後來由他的祖母拼湊回來。後來希拉又追殺成年的戴奧尼索斯，他受盡折磨，變得瘋瘋癲癲，在世界各地的酒莊與歡宴上遊蕩。藉由這個故事，我們可以發現，許多文化之間雖然彼此不相關，卻有共同的神話題材：太初之神經受苦難、折磨，撕裂又再生是他們必經的過程，也是他們對人類的犧牲與奉獻。

耶穌基督和其他神靈受難的故事如此相似，使得二世紀的早期教父非常苦惱。他們偉大救世主的故事，絕不可能是抄襲或剽竊自異教徒那些粗俗的神話，所以他們巧妙地把這些相似處解釋為「惡魔的模仿」。那些異教徒預期幾個世紀後耶穌基督將會降臨，因此狡猾地將他們的神描繪為相似的樣子。[2]不過，若這種解釋行得通，那麼創造歐西里斯、阿提斯與戴奧尼索斯的異教徒，不就也有超自然的預言能力？

先不論基督是否只是眾多受難的神明之一，我們發現，耶穌這位歷史人物和異教的戴奧尼索斯之間，有糾解難辨的相似處。他們兩個都是魅力十足的游方之士，四處吸引虔誠的信徒追隨，對女人和窮人則格外有吸引力。更特別的是，兩人都和酒有關。戴奧尼索斯是第一位將葡萄酒帶給世人的神，耶穌可以變水為酒。兩人都被奉為神子，父親分別是偉大的宙斯以及希伯來人的耶和華；兩人的母親也都是凡人。兩位都不是苦行者

（耶穌喜愛酒和肉），又顯然無性慾，或至少沒有一般的女性配偶。他們都是治療者，耶穌親自治病，戴奧尼索斯則透過祭典發揮神力。兩人都能創造奇蹟，耶穌還可能是個魔法師。他們都受到當局的迫害，戴奧尼索斯要面對彭透斯，耶穌則遇上彼拉多。更值得一提的是，兩人的象徵動物也很像，耶穌是魚，戴奧尼索斯是海豚。

從某個面向來看，比起阿提斯，耶穌更像戴奧尼索斯。阿提斯是豐收之神，死後每年都會在生長的季節重生，但耶穌和戴奧尼索斯一樣，不大關心播種繁衍的事。《舊約聖經》提到，不孕的猶太女人會被凌虐。耶穌什麼都能治癒，甚至可以起死回生，但從沒聽說他曾經治癒無法生育的女人。如果耶穌的形象傳承自異教的豐收之神，那他不大可能也連這點也辦不到。

再者，從哲學或道德立場來看，戴奧尼索斯與耶穌也很相似。我們都知道，戴奧尼索斯是和平的愛好者，耶穌也一樣，樂於扶弱濟貧，勇於對抗社會強權。尤瑞皮底斯是忠實的酒神擁戴者，他是這麼描述戴奧尼索斯的信徒：

全神貫注於神智與心靈的清醒，
要求比凡人更高的尊嚴，

定要贏得窮人的擁戴他的信念、他的實踐——就是我所追隨。4

除此之外，他們兩人都有波西米亞人的性格，對於人類汲汲營營的事情，總是帶點嘲諷。戴奧尼索斯老是要女人脫離家務，好來參加他的狂熱祭典。耶穌則告誡信徒不要煩惱下一餐從哪裡來，快去欣賞野地的百合花和空中的飛鳥：「也不種，也不收，也不積蓄在倉裡。」（〈馬太福音〉，第二章，第二十六節。）用時髦一點的話來說，基於人皆平等與及時行樂的原則，兩人都支持「享樂」（hedonic）的社會。相形之下，當時的社會現實是痛苦的（agonic），充滿爭戰與殘酷的不平等，他們降世就是要改變這一切。

戴奧尼索斯與耶穌還有一個相似處，早在耶穌降臨前，戴奧尼索斯已是救贖之神，應允信徒死後的生命。公認的族長之神如宙斯（羅馬人稱朱庇特）與耶和華，都沒提及死後的生命，但希臘羅馬世界各個狂熱的神祉，例如迪蜜特、伊希絲、希柏利、密特拉斯，都保證他們的神祕儀式是通往永恆生命的大門。伯科特說：「其實戴奧尼索斯的神祕儀式也一樣，公元五世紀以前人們都這麼相信，但學者不願承認酒神信仰的這個面向。」[6]戴奧尼索斯的肖像廣泛地出現在墓碑上，便顯示人們相信酒神的救贖承諾。[7]不像基督教，酒神信徒不只得到口頭承諾，還可以透過狂熱儀式直接感受到不朽。在狂喜中「失去自我」，儘管稍縱即逝，解放此刻肉身的束縛，就是一窺永恆。

戴奧尼索斯與猶太人

如何解釋宙斯之子與耶和華之子之間的相似呢？猜想得出，他們可能都傳承自某種更基本的人物形象。人類創造了這些形象，其中包括神明、半人半神的英雄以及救世主。但也有一種可能，早期的追隨者與編年史家稍微改變耶穌的歷史形象，刻意使他更接近戴奧尼索斯。猶太人受到希臘文化洗禮後，都以希臘文對話、寫作，所以早期的猶太編年史家都熟悉這些異教的神話故事，包括戴奧尼索斯和他的家族。事實上，比起其他猶太人，早期的基督徒學習、接觸到更多希臘古典時期的信仰，熟悉其中的哲學與理念。但他們爲什麼會想讓自己的上帝之子具有異教神明的特質？更別提還那是個名聲不佳的神明。

答案必定和一項奇怪的事實有關。就在耶穌證實自己與唯一眞神耶和華的關係前，羅馬治下以色列地區的猶太人已經違抗十誡的第一誡——崇拜戴奧尼索斯了。歷史學家莫頓・史密斯（Morton Smith）指出，在羅馬時代，整個希伯來地區的居民都崇拜戴奧尼索斯：「異教徒常將耶和華當成戴奧尼索斯，這很容易理解……但令人訝異的是，這樣的認同竟是由猶太人先開始的。」舉例來說，在一枚希伯來的硬幣上，耶和華的肖像居然有戴奧尼索斯的特徵！（否則就是製造它的人勇於突破猶太傳統。）硬幣上的耶和華帶著森林之神薩梯的面具，駕著特里普托勒摩斯（Triptolemus）的二輪戰車，那可是戴奧尼索斯用來環遊世界的座車呢！[9]

除此之外，據文獻指出，羅馬有猶太人在祭祀戴奧尼索斯，在耶路撒冷，猶太人兼容並蓄，以崇拜宙斯和戴奧尼索斯的儀式來敬拜耶和華。戴奧尼索斯的祭典在巴勒斯坦非常受歡迎，人們也經常把他跟耶和華搞混在一起，硬幣、喪葬用品、建築樣式都可爲具體的證據。史密斯的結論是：「這些事實總結在一起更可證明，這些符號絕不可能對猶太人毫無意義。這些物品的歷史，足以說明耶和華信仰的特色長久以來受到酒神崇拜影響。」[10]神學家羅伯特・普里斯（Robert M. Price）寫道：

可以確定的是，猶太人挑出異教信仰中引人入勝的部分，與自己的信仰結合……

〈瑪加伯書〉（Maccabees 6:7）告訴我們，安條克大帝（Antiochus）使許多猶太人改信戴奥尼索斯。那應該不困難，因爲有些希臘作家早已將耶和華當成戴奥尼索斯在當地的化身。舉例來說，在弗里吉亞地區（Phrygia），薩巴茲烏斯（Sabazius）的信徒便是將耶和華當成戴奥尼索斯崇拜。[11]

因此，孕育耶穌的猶太文化，多少已融入異教信仰，特別是宙斯與戴奥尼索斯。根據古典學家卡爾・凱倫依（Carl Kerényi）的研究，耶穌早期的信徒、甚至耶穌本身都應該知道，「以色列加利利海（Genesareth Lake）與腓尼基海岸（Phoenician coast）間，遍布爲數眾多的戴奥尼索斯信徒」。耶穌旅行這個地區時，從葡萄園中取得許多說故事的靈感。特別的是，他堅持自己是「眞正的藤蔓」，這沒什麼道理，除非有「假的藤蔓」，因此有人認爲這是在挑戰戴奥尼索斯的地位。[12]耶穌變水爲酒，這招很具有戴奥尼索斯的風格。史密斯認爲，這是源於古腓尼基西頓地區（Sidon）戴奥尼索斯的慶典中流傳的神話。從西元一、二世紀的文獻看來，當地的祭典跟福音書記載的背景，有許多驚人的相似之處，連措詞都是。[13]

戴奥尼索斯有許多迷人的特徵，可說明他是神格化耶穌的原型。首先，當然是戴奥尼索斯祭典中的狂熱儀式，在耶穌誕生兩世紀前，猶太領袖瑪加伯人（Maccabees）便將戴奧尼索斯祭典的元素引入猶太人的慶典活動中。史密斯說，這種融合非常受歡迎。整體來說，信徒居然可以跟直接跟酒神溝通，這讓早期崇拜耶和華的猶太人非常驚訝，然而希臘人與羅馬人過去也是這樣受到吸引。和戴奧尼索斯的形象融合在一起前，耶和華是個嚴厲且不近人情的神，反倒是戴奧尼索斯一直透過祭典和信眾交流，維持彼此親密的關係。戴奧尼索斯的信仰是普遍又開放的，不限族群、地域，這一點和耶和華與很多神靈不同。

耶穌被羅馬當局處決後，信徒為了超越這個傷痛，便將他轉化為神，但這個神必須與眾不同。他們找了一個在他們社會中影響深遠的神來作為樣本，這個神能提供永恆的生命，每個人都能和他交流，連最低賤的人也不嫌棄。這個過程並非刻意、有計畫的，彷彿有一群私下愛慕酒神的基督徒，巧妙地轉換耶穌的形象。事實是，在異教與猶太教文化混雜的地區，戴奧尼索斯早就為人所知，因此耶穌的信徒要描述其領袖短暫的生命與受到的苦難時，自然就受到影響。耶穌被處決後，關於他生平的文字紀錄隔了四十年才出現。這些時間足以讓他的追隨者把身邊熟悉的各種傳統融入耶穌的神話，拼湊出他的族譜、他的任務等等。這些傳統元素包括了葡萄酒、永生、親民，以及受難之神。基督受難與戴奧黎索斯再生之間的相似，不僅僅是巧合而已。

耶穌和戴奧尼索斯的信仰是否眞的重疊，或其實是異卵雙胞胎呢？這個說法的支持者有提摩西．傅雷克（Timothy Freke）和彼得．格蘭第（Peter Grandy）。在有點煽動性的著作《耶穌之祕》（*The Jesus Mysteries*）中，他們舉了幾個案例，試圖要證實，第二至第三世紀的時候，有個名爲戴奧尼索斯的人被吊死在十字架上。[14]考古學家佛蘭茲．居蒙（Franz Cumont）也提出「一個詭異的事實，至今尙未有令人滿意的解釋」：在羅馬時代的基督徒墓窖中，埋葬了一個薩巴茲烏斯的祭司以及幾位信徒，這個神就是戴奧尼索斯在小亞細亞地區的化身。[15]這個墳墓旁的壁畫還描繪了薇比雅（Vibia，薩巴茲烏斯的信徒）的故事，情節類似於冥王黑帝斯（Hades）帶走宙斯的女兒戈萊（Kore）。薇比雅被死神帶走，審判後被釋放，最後被善良的天使帶領到聖餐之前。戴奧尼索斯（即薩巴茲烏斯）出現在基督徒的埋葬之處，伴隨著典型的基督死亡與死後的故事，這似乎說明，神化的耶穌和古老的酒神曾經完美地結合在一起，儘管時間不長。

狂熱的基督教

更重要的是，我們要找出證據說明，早期基督徒參加的狂熱祭典、希臘的神祕儀式、羅馬的「東方」儀式三者有相似之處。但遺憾地，我們有的證據很零散，也沒有決定性。當然，羅馬人早就懷疑基督徒會私下舉辦狂熱祭典。西元一世紀時，羅馬作家賽爾蘇斯（Celsus）比較了基督徒和祭拜酒神的人，還有「希柏利女神的祭司與先知、密特拉斯和薩巴茲烏斯的崇拜者」。[17]此外，羅馬人還猜想，基督徒也從事酒神祭典中那些猥褻的行爲，甚至添加更多邪惡的元素，比方人類獻祭、殺嬰、食人肉。奧里略大帝的家庭教師富朗托（Marcus Cornelius Fronto）知曉了基督徒的聖餐後，他說：「一提到自己都會顫抖。他們用飢渴的唇吸吮這個獻祭嬰兒的血，迫不及待要分解他的四肢。這些人立誓結盟，受害的卻是他人。」[18]

基督教一開始吸引女人，後來男女都有，所以羅馬人猜想其中一定有淫亂的活動：

特別的日子裡，他們齊聚舉辦宴會，帶著小孩、姐妹、母親前來，男女老幼都有。

酒足飯飽、滿臉通紅後，他們對亂倫的渴望開始火熱起來，便隨意配對交媾。這是不可言說的色慾，有些是事先約定，有些是私下講定，但通通都是亂倫重罪。[19]

第一、第二世紀時，多數基督徒會一起敬拜神，但是否有標準的敬拜儀式，我們今日仍無法知道，但學界一般的看法是「禮拜過程嘈雜，煽情氣氛濃厚，和現在教堂中優雅的晚禱很不同」。[20]他們在信徒家裡聚會，主要的儀式就是一起用餐，毫無疑問地，一定會有耶穌最喜歡的飲料——葡萄酒。[21]依此猜想，聚會時一定會唱歌，還有樂器在一旁伴奏。約翰．馬特（John Martyr）是從異教改宗的基督徒，他在公元一六五年死於羅馬人的手下。他曾寫道：「孩子們應該一起唱歌，就像大家一起享受教會的歌曲和音樂。」[23]此外，歷史學家路易士．貝克曼（Louis Backman）認為，根據二世紀早期教父留下的文字紀錄，基督徒應該也跳舞。亞歷山大城的克萊曼特（Clement of Alexandria，公元一五〇至二一六年）就曾引導信眾「圍成圈圈跳舞，與天使一起繞著永恆的主」。由此可見，基督徒的入門儀式包括圍繞著祭壇跳舞。克萊曼特另外提到，為了要引發靈魂的熱情與喜悅，「禱告文《興奮之足》（*pedes excitamus*）念誦到最後一段時，信徒便抬起頭、朝天舉起雙手，雙腳開始動起來」。根據貝克曼的理解，「興奮之足」就是信徒準備跳舞的暗號。24

基督徒唱歌也跳舞，但他們是否「發狂地」跳舞，像早期戴奧尼索斯的信徒那樣呢？狂熱舞蹈的證據就藏在保羅的教誨中。他寫信給哥林多教會時提到，「凡女人禱告或是講道，若不蒙著頭，就羞辱自己的頭」。（《哥林多前書》，第十一章，第五節）。由此可見，基督徒還是擔心信徒有人保留異教習俗，另一方面也顯示出猶太人男女有別的禮儀約束。畢竟，保羅並不想讓女人在教會宣說神的道理，最好連開口講話都不要。事實上，保羅曾和女信徒一起勸人改信基督，還曾宣告「並不分猶太人、希利尼人，自主的、爲奴的，或男或女，因爲你們在基督耶穌裡都成爲一了」（〈加拉太書〉，第三章，第二十八節）。關於蒙頭的規定，神學家費蘭札（E. S. Fiorenza）提出另一種解釋。他認爲，對保羅來說，哥林多的女人太活潑了：

在這充滿狂喜氣息的敬拜儀式中，哥林多的女人會解開頭髮，敬拜神、宣說神的道理。當時流行的女仕髮型很精緻，還會搭配珠寶、緞帶或面紗，但她們卻解下，任頭髮飛舞。在敬拜東方的神明時，經常可以見到女性這樣披頭散髮。25

羅馬女人花上數小時把頭髮紮好，但祭拜戴奧尼索斯、希柏利和伊西絲時又把長髮放下。如果我們對保羅的了解無誤，那麼他那番話的用意就是要讓基督教受到羅馬人尊重。基督教最好不要有「東方」宗教的色彩，包括那些失控跳舞的女人。

從很久以前，人們就常把披頭散髮和狂熱祭拜聯想在一起，雖然兩者的關係不是那麼地必然。但想想，在史前時代的壁畫上，跳舞的女人頭髮飛揚，要不是在搖頭晃腦，就是在快速移動。在二世紀的羅馬帝國，敘利亞作家琉善（Lucian）提到，男性在崇拜希柏利女神時「脫下帽子，收起脖子頭往下」。阿普列尤斯（Apuleius）則描述他們「把頭低下，不久後，開始靈活地轉動脖子，甩著他們鬆開的頭髮，一圈又一圈」。[26]多德（E. R. Dodds）在他知名的著作《希臘人與非理性》（*The Greeks and the Irrational*）中，認爲甩髮可能是宗教狂熱的普遍特徵。舉例來說，十九世紀的傳教士在英屬哥倫比亞目睹過「食人族的舞蹈」。多德認爲那種舞蹈「持續讓頭往後甩，又黑又長的頭髮糾結在一起，看起來更加野蠻」。類似的還有摩洛哥舞者的著名特徵：「她們快速地甩頭，往前往後來來回回，長髮也舞動起來。」[27]十八世紀美國基督教發起大覺醒運動（Great Revival Movement），有觀察家指出，參加者都被「靈」給占據了：

他們的頭會突然急速往後，他們常因此而喊叫，或不自主地發出聲音……有時候他們瘋狂地甩頭，連臉都認不出來了。我看到有些人前後搖動自己的頭，快到女人的頭髮像馬車的鞭子一樣分開來，但不會發出太大的聲音。[28]

保羅不只要女信徒安分，還要抑制狂熱的活動。他寫給信哥林多教會，要求女性把頭包好，這一點經文中描述得很清楚。他還警告男信徒要將頭髮剪短（〈哥林多前書〉，第十一章，第十四節）。此外，也有考古證據指出，在保羅的時代，哥林多地區還有人在祭拜戴奧尼索斯，有位二十世紀福音派的學者因此總結：「戴奧尼索斯的信仰或多或少影響了活潑的哥林多基督徒。」[29]

毫無問題地，早期有些基督徒沉迷於從事於某種奇怪的行爲，但參與人數有多少、過程中是否進入狂喜狀態，我們就不清楚了。基督徒稱它「說方言」（glossolalia），現代人則稱爲「舌語」。第一次有教徒從事這個行爲，是出現在〈使徒行傳〉中。那天是猶太人的五旬節，有數百名信眾聚集圍觀：

忽然，從天上有響聲下來，好像一陣大風吹過，充滿了他們所坐的屋子，又有舌頭如火焰顯現出來，分開落在他們各人頭上。他們就都被聖靈充滿，按著聖靈所賜的口才說起別國的話來。（〈使徒行傳〉，第二章，第二節）

路過的人以爲他們醉了。但實際上，奇蹟般地，各民族的基督徒都結合在一起了，包括帕提亞人（Parthians）、米提亞人（Medes）、埃蘭人（Elamites）、埃及人、羅馬人以及猶太人，他們終於可以相互溝通了。從《舊約聖經》記載的巴別塔倒下後，希伯來人所煩惱的語言不通問題，在此時克服了。

哥林多人後來也學會說方言，但保羅又譴責這種過度熱情的行爲。他沒有禁止這種行爲，還說它符合教義，是「屬靈的恩賜」，這種神賜的語言現在已經無人能懂了。但是，保羅依然在意大眾的觀感，擔心教外人士如何看待這種行爲：「所以，全教會聚在一處的時候，若都說方言，偶然有不通方言的，或是不信的人進來，豈不說你們癲狂了嗎？」（〈哥林多前書〉第十四章，第二十三節）。

但說方言眞的是一種集體狂熱的訊號、象徵，或某種被引發的出神狀態嗎？社會語言學家威廉・薩馬林（William Samarin）曾在一九七二年出書討論說方言，他堅持，不管是古代或是現代，這都與宗教狂熱無關。他告訴我：「任何人都做得到。妳只需要相信妳會說另一種語言。」[30]這麼說也有道裡，因爲教徒說方言時，不會有出神時的特徵，比方說抽搐或扭曲身體。人可以假裝在說方言，假裝沉浸在其中。信徒當然有動機這麼做：在早期的基督教社群中，得到「神賜」而能說方言，大家都會尊敬你。保羅也向哥林多人吹噓自己「比所有人都能說更多方言」。同樣地，在我們現代，電視上有名的傳教士有時也會忽然說方言來表示自己具有神靈的權威，之後再若無其事、不改語調地轉換回英文。音樂和舞蹈可以喚起一些特異的心理狀態，但在這些情緒激動的團體裡，不一定會發生說方言的行爲。很多案例是發生在獨自禱告的時候，當然這種情況就無法證實了。[31]

另一方面，對於熟悉這類行爲的社會來說，說方言就是在改變意識狀態。薩滿巫師會這麼做，某些非洲的基督教靈恩派也會有狂熱舞蹈。民族誌學者也記錄過，在北美喀多（Caddo）豐收祭典中，一位老人「慷慨激昂地說了一串深奧的話，急促又尖銳，一個字也聽不懂」。[32]一九七〇年代時，語言學與人類學家費里西斯・古德曼（Felicitas Goodman）在數個文化中調查方言的表達方式，她發現語調的形式都一樣，這意味著基本的心理狀態相同。今日的基督徒告訴我們，說方言會產生極度喜悅的感覺。住在美國田納西州東部諾克斯維爾市（Knoxville）的牧師達琳・米勒（Darlene Miller）表示：

「那是絕美、平靜、宜人的感受。你感受到一股力量，知道那是神降臨了。甜蜜、美麗的感受簇擁而來，神的力量充滿全身，不得不從從口中發聲流洩出來，身體完全無法控制它。」[33]某位當代的天主教靈恩派信徒在獨自禱告時，發現自己開始說方言：「就那樣發生了，靜靜地、溫柔地，我開始用瘋癲的語言讚美上帝。在那一刻，我了解到，把自己交給上帝，並非感到被吞噬，而是被充滿了，成爲完整的人。聖靈對我唱著言語無法表達的愛，我感受到了。」[34]

基督教文化形成之前，在早期的地中海地區，說方言的行爲就很普遍，人們知道那會產生狂喜的感覺，還會在迷亂中說出未來之事。在希臘聖地德爾菲（Delphi）神殿，傳達神諭的是女祭司皮提亞（Pythia）。據說在開始傳達神諭之前，她會呑嚥月桂葉（或吸收它的香氣），接著就說出沒人聽懂的話，需要祭司詳加解釋。通常她代表的是阿波羅，但冬天時則換成戴奧尼索斯。早期基督徒也許受到德爾菲儀式的啓發，覺得說方言可以適切地表現被神靈附身的狀態，或表達溢滿的宗教情感。

這並不是在貶損基督徒，或說他們抄襲皮提亞或其他希臘的狂熱儀式。但既然基督教融合了希臘文化的許多片段，早期的基督徒自然也吸收了說方言的概念，好用來表現人進入特殊的、神靈所應允的心理狀態。當然有些人是假裝的，知道如何在正常、非狂熱的心理狀態下做出說方言的樣子。但不論眞假，信徒都能控制開始與持續的時間，否則保羅也不用費心禁止過度說方言。韋恩・米克斯（Wayne A. Meeks）認爲，在早期基督教儀式中，說方言還在可控制的範圍內，「發生的時間可以預測，還伴隨著特殊的身體動作」。信徒可以藉由其他儀式引發說方言的能力，感覺受到神眷顧。說方言可助長個別信徒的威信，也能促進全體的團結。[35]

無疑地，早期的基督徒一定認爲，說方言是神所賜與的極喜狀態。二、三世紀的教會領袖特土良（Tertullian）還說，上帝偏愛的人才會說方言。他還挑戰異教徒馬吉安（Marcion），看他是否能跟自己一樣「創作一段詩篇、打造一個願景、背誦一篇禱文——讓神靈帶領著，在狂熱與狂喜中，用任何自然發出的語言表達。」[36]由此可見，早期的基督徒應該希望他們的聚會能充滿特別的感覺，像是交流、極喜、歡愉。米克斯認爲，受洗也會產生些爲抽離的感覺。當施洗者將聖水澆灌在受洗者頭上，並大喊：「阿巴！」（Abba，亞拉姆語「父親」之意），便表示聖靈已經進入、充滿受洗者的靈魂。

因此，平心而論，一、二世紀的基督教、希臘的神祕慶典以及羅馬的「東方宗教」，這三者的相似之處在於，它們給信徒某種體驗，讓他們感受強烈的情緒，甚至達到狂喜的狀態。不像希柏利女神的信眾，基督徒不會拿刀劃自己（少數的例外之一是自閹的神學家俄利根〔Origenes Adamantius〕），也不像戴奧尼索斯的信徒會跑到山裡面生吞活剝小動物。他們唱歌、吟誦、喝酒、跳舞、甩頭髮，情緒一來，就用方言或普通話預測未來。

我們也不應以偏概全，畢竟基督教派別很多、教會也很多，敬拜形式也就各色各樣。保羅的家規看來有點古板，只有像他自己那樣的領導者才能說方言，公開場合演說也僅限男性成員。另一個極端的早期基督教派是弗里吉亞的孟他努教派（Montanist），由孟他努和兩位女先知——百基拉（Priscilla）與馬西米拉（Maximilla）所領導，據說，他們預言時會進入出神的狀態，沉迷在與「東方」宗教相似的狂熱儀式中。孟他努本身曾是希柏利女神的祭司。值得一提的是，長久以來，人們總是將集體狂熱儀式和性愛放縱聯想在一起，因此孟他努教派比起其他基督徒在性生活上更爲拘謹。[38]也許因爲他們的狂熱儀式更吸引人，孟他努教派在第二世紀快速傳遍小亞細亞，甚至愛吹牛的特士良也加入他們的教派。

盛行於古希臘與羅馬世界的「東方」宗教中，只有基督教以各種形式流傳下來。在西元一、兩世紀，基督教會成功，是因爲它具有某個獨一無二的特點。其他宗教人士沒有留意到，比起慶典和儀式，社群歸屬感帶來的精神滿足更爲長久。伯科特指出：「在異教的神祕儀式中，信徒在神靈的庇護下齊唱、慶賀，彼此凝聚在一起……但這類因慶典而產生的團結感，慶典結束後就停止了；唱歌跳舞一日或一夜後，便就地解散了。」[39]難怪這些神祕教派得發展管理階層來維持教務，伊西絲和希柏利甚至有神廟和祭司，但只有基督徒才有長久的社群觀念。窮人在戴奧尼索斯或希柏利的祭典中獲得幾個小時的狂歡宣洩，但在教會，他們能得到實際的物質支持，比如每次禮拜時，比較富裕的弟兄會提供免費的一餐。單身女性或寡婦在其他宗教的儀式中得到暫時的解放，但教會能提供她們長久的互助網絡，包括物質上和社會上的。[40]某個羅馬評論家觀察到（也許還略帶羨慕的語氣）：「基督徒靠一些神祕的象徵和標記彼此相認……不管到哪裡，他們都會展現泛濫的宗教情感，輕浮地稱呼彼此『兄弟』和『姊妹』」。[41]

基督教的團結部分來自耶穌親切而直接的態度，十足具有社會主義精神。不過，教徒的團結也有一部建立於負面的想法與末日感。耶穌宣揚，現有的社會秩序很快就會讓位給通往天堂的路，因此過去的社會與家庭關係都不重要。既然末日即將來臨，沒必要生養小孩，也沒必要守著（不信邪）的配偶和家人。不過這些面向，都被我們現代「崇尚家庭」的基督徒巧妙地忽略了。基督徒只有彼此，靠著對末日論的信念形成社群，緊緊依偎在一起。就一、二世紀的大部分歷史看來，他們對末日的看法是有道理的。基督徒結黨成派，比非基督教的猶太人更爲團結，因此成了羅馬當局的眼中釘。羅馬人處死許多基督徒，反而讓他們更加緊緊連繫在一起。

然而，隨著基督教從被打壓到發展成官方的宗教，愛、團結與集體狂熱卻慢慢被被它拋棄，但那些可是早年豐富教會的元素。在保羅的時代，基督教並無「教務與管理組織」——沒有階級制度。換句話說，並無聲望的高低，全憑個人的魅力。[42]第一世紀的末期，教會開始有主教和執事等正式職稱，第四世紀初期，羅馬皇帝改宗，並立基督教爲國教。保羅以降，說方言的情況就很少出現了。第四世紀中之後，教會開始禁止宗教性質的舞蹈，尤其是女性，絕不能有類似的舉止。以色列該撒立亞城（Caesarea）的主教巴西流（Basileios）嚴重警告，在慶祝耶穌復活時，女信徒不應該有不合宜的行爲，還要依照保羅的指示把頭包起來。明顯地，這就是要禁止有人在教堂裡狂熱跳舞：

在基督面前放下服事的重任，把頭紗和禮儀都丟到一邊，不顧上帝和天使。這些女人毫不羞恥地吸引男人的注意力。她們頭髮蓬亂、穿著緊身衣晃來晃去。跳舞時，她們狂熱無法自拔，眼神淫蕩、笑聲吵鬧，一定要挑起年輕人的情慾。她們在教會的殉道者和墓窖前繞圈跳舞……唱著妓女的歌，連空氣都被汙染了。她們那丟臉的樣子，就算站著也是在玷汙大地。[43]

那些女人跳舞的樣子是否淫蕩，我們不得而知，那也可能只是巴西流的個人觀感。但到了四世紀時，教會當局確時開始規定信徒跳舞的方式，他們過濾掉噁心、性暗示的面向，讓它較有「靈性」。當時的教父聖國瑞・納祥（Gregory of Nazianzus）致力於創造莊嚴的活動，以分別粗魯與充滿性暗示的舞蹈：

讓我們以唱聖詩代替打鼓，以聖歌代替輕佻的音樂……莊嚴代替嬉鬧，沉思代替沉醉，清醒代替狂迷。如果你眞的想在歡樂的儀式或節慶中獻上你的舞蹈，那麼就跳吧，但別像希律王的女兒那樣不知節制。[77]

四世紀末的時候，暴躁又不寬容的君士坦丁堡大主教約翰一世（John Chrysostom）下了禁制令，結束這一切：「有舞蹈的地方，就有魔鬼。」[45]可想而知，有些基督徒仍在教堂以外的地方參加異教的宗教活動。根據相關文獻，公元六九一年，君士坦丁堡教會還曾大聲疾呼，絕不可膜拜戴奧尼索斯。他們頒布了法令：「男人不可穿著女人的衣服，女人也不該穿著男人的衣服。不可裝扮成薩梯，或戴上各式各樣的面具。摘葡萄或倒酒入桶時，不得呼喊戴奧尼索斯之名。」[46]

二十世紀的社會學家認爲，早期教會對於狂熱活動、各種節慶與儀式的敵意，是宗教走向成熟時不可避免的過程。劉易士（I. M. Lewis）在他一九七一年的經典著作《狂熱宗教》（*Ecstatic Religion*）中提到：「新宗教形成時，領袖們會大張旗鼓地昭告天下，他們已經到來了。隨著地位慢慢穩固，他們反而慢慢失去對熱情信徒的耐心與包容。因爲熱情信徒經常會宣稱自己知道神的旨意，因而威脅到既有的宗教組織。」[47]當一個宗教穩固後，就不大會認可附身現象，甚至把它當成撒旦、異端。劉易士還說：「基督教在長久的歷史中，顯然也經歷這個發展模式。」[48]韋伯在《宗教社會學》一書中也贊同，這種過程讓宗教成熟，光從「衛生」的觀點來看，「歇斯底里的宗教情緒會造成精神崩潰」。[49]他認爲，每個新宗教發展的要務是以「理性的道德體系」取代早期狂熱、狂野的靈感。[50]以中國爲例，西元前一世紀，中國人就成功例將節慶式的、神迷的原始信仰，轉換成冷靜、理性的儒教。基督教也是朝這個方向發展。但羅馬基督教與中國儒教最主要的不同在於，前者一開始就高舉「理性的道德觀」，即使在它早期發展的階段，「各種靈性上非理性、狂迷的特質，人們都視爲神聖的記號」。[51]

但基督教的「理性」道德觀究竟是從何開始？耶穌的誡命是，「有人打你左臉，連右臉也轉過來由他打」，這完全不符合理性與算計。如同耶穌說的：「人想要告你，要拿你的裡衣，連外衣也由他拿去；有人強逼你走一里路，你就同他走二里。」（〈馬太福音〉，第五章，第四十至四十一節）現代基督徒對這些教誨卻完全視而不見，畢竟，從冷冰冰的資本主義觀點來看，瘋子才會有那種舉動。（《聖經》〔靈修版〕的注腳中，編者嘗試著解釋早期教會具有一些的社會主義式的特色：「早期的教會能與眾人一起分享土地與物品，這種和諧是聖靈的作工與信徒的生命帶來的。這種生活與共產主義有別：第一，這種分享是自願的；第二，範圍並未涉及私有財產，僅止於生活必需品；第三，這並不是加入教會的資格要求。」參見，*Life Application Study Bible, New American Standard Bible*, updated edition [Grand Rapids, MI: Zondervan, 2000], p.1895）

但對早期說方言、飲酒、披頭散髮的修士來說，耶穌的教誨倒是很符合他們的特質。他們常在團體儀式中獲得狂喜，是否有神靈附身，什麼是個人尊嚴，一點也不重要。基督教早期的領袖也許沒有意識到，禁止狂熱活動，也等於在否認耶穌。

韋伯以爲，基督徒只是厭倦了熱情又歇斯底里的敬拜方式，隨著時間推移，教會官方才慢慢禁止基督徒從事這些活動。但韋伯錯了，早期的基督教小團體一變成教會組織，就開始查禁所有「熱情」的活動，包括最原始的體驗，如神靈附身、充滿神恩。此後，團體裡的信眾再也無法藉由狂熱的敬拜親自接觸到神靈，只能退而求其次，依賴教會高層的指示。「預言講道」成爲神父的工作，歌唱委任給專門的唱詩班，還有早期基督徒聚會時最具特色的活動——聚餐與饗宴，也減爲吃一小塊聖餅（只會讓人更餓）。經過了好幾世紀後，絕大多數的基督徒才完全接受這種簡約型式的基督教。

第四章 從教堂到街坊：嘉年華的誕生

教父下令禁止在教會裡跳舞，過了一千年後，天主教的領袖還在譴責各種狂熱與「淫亂」的禮拜方式。不過，高層罵得越大聲，越能說明，中世紀的人非常習慣在禮拜時跳舞，堂區的神父再不高興也會忍耐。神父跳舞、女人跳舞，教堂裡的會眾都跳舞。（歷史學家威廉・麥克尼爾表示，歐洲教堂直到十八世紀之前都沒有座椅，人們都是站著或成群聚在一起。比起今日教堂內大部分的人都坐著，過去教堂的氣氛較活潑。二〇〇六年六月一日，與作者的個人連繫。）不管教會高層多麼努力，基督教儀式中還是有跳舞活動。

十二、十三世紀，天主教的領袖終於「淨化」了教會裡失控又狂熱的活動。他們一定知道，官方無法完全禁止社會大眾從事這些行爲，如果人們打定主意要狂歡，再多的譴責和禁令也不夠，必須找出妥協的辦法，一方面保持信徒的順從和虔敬，另一方面讓他們享受喧鬧的好時光。

這個妥協辦法影響深遠，形塑了數世紀以來的歐洲文化。簡單來說，一般信徒可以在宗教節日跳舞，自我娛樂一番，滿足內心的需求，唯一的限制就是不能在教堂裡跳。在教堂的範圍以外，跳舞、飲酒、任何會激怒教會高層的娛樂都變成慶祝活動，舉辦時間全寫在中世紀之後的教會日曆上，一直延續到近代，包括聖徒紀念日、四旬節以及各式各樣的年度節慶。教會爲了抑制信徒的狂歡的熱潮，無意中發明了嘉年華。（精確地說，「嘉年華」〔carnival〕指的是在四旬期前特殊的節日，但這個詞也廣泛指稱整年中類似的節慶活動。）。

嘉年華的元素當然已經存在好幾世紀了。法國歷史學家艾倫・古列維奇（Aron Gurevich）觀察到：「在中世紀初期和中期，定時定點舉辦的嘉年華尚未出現，四處都有小規模類似的活動，但還稱不上是嘉年華。」[1]英國歷史學家羅納德・賀頓（Ronald Hutton）在研究英格蘭的傳統慶典時發現，近代許多慶典的元素十五世紀初才出現，例如圍著花柱跳舞（今日出現在五朔節中），在活動中選出昏君（a lord of misrule，今日英國的蠢蛋節〔Feast of Fools〕）。事實上，許多慶典的元素在幾個世代前才引進和融入，有些人甚至都還記得演進的過程。為何慶典活動忽然在十三、十四世紀出現，古列維奇沒有提出任何線索說明，賀頓也沒有。賀頓仔細研究過英格蘭，卻也找不到答案：「不得不承認，我找不到清楚明顯的資料，可以說明為何中世紀後期的英格蘭會出現季節性的慶典。」[2]

但我們可以透過一些線索描找出梗概。慶典開始流行起來，可能單純是因為在教堂裡不准舉行。曾經，人們可以利用正式的禮拜場合跳舞、喝酒或進行其他活動。但隨著禮拜時的約束與規矩越來越多，人們就必須在教堂以外的地點、敬拜以外的時間尋找的慶祝機會，通常是選定在宗教節日。歷史學家尚・德呂莫（Jean Delumeau）寫道：「可以確定的是，中世紀時，人們會在教會和墓園裡跳舞，特別是在一些節日像蠢蛋節、諸聖嬰孩殉道慶日等，直到後來羅馬天主教會禁止這項習俗。」[3]中世紀後期，慶典活動並非不再盛行，而是地點改變了。

教會領袖儘管非常不安，但還是很寬容，容許原本在教堂內的慶典移到教堂外。官方不太可能完全禁止這類活動，禁止了也沒用，民眾還是可以找到別的地點舉辦。從千年的歷史看來，各種異教一再地復生，威脅教會的存在。像嘉年華這一類的活動在十三世紀勢如破竹擴張開來時，教會面臨了羅馬時期以來最嚴重的挑戰。異教活動橫掃日耳曼地區、南法和西班牙北部，威脅要將教會分化成小教派。異教這麼可怕，教宗格列高利九世（Gregory IX）於是在一二三三年設立常設機構來鎮壓異端——宗教裁判所，當時立即產生效果，二十九年後，還用刑求作爲審問手段。

宗教裁判所設立的前後，教會高層也試著將天主教轉型爲情感上與感官上更吸引人的宗教，彷彿想與其他慶祝活動一爭高下，比如美化教堂建築物、裝飾它的外表，添加特別的禱文，展示遺物（通常宣稱是聖人的骨頭或用過的物品），還有其他引人入勝的事物。除了加強原有的元素，教會還增添特殊效果，例如薰香。隨著教會的儀式愈加複雜，官方也鼓勵教徒發展戲劇，讓禮拜過程增加戲劇情節。新的節日也出現了，例如在十三世紀悲謹會（Beguines）的催促下，教會設立了基督聖體聖血節。總而言之，教徒變得更加忙碌，要求更多，特別在大城市，教會活動變得更家俗麗。

教會將慶典往外移，這個解套方法使它能對內施壓，對外則讓一般民眾覺得天主教平易近人，免得他們被其他相競爭的宗教吸引過去。剃除不合宜的舉止後，神職人員便能專心進行神聖的儀式，進而維護教會日趨複雜與龐大的階級體系。同時，人們也有機會可以玩樂，但只能在教會規定的日子。由於這些活動是教會資助舉辦的，所以其中充滿了基督教的符號與象徵物。

向舞會宣戰

這樣的妥協辦法逐漸發展下去，令教會領袖最煩惱、也認為最無意義的活動，就是跳舞。遠古時代作惡的多半是女人，女人跳舞總是引起嚴厲的譴責。九世紀時，主教們在羅馬大公會議上抱怨，女人來到教會只為了「唱不入流的歌曲，一起跳舞」。中世紀歷史學家錢伯斯（E. K. Chambers）認為：「只要有盛宴或是年度慶典，成群的女人肆無忌憚地唱歌跳舞，跑進教會的管轄區，甚至跑進聖殿，幾百年來，教會高層無不大聲疾呼，這樣的行為是侮辱上帝。」[4]

教會採取的策略是，祭出可怕的超自然懲罰來警告她們。傳說中（現代人稱都會傳奇），德國凱比克（Kolbigk）的人堅持要在聖誕彌撒時跳舞，結果他們被處罰一整年都要跳舞，不得休息，大多數的人都因精疲力竭而死了。其他嚇人的傳說還有，跳舞時被惡魔帶走、被雷擊中或意外發現旁邊伴奏的樂師就是惡魔本人。還有則古老的傳說，服喪的人整夜在教堂墓園外陪伴死人時，絕不可跳舞，否則惡魔會抓錯靈魂。

事實上，據說帶領人們違反教規、肆意跳舞的，就是撒旦，跟戴奧尼索斯如出一轍。此外，酒神有時會以潘神的樣貌出現，撒旦則被描繪成長角、有尾巴，造型跟戴奧尼索斯旁邊的薩梯一樣。作家史蒂芬・朗司代爾（Steven Lonsdale）寫道：

> 魔鬼和薩梯一樣，是個英俊瀟灑的男人，半人半羊，有著長長的尾巴，頭上長角或有像羊一般的耳朵。兩者都是音樂大師——薩梯彈奏七弦琴和吹奏笛子，魔鬼則是小提琴。兩者跑起來都像羊一般舞動跳躍。惡魔毛茸茸的外表和薩梯類似，舉手投足古怪、滑稽，跳起舞來就像希臘合唱團中薩梯的角色，戲劇效果也一模一樣。[5]

到了十三世紀，官方更加嚴厲譴責跳舞活動。一二一五年，羅馬教廷在拉特朗公會議（Lateran Council）中通過新的審查機制——教徒每年都要向神父告解犯下的罪，而跳舞就是其中一項，有挑逗的姿勢則罪加一等。「挑逗的」和「不合宜的」舞蹈再度被列入一三一七年公告的《告解大全》（*summa*）。基本上，教會禁止的不是一般的舞會，而是在教堂裡或教堂的周圍跳舞。歷史學家貝克曼（E. Louis Backman）研究教會裡的跳舞活動後，他寫道：

一二〇八年還沒結束，巴黎的主教就禁止在教堂、教堂外的庭院或禮拜進行時跳舞……一二〇六年卡爾奧（Cahors）的宗教會議後，教會威脅要把在教堂裡面或外面跳舞的人踢出教會……一二二七年特里爾（Trier）會議後，教會禁止教堂庭院與教堂內有三步舞、繞圈舞與其他世俗的嬉鬧活動。一二七九年匈牙利的布達（Buda）會議後，教會告誡神父，應防範信徒在教堂與庭院跳舞。在列日（Liège），信徒絕不可以在教堂裡、迴廊、庭院跳舞……一二九八年符茲堡（Würzburg）會議後，教會明白表示反對跳舞活動，宣稱那是嚴重的罪行，犯者嚴懲。6

從這些禁令看來，教會官員多少把跳舞，特別是在教堂裡裡外外的活動，當成異教的習俗。許多研究中世紀的學者認爲，這是因爲教會經常刻意把歷史悠久的異教廟宇改建成教堂，那些地方就是人們舉行傳統祭典的地方。由此看來，教會官方反對跳舞，就是對天主教之前的民俗傳統宣戰。天主教興起之前，歐洲的傳統信仰想必非常多元，民眾因此普遍地轉而在教堂裡跳舞，但爲何這些信仰會走向沒落？如果一般民眾這麼想要跳「異教」的舞，何不避開教會的規定，在一般的場地跳就好了呢？

最可能的解釋是，事實上，儘管教會不斷大聲疾呼反對，但在教堂裡跳舞卻是天主教長久以來的習俗。我們已經找到證據指出，教會發展初期，信徒在禮拜時就會跳舞，還有更牢不可破的證據指出，中世紀的信眾會在教堂或周圍跳舞。十二世紀，有個到威爾斯旅行的人如此描述聖伊魯內德（Saint Eluned）紀念日的狂熱舞會：

> 你可以看到，年輕的男子與未婚女子在教堂或在外頭的庭院跳舞，有些則圍繞著墓園轉圈。他們唱著傳統歌曲，忽然間，帶頭的趴倒在地，然後他身邊原本祥和的那些夥伴，也瞬間進入出神狀態，原地跳來跳去，像抓狂一樣。[7]

事實上，有大量的證據指出，中世紀的神父也會參與這些活動，甚至帶頭在教堂跳舞。十二世紀巴黎大學的校長寫道，有些教會的主教、甚至大主教在某些場合會與當地的教友玩遊戲，甚至一起跳舞。其他地方也有類似的現象，教會執事在聖士提凡日（St Stephen's Day）、教士在聖約翰日（St John's Day）、合唱團男孩在諸聖嬰孩殉道慶日都會跳舞，而且成爲慣例。在法國利摩日（Limoges），教士每年都會在教堂的唱詩台上跳繞圈呼喊舞。某些主教的轄區裡，新到的教士必須要表演一段神聖的舞蹈來活絡首次的彌撒。[9]研究中世紀的學者潘妮洛普・都柏（Penelope Doob）指出，在教堂跳舞的習俗深深影響了中世紀天主教的建築形式。她提出證據證明，十二、十三世紀法國、義大利教堂的中殿地板上，會有如迷宮般的圖案，這種當時常見建築特徵，便是用來協助教士們在復活節時轉圈跳舞：「迷宮與舞蹈結合在一起，這是神職人員（教士和修女）專屬的慶祝舞蹈……不可思議地，它模仿了宇宙的秩序，帶來恆久的祝福。」[10]

教堂裡的舞蹈是否有不同種類，神職人員表演高雅的舞蹈，一般人則沉迷於低俗舞蹈呢？很有可能。但我們有理由相信，神職人員不一定永遠清醒又節制，教會的紀律既薄弱又不管用，很多神父公開和情婦住在一起，也沒幾個人看得懂教會的官方語言拉丁文。神父有時候不是因爲在教堂裡跳舞而被批評，而是與合唱團男孩和女人發生一些逾矩的事情。十四世紀末以前，新進的神父與修女立在立誓儀式上會跳舞，但這項活動終究因爲是「粗魯的行爲」被禁止了。貝克曼承認，要清楚地區分中世紀「神聖」和「大眾」的舞蹈是不可能的。

但如果在教堂裡跳舞是天主教歷久不衰的傳統，爲什麼十三世紀有這麼多的教會高層反對，甚至要打壓它呢？他們可能害怕，若所有會眾都起身、活力充沛地投入舞蹈，就不免會出現脫序行爲。一三三八年，威爾斯與英格蘭的教會禁止在教堂裡跳舞和嬉戲，理由是會損害教會的資產，也就是在教堂裡跳舞總有不守規矩的事發生。出於其他理由，教會也害怕一般信眾搗亂，尤其是占大多數的低收入者。天主教的教義將貧窮視爲美德，但中世紀後期教會本身反而聚集了大量的財富，還有農地、男女修道院等資產，有的教會高層還過著奢侈的生活。中世紀天主教有這種內在的矛盾，一般信眾還是乖乖的比較好管，至少在教堂裡不要亂。

再者，教會決心壟斷人類接觸神靈的管道。若宗教舞蹈成爲狂熱儀式、偶爾舞者還被惡魔附身，一般人就會認爲，不用藉由神職人員，靠自己也能接觸到神靈（例如過去膜拜戴奧尼索斯的人）。當然，教會長期都在打壓古希臘那種被神靈感動與附身的狂熱主義。但到了十三、十四世紀，自我鞭笞蔚爲風潮，橫掃義大利與日耳曼的低下階級，教會對此卻顯得優柔寡。一開始教會官方鼓勵信徒自我鞭笞，作爲在公開場合懺悔的儀式。但隨著這項活動逐漸發展，信徒也變得狂熱起來，還時不時反抗神職人員。鞭笞者組成大型團體，走訪各大城鎮，唱著宗教歌曲，隨著節奏鞭打自己，還入境隨俗穿插當地的方言。這些人藉此改變意識狀態，也彷彿是要解脫肉體的疼痛。一三四九年，羅馬教皇下令禁止自我鞭笞，否則類似團體的規模與暴力程度足以引起暴動。[11]

當時最高調的「狂熱異議分子」是十三、十四世紀震撼北歐、後來又橫掃義大利的狂熱舞者。第一波狂熱活動是則警世寓言，彷彿有人在警告跳舞有多危險：一二七八年在烏得勒支（Utrecht），有兩百人在橫越摩澤爾河（Mosel）的橋上跳舞，揚言橋不崩塌就不停下來，結果所有的舞者都淹死了。[12]一百年後，黑死病剛開始之際，有一波規模更大的舞蹈狂熱從德國興起，傳到比利時：「農夫離開田地，工人離開工作坊，家庭主婦拋下家務，參加這場狂歡。」他們抵達今德國亞琛（Aachen）時，「手牽手圍成一圈，彷彿完全失去控制感官的能力，不停地跳舞。無視於旁觀者，他們跳了好幾個小時，個個精神錯亂、胡言亂語，直到精疲力竭倒在地上」。[13]很可惜，我們找不到這些舞者個人的自白，但從現代的觀點來看，民族誌學者會說他們的情況是「附身」：

> 跳舞的時候，他們看不見也聽不見，對外在世界完全無感（除了周邊的音樂）……他們被幻覺迷惑，叫喊出腦海中出現的神靈……有些人在情緒爆發的時候，看見天堂開啓，救世主和聖母瑪利亞正受加冕。[14]

教會高層擔心這般的狂熱成爲另一種異端。如果一般信眾自己就能接觸上帝，那宗教的階級組織勢必會受到威脅。

從那時候開始，中世紀後期的跳舞狂熱（Dance Mania）便持續引起學者的興趣，大多數的人傾向從醫學的角度解釋這個奇特的現象，甚至認爲是自我毀滅的行爲。十九世紀的內科醫師黑克爾（J. C. Hecker）記錄了狂熱的跳舞活動，他認爲，這些舞者的動力來自「不健全的心理狀態」，並由感覺中樞傳達到動作神經。[15]直到現在，醫生仍在尋找確切的醫學診斷以理解這種現象。一九七七年，有人撰文指稱：「跳舞如瘟疫般蔓延，乃公共衛生之謎題，其病因令人難解。」十五到十七世紀在義大利爆發的跳舞狂熱，常有學者歸因於有人被塔朗圖拉蜘蛛（tarantula）咬傷，巧合的是，有一種舞稱爲塔朗泰拉舞（tarantella），相傳便是用來預防被這種蜘蛛咬傷以及治療後遺症。另一種人們偏愛的解釋是麥角菌中毒，麥角菌是一種生長在黑麥上的眞菌，在日耳曼跳舞狂熱流行的地區，常見到有人種植黑麥。但義大利並不種植黑麥，日耳曼的區也沒有塔朗圖拉蜘蛛，迄今也無人能證實，這些可疑的「瘟疫」帶原者會引起跳舞狂熱。

還有一種說法可證明跳舞狂熱是一種中毒現象，受害者可能是接收或被灌輸某種訊息而染病。他們說，這種傳染病，光是眼神接觸就會染上。旁觀者一開始看了覺得很新奇，並在伴奏樂團音樂的影響下，漸漸被征服，最後自己也陷入這種狂熱中。黑克爾堅持要以疾病來解釋：「在義大利，好奇的女人加入群眾，因而染病，但並不是被毒蜘蛛咬到，而是渴切地從他人眼中吸收心靈毒藥。」舉例來說，曾有一千一百人在法國梅斯市（Metz）聚會跳舞，教士想要驅趕操縱他們的惡魔，卻被拒絕。這令人想到尤瑞皮底斯所描述的戴奧尼索斯慶典：不管當權者如何反對，狂熱蔓延，人們受到吸引，紛紛放下手邊的事務。從中世紀的跳舞狂熱中，我們也能察覺一絲的政治意味，它可能也是某種消極的反抗形式。窮人容易受到鼓動，他們在其中所感受到的團結，足以用來治療黑克爾所謂的「痛苦不安」，包括沮喪和焦慮，也就是現代人所說的憂鬱症。跳舞的人常常對前來驅趕邪靈的神父暴力相向：「被附身的人聚集在一起，對著他們破口大罵，還威脅要大肆破壞。」[18]

至少在義大利，公開慶典似乎發展成有組織的活動，跳舞活動的狂熱程度多少受到抑制。根據黑克爾的研究，在義大利，塔朗泰拉舞等相關的狂熱活動「逐漸成為固定舉辦且受到歡迎的慶典，人們都開心又焦急地期待它們來臨」。[19]在歐洲其他地區，投入跳舞狂熱的人民，無疑地在向教會當局示威，不管官方是否批准，他們這些被貧窮壓迫、被瘟疫威脅的人，都要從狂歡儀式中尋找解脫。但如同之前提到的，教會越來越不希望教堂裡有這些儀式，不想接納這些遠古異教狂歡的行為，只能勉為其難當成餘興節目。

嘉年華大串燒

嘉年華當然不只有舞蹈，各式各樣的活動，從正經八百到完全狂亂，都出現在中世紀的嘉年華。在這些娛樂中，教會也貢獻了一己之力，除了特別的彌撒外，行經整個城鎮的遊行活動更是重點，對官員、權貴還是各行各業（皮革工人、銅匠、泥水匠、馬伕、屠夫等等）的人來說，那可是地方上的大事。此外，教會還鼓勵（或批准）當地居民表演以宗教爲題的戲劇，例如德國的耶穌受難劇（Passion Play）是少數幾個到現在還會舉辦的活動。

但教會提供或批准的活動其實是最沒吸引力的，倒是民眾發揮創意舉辦輕鬆的一般慶典，還能讓假日生活多采多姿。除了必備的饗宴、飲酒和跳舞以外，嘉年華中還有運動比賽（保齡球、手球、射箭比賽、擲鏢、摔角），也有源於古代傳統、殘忍的動物獻祭，比方說捕熊。更驚人的是，從現代觀點來看，有一些儀式的用意在消解一般社會階級和性別的界線。有一些男人穿得像「蠢蛋」或「昏君」，專講下流笑話，也有人扮成教士和修女，猥褻地嘲諷一番。如同古時候戴奧尼索斯的慶典，當時也常出現跨性別的扮裝。歷史學家娜塔利・澤蒙・戴維斯（Natalie Zemon Davis）指出：

在奧地利和德國地區，每逢嘉年華期間，就有半數的男性跑者穿得像女人，在街上蹦蹦跳跳。在法國，聖士提凡日或新年當天，男人打扮成野獸或女人，在大庭廣眾下跳舞……農神節或蠢蛋節時，有些年輕的神職人員和俗眾會裝扮成女人，擺出淫蕩和不雅的姿勢。[20]

不管你被什麼社會階級束縛，男人或女人、富裕或貧窮，都能藉由嘉年華擺脫。關於嘉年華的各個面向，學界最感興趣的，莫過於嘲弄當權，畢竟這些裝扮或多或少都有些「政治意味」，間接地表達某些不滿。人民利用公開慶典來取笑地方權貴與天主教會，不只在中世紀後期才有，古以色列人慶祝普珥節（Purim）時也會戴上面具、喝個大醉，還可以光明正大醜化猶太教士。羅馬人則有農神節。非洲許多地方也有嘲諷性的儀式，荷蘭的旅行家描述了十八世紀早期幾內亞岸邊的慶典：

嘉年華一共八天，各種活動應有盡有，包括唱歌、跳繩、跳舞、搞笑、嘲弄等等。

這個時候，隨意挖苦別人是被允許的，中傷別人還會被讚揚。他們可以盡情暢談上層階級的缺點，埋怨他們如何爲非作歹和欺騙世人。低下的人講這些完全不會被干預，也不會被懲罰。[21]

直到現代，受惠於慶典的階級和性別，還是傳統社會中一直都在掙扎、勞碌的人。厄瓜多的農工舉行慶典時會變裝，也會嘲諷他們的老闆。印度基山卡利（Kishangarhi）的鄉村地區，女人在好麗節（Holi）時可以打男人，騷擾最高的婆羅門階級，連住在那裡的美國民族誌學者都被迫「在街上跳舞，像克里希納神那樣搖擺，把舊鞋子像花環一樣環繞在脖子上」。[22]到第八章我們會再提及，這類節慶也暗藏著人民的反抗意識，比如美國的黑奴就是這麼團結起來的。公開的嘲諷儀式這麼廣泛盛行，也間接地說明，人類（至少小老百姓）天生就愛開玩笑，以此推翻既有的秩序，不論是無傷大雅的發洩，或刻意地針對某些人事物。

歐洲的嘉年華中，許多嘲諷的儀式都和蠢蛋王有關，這個角色是個虛構人物，在教會批准的蠢蛋節中第一次亮相。這個低階神職人員——執事、副執事和司鐸——發起的節日，正可說明教會對慶典的矛盾立場。在錢伯斯的描述中，蠢蛋節是「一大群平常穿著教士服的笨蛋一起沸騰起來」。最初，教士們在聖誕節到新年期間在教堂舉辦蠢蛋節。參加的神職人員穿著荒謬，有些穿著女人的衣服，有些把衣服反過來穿，還惡搞彌撒儀式，拿香腸當成教士的香爐，用臭氣沖天的鞋底當成薰香，也不用拉丁文祝禱，而是還唱些低級的歌，胡言亂語一番。[23]當代有人非常不以爲然，他描述那個場景：「他們在教堂又跑又跳，一點也不害羞臉紅。最後他們跑出城外……連路人也加入，一夥人嘻嘻笑笑、舉止輕浮，嘴裡淨講些淫穢與低俗的話。」[24]

教會的高層一點也不覺得好玩，於是不定期地禁止蠢蛋節活動。一二〇七年教宗諾森三世（Innocent III）下令波蘭各教會停止這項慶典，一四〇〇年巴黎大學的校長也下令禁止，指責這項不正當的活動「讓教會丟臉丟到家」。[25]一四三六年，瑞士巴賽爾的教會允許蠢蛋節，但不可以有不敬的行爲。只是很顯然地，人們怎麼可能舉辦正經八百的蠢蛋節呢？巴賽爾的教會一四三九年就下達禁令，四年才能舉辦一次蠢蛋節，地點只能在教堂外。一四四四年，法國桑斯（Sens）的地方教會也規定只能在教堂外舉辦蠢蛋節，而且在儀式過程中，倒在蠢蛋王身上的水不能超過三桶。

教會官方時常想要轉移人民的注意力，希望他們不要那麼愛玩樂，把精神從蠢蛋節轉移到比較高尚的教會戲劇。[26]雖說如此，戲劇活動也可能會失控。錢伯斯的文章提到，在十二世紀早期就有人在抱怨，戲劇內容越來越世俗，充滿著「放縱、搞笑、吵鬧」的內容。各種宗教表演常常淪爲「不知羞恥的歡樂場面」，[27]這無疑是因爲有些城鎮投入大量預算買啤酒，有人甚至從排演就開始喝了。失序是普遍的現象，教會也只好容許民眾去參加這些表演活動，但條件是不得攻擊教會，或有任何猥褻或失序的行爲，當然標準是教會定的。到了十四世紀，就連榮耀耶穌聖體的基督聖體聖血節（Corpus Christi feasts），也成爲暴動的節日。

就算教會官方曾允許這些節慶活動，但面對這麼多無法無天的行爲，也只好把這些活動趕出教會管轄的不動產之外，就像他們過去管制跳舞活動一樣。前面提過，蠢蛋節逐漸被趕到戶外去了，接著是宗教戲劇。在十三世紀，教會「切割」了很多戲劇，索性讓他們變成一般表演。同時期在英格蘭，教會也禁止教堂釀啤酒來募款。基督聖體聖血節在十五世紀漸漸由俗眾所主導，那些曾經爲教會帶來歡樂與笑容的節慶，到後來都超過教會能控制的程度。

舞會、運動、戲劇、喜劇逐漸被逐出教會，意想不到的是，它們卻因此變成常態性的節慶活動。日曆上幾十個宗教節日，包括主顯節、耶穌升天節、五旬節和基督聖體聖血節，以及現在大家熟悉的復活節、聖誕節。在那些宗教節日，人們不准工作，還可以大肆慶祝。例如，在十五世紀的法國，一年裡每四天就有一天是宗教節日（通常結合各種宗教儀式），多少也都有逾矩的瘋狂行爲。婚喪喜慶和其他聚會也提供額外的機會飲酒作樂。還有一些地方性的慶典，比方紀念某個守護當地的聖人，或慶祝教堂成立周年。十六世紀時，法國北部的居民慶祝當地教堂成立周年，活動持續了整整八天。因此，儘管「中世紀」經常讓人覺得是悲慘和恐懼的時期，但相對於往後清教徒保守的時代，十三到十五世紀可說是一場漫長的戶外派對，其中不時穿插勞工們的辛勞。如同英國歷史學家湯普森（E. P. Thompson）所寫的：

> 人們得期待（或懷念）這些慶典，才能撐過好幾週吃重的勞力工作，才能忍受食物的匱乏。時機一到，食物和酒水就源源不絕而來，人們可以盡情求愛，發展各種社交關係，苦日子就可以先拋到一旁……這些活動具有重大意義，是男人和女人活下去的寄託。[28]

神聖與世俗

中世紀晚期日曆上的眾多慶典足以說明，天主教過去是較歡愉、較開放的宗教。

人們曾經在教會裡跳舞、喝酒、大吃大喝、表演戲劇和搞笑玩樂，現在只能在教堂外進行，雖然它們還是宗教節日必備的元素。學者通常用專有名詞來區分這樣的轉變——「儀式」（ritual）表示在宗教脈絡下舉辦的活動，而「慶典」（festivity）則是比較輕鬆、世俗的活動。

不可避免地，從狂熱儀式轉變到世俗慶典的過程中，有些東西喪失了，包括慶典的意義或超凡的體驗。在古老的戴奧尼索斯祭典中，最瘋狂、最歡樂的一刻，通常就是慶典的高潮，人人都足以跟神靈交流，並感受到片刻的永恆。相反地，中世紀基督教興起後，與神溝通的方式變了，信徒在祭壇前冷靜地吃下一口麵包、喝一口酒，把往後的慶典當成邪惡的活動。更甚者，整個中世紀後期的慶祝活動，多少都要經過教會批准。信徒若想提升境界，感受不同的宗教體驗，也只能在教會核可的彌撒和遊行中，絕對不可以飲酒與跳舞。古老的戴奧尼索斯信眾可以期待，只要音樂的節奏夠強烈，美酒四處流淌，神明就會現身。中世紀的天主教徒只能希望，當笛聲吹起、鼓聲響起、眾人正在傳遞啤酒時，上帝（或他在人間的代表）不要看見。

教會切割慶典活動，要讓自己的宗教節日變得更單純，結果反而讓集體歡愉更加世俗化。官方的宗教儀式就是彌撒、遊行與各式各樣公開的禱告，結束後，信徒在這週其他日子的行爲，就在教會的規範和道德判準之外了。另一方面，節慶世俗化的結果，更突顯了歐洲傳統嘉年華中醜陋的一面。當這些慶祝活動不再包含宗教性的高潮，例如被神靈附身、與神靈合爲一體，慶典就變成吵鬧又無謂的酒席了。猶太人更爲警覺，身爲歐洲天主教徒的代罪羔羊，在這些異教徒狂歡時，最好別去冒險。莎士比亞的《威尼斯商人》中，猶太人夏洛克警告他的女兒：

> 怎麼！還有化妝舞會嗎？聽好，潔西卡，把家裡的門鎖上；妳若聽見鼓聲和笛子邪惡、刺耳的聲音，不許爬到窗台上張望，也不要伸出頭，別去看街上那些臉上塗得花花綠綠的傻基督徒。29

世俗化奪去了慶典的道德內涵和超凡體驗，所以人們就更能控制它們的發展。市民投入大量的熱情和精力去規劃慶典，還特別成立組織，例如法國的青年協會，它專門負責規劃全年的活動。在討論慶典的形式和意義時，世俗與宗教的組織、農民團體和都市行會之間，經常有些小衝突。有時候，愛玩的民眾會嘲弄教會高層，因爲後者老是揚言要廢除慶典。到了一五五八年，就算已過了中世紀，法國弗雷瑞斯（Fréjus）的主教還是想查禁蠢蛋節活動，結果引起當地暴動，地點就在他的官邸前。慶典，就像麵包或自由，是值得爭取的社會財。

最後，隨著世俗化的腳步，慶典終於轉型成功，就算是宗教節日，終究也變成人類專屬的活動。無論是遠古時代戴奧尼索斯的歡樂信徒，或是說方言的天主教徒，他們都相信，狂喜那一刻正代表神靈的恩賜降臨。中世紀後期教會把慶典排除在外，歡樂的信徒們體認到，今後不管他們感受到什麼快樂，都是源自自己，完全是人類創造的。人們開始投注大量的金錢和精力舉辦盛大的慶典：縫製專屬的服裝，排練舞蹈和戲劇，布置場地，準備特別的糕點和肉排。如此多的創意和構想才能創造這麼精緻的娛樂，絕不能說是神的恩賜，反正教會大大小小的組織也都不認同。在中世紀世俗化的慶典中，證實了俄國文學家米哈伊爾・巴赫京（Mikhail Bakhtin）的洞見和預言：「嘉年華是人類創造的，只爲自己而舉辦。」或如同歌德寫的：「嘉年華不是外在的恩賜，是人類賜給自己的。」30

第五章　追殺嘉年華：改革與鎮壓

從某個時間點開始，整個北方基督世界的音樂停了，城鎮一個接著一個安靜下來了。鎮民不再舉辦戲劇節，嘉年華的服裝被賣掉或丟掉，節慶祭典不是被遺忘，就是規模被縮小，徒具形式而已。教會一開始只是把狂熱儀式趕出教會管轄範圍，後來連街上和公開場所都不准舉行。

在十六到十七世紀，官方大肆用各種方式來打壓傳統節慶。有時候又快又狠，有的地方政府違背傳統，禁止人民拒辦慶典，有的教會拒絕信眾使用教堂的庭院。有些是慢慢禁止的，例如先減少週日的慶典，然後不明究理地禁止了所有安息日的娛樂和運動。還有些地方，節慶活動是一點一點地被刪減，例如十五世紀末某些德國鄉鎮開始禁止穿戴面具。[1] 十六世紀在法國貝恩（Béarn），女王頒布命令，將唱歌與宴會列入非法行爲。[2]跳舞、戴面具、在街上狂歡等等類似嘉年華或慶典的活動，一樣一樣被禁止。

教會和城邦統治者會一起打壓慶典活動，有時則分頭進行。在法國某個主教教區，大主教發現身邊都是跳舞的人，「還有戴面具的男人對我吹口哨」，之後他收到六封國王親筆的信，下令禁止所有團體娛樂。[3]十六世紀的里昂，當地教會解散了負責規劃慶典的協會，取而代之的是虔敬團體如守夜祈禱會。[4]官方打壓的目的往往都很可笑，而不是出於愼重考量。十七世紀英格蘭某個教區的民眾新立了五月花柱，傳教士卻譴責這個傳統的慶典象徵物，他的妻子晚上去把它砍下，一些年輕人又立了一個新的。當地的官員幸災樂禍地說：「這個新的花柱很醜……又粗又歪。」[5]這一波查禁嘉年華的風潮中，也有人一開始不太順利，英格蘭什羅普郡（Shropshire）的教士弗萊契（John William de la Fletchere）說：「我無法阻止這些飲酒作樂的人，我越反對，反彈的聲浪就更加高漲。」[6]

主使者查禁節慶活動，揚言要「改革」，這股風潮從蘇格蘭南部蔓延到義大利，往東到俄國和烏克蘭，狂掃鄉村與都市。他們針對的節慶除了聖人紀念日，甚至包括聖誕節、五旬節、復活節等宗教節日，只要是狂歡作樂的場合都要限制。巡迴的劇團、演員和樂手發現自己變成不速之客，被當地政府軟硬兼施趕了出去。英國教區的募款活動如啤酒節不是被臨時取消，就是完全禁止，只要是人潮聚集的商業活動也一律停辦，包括市集。各種體育活動——奔牛節、獵熊節、拳擊、摔角、足球也遭殃。一六〇八年曼徹斯特官方下令禁止足球比賽，因爲「邪惡失控的人在街上從事非法的球類運動」。[7]甚至連一些非正式、小型的娛樂活動都被掃到颱風尾，在英格蘭的賽文鎮（Westbury-on-Severn），一群老愛在從教堂回家的路上「跳舞、狂飲、搗亂」的年輕人被起訴，罪名是酗酒、通姦和各種對上帝不敬的行爲。[8]

隨著地區和時間不同，官方的查禁程度也不同。歐洲南部教區的慶典禁令比北方嚴格，通常只允許民眾拿著聖人畫像和紀念物在街上遊行。在德國，嘉年華狂潮興起時，新教徒現身阻擋，堅決反對公開慶典或任何失控的活動，這點之後我們會再提及。英格蘭則在壓迫和縱容兩邊搖擺不定了數十年。喀爾文派全力要讓慶典消失，斯圖亞特王室卻一再恢復它們，這也許不是因爲他們喜愛慶典，只是爲了跟喀爾文派作對。但大體而言，所有地區的嘉年華傳統都漸漸失去了，彼得・斯代萊巴萊士（Peter Stallybrass）和阿隆・懷特（Allon White）總結了這些變化：

> 十七到二十世紀這段漫長的歷史中……教會與官方制定上千項法條，扼殺歐洲的

> 嘉年華和大眾喜愛的活動……儘管各地常有懷舊慶典，或偶爾讓它們回歸常態，但西方文化中最傳統的慶典元素都被當成惡習——饗宴、獻祭、遊行、市集、守夜、熱鬧的場面、鼓譟歡呼，官方都會提防並控制這些場合。[9]

對百姓而言，喪失的娛樂和慶典活動難以估計。當今我們的文化，慶典活動已經很難再創造「忘我」的感覺，除了工作的場合，我們也找不到群體的認同感，因此很難體會以前人失去的快樂。有位年輕的法國人跟反對慶典的教士說：「要我放棄跳舞、再也不去參加慶典，這我做不到……哪有可能不跟親朋友好友一起鬼混玩樂。」[10]一位住在英格蘭白金漢郡（Buckinghamshire）的居民說，星期日的休閒活動遭到禁止後，公共場所冷冷清清，氣氛低迷，人人若有所失。「之前公共場所總是生氣蓬勃、五彩繽紛，不時有人駐足，成群歡笑。但現在只剩空蕩寂寥的房子，男人和年輕人沒事可做，只能流連酒吧。」[11]以前的人沒書、沒電影、沒電視，休閒活動少得可憐，沒了慶典，彷彿連快樂的權利都被剝奪了。

爲什麼會這樣？這股鎮壓浪潮根本就是在自我懲罰，爲什麼世上這麼多人要把生活變成這樣？十九世紀的傳教士最喜歡以西南非改信基督的霍屯都人（Hottentot）爲例，批評他們的慶典活動。但令人好奇、想要一探究竟的，不是霍屯都人僅存的慶典（現在成了觀光名勝又活絡起來），反而是那些消失數百年、爲數眾多的慶典。韋伯在十九世紀末期提出，慶典活動受到壓抑，從某方面看來，是資本主義興起的效應之一，二十世紀後期的社會史學家湯普森和克里司多福·希爾（Christopher Hill）的研究也都深化這個論點。中產階級必須計算、儲蓄，並且「延遲滿足」，較低的階級必須轉變成有紀律、隨時可進工廠的勞工階級，一週六天，準時、神智清醒地上工，假日寥寥可數。農夫當然也得依照季節更賣力工作。新的工業時代來臨，勞工得更努力不懈，一整年都得工作。

靠著可信賴又規律的人工，現金滾滾而來，英格蘭的紡織業因此蓬勃發展起來了。對這些創造經濟奇蹟的人來說，舊時代的休閒娛樂只是在浪費資源。在法國，路易十四在經濟考量下，下令減少聖人紀念日，從一年數百個減少到九十二個。十七世紀末在英格蘭，一位經濟學家更發出警告，他估計，一到假日，國家就要損失五萬英鎊，多半就是爲沒人上工。[12]資本主義逐漸興起，人人無情地只在乎成本，節慶活動無益於生產力，僅是低下階層需要戒掉的壞習慣。比如說，宗教節日「聖週一」會讓英國工人多一天假期，讓他們在玩樂一天後還能休息。

新教徒，特別是禁慾的喀爾文派強調，維持紀律對靈魂有益、慶典活動和遊手好閒是罪惡的，因而說服了大批民眾努力工作。某方面來說，他們的訴求和今日的基督教福音派相似，在嚴峻的經濟秩序中，要求人們自律：少喝酒、日出而做、日落而息，對別人的贈與心存感激。雄心壯志的中產階級與揮霍的天主教教會、封建時代貴族越來越格格不入。豪華的教堂、富裕的修道院還有一年四季都在舉辦的饗宴，越來越惹人討厭。如韋伯所說的，新教徒作為新資本主義的意識形態推手，「像一陣霜，下在可愛的老英格蘭生活上」，冰冷地摧毀過去的聖誕慶典、五月花柱、遊戲，以及所有快樂的團體活動。[13]

這種意識形態低估了慶典的重要性，只把它當成滿足感的來源，更別說會阻礙經濟發展。無疑地，工業資本主義與新教在摧毀嘉年華和慶典扮演了要角。此外，從經濟層面來看，還有一個因素常被忽略：對菁英分子來說，慶典的問題不只是人類「沒做的事」（不工作），而是人們「做」的事情（去玩樂）。十六世紀的歐洲政府（無論是王權或神權、天主教或新教）開始感到害怕，這些統治者以前也參加公開慶典活動，現在卻加以汙衊，說那是粗俗的活動，更甚者，對社會有害。

危險之舞

我們在之前的章節提到中世紀的嘉年華如何以「變裝儀式」來嘲弄當權者，例如扮演蠢蛋王、惡搞彌撒儀式或裝扮成教士和修女跳舞。歷史學家認爲，這樣粗魯的嘲諷，點出了嘉年華在政治上的雙重性，它究竟是在挑戰現況[14]，或者只是抒發不滿的安全閥，像文學理論家泰瑞・伊格頓（Terry Eagleton）說的：「它是一種規模有限、受歡迎的發洩方式，但如同革命性的藝術作品一樣，僅能引起風潮，卻發揮不了太大的效應。」[15]支持者「安全閥」觀點的人，常引用巴黎神學院（Paris School of Theology）一四四四年的公告，主張慶典活動是必要的：

每年都要裝瘋賣傻一下，盡情地發洩，那是我們的第二個本性，深植於內心中。酒桶如果不偶爾打開讓空氣流通也會爆開。我們全體就像胡亂擺在一起的酒桶，如果內心一直處於虔誠與畏懼上帝的發酵狀態，那麼桶內的美酒終有一天會爆開。我們必須讓它透透氣，才不會壞了它。[16]

許多歐洲人都認為，從古至今，嘉年華或節慶活動都是發揮類似的功能。一七三八年一本英文雜誌中，有人提到，在任何歡樂時光或夜晚，讓人們在草原上跳舞，不應只是偶爾的法外開恩，而應該要多多鼓勵：「給擅長捷格舞（Jig）和角笛舞（Hornpipe）的女僕一點獎勵，她們就會帶著愉悅和感恩的心情乖乖回到主人身邊，繼續每日勞動。」[17]

就功能上來說，嘉年華究竟是挑戰當局的集會，抑或是社會控制的手段，恐怕沒有普遍的答案。人們裝扮成蠢蛋王和教士時，是當成無傷大雅的惡作劇，還是想威脅權威，我們無從得知，但以現代的角度來看，嘉年華確實逐漸與政治扯上邊。中世紀之後、從十六世紀起（也就是近代史的初期），群眾從事武裝叛亂時會帶上面具，並以喧鬧的傳統慶典為掩護。同時，也許是史上第一次，人民看到了階級反轉的希望，不只是短短數小時，而是長久的改變。例如一五四八年法國的抗稅運動，起義農民兵的組織方式，是參照教區與聖人日遊行的順序。[18]一五七九年聖布雷瑟日（St. Blaise's Day）當天，羅馬與法國低下階層所選出來的嘉年華之王，實際上就是他們的政治領袖。當時有保守人士語帶警告：「他們不是為了節日而選出領袖……真正的原因，他們說是要解救人民。」[19]與此相關的，還有十六世紀早期英格蘭的傳奇人物、劫富濟貧的俠盜羅賓漢，類似的人物開始在每年夏季的慶典活動扮演蠢蛋王的角色。[20]

十六世紀社會變動劇烈，傳統慶典的危險性因而升高。歐洲人口攀升，鄉下居民被迫得離開家園，擠進步調快速又混亂的城市。對運氣好的人來說，這是文藝復興時代，藝術家、學者、工匠和探險家（大部分都是男性）能不受封建傳統的束縛，因而開創一番天地。但每個伊拉斯謨斯或達文西的背後，都有上千個身世飄零的農夫。十六世紀的人的確獲得更多自由了，但在一個物價上揚、工資下跌的世界，卻只能落得窮苦無依。這些無處安身立命的人三五成群，在鄉下四處遊蕩、乞討或偷竊。到了城市，他們就形成新的底層階級，變成妓女、工人或罪犯。想像一下一六〇〇年的倫敦，整個城市各行各業加起來二十五萬名絕望的人，參與一場連續七天的嘉年華，扒手和有錢人同時在街上狂歡，這樣不會發生暴動嗎？

從十六世紀開始，狂歡之士對當權者的嘲諷，在形式上越來越沒殺傷力，卻逐漸威脅到社會菁英的身家財產。一五一一年四旬節前夕，義大利烏迪內（Udine）的嘉年華變成一場暴動，最後有超過二十個宮殿被洗劫，五十五個貴族和僕人被殺。兩年後六月慶典期間，在瑞士首都伯恩，上百個農夫趁著遊行活動到處搶劫。[22]一五二九年的懺悔星期二（Shrove Tuesday），一群武裝男性在瑞士巴爾賽橫行作亂。[23]當時人們記載最爲詳盡的，是一五八〇年羅馬的嘉年華暴動，叛亂人士爲了表達訴求，帶著刀、掃帚、割麥的鐮刀在街上跳舞。當地一位貴族是暴民的目標，他記載著：「他們在城市的各個街道上跳舞……這些動作沒別的用意，只是要昭告天下，他們想殺了所有人。」[24]

這些嘉年華迅速加溫轉變成暴動——是酒精催化，還是氣氛太嗨，我們無從得知，但有些絕對是事先計畫的，如羅馬的叛亂。好事者懂得如何利用嘉年華活動的特色：現場總是亂糟糟，面具又能遮掩犯人的臉，大量的啤酒和葡萄酒也足以讓治安人員神智不清。如果短期內沒有現成的節日，人們就從嘉年華中尋找靈感以掩護叛亂活動，比如戴面具、全身變裝，伴隨著銅鈴、風笛和擊鼓的音樂。怪不得在法國鄉村，負責籌辦慶典的協會和青年修道會會被懷疑是地下組織。其實，一五四八年抗稅的農民兵，就是組織聖人日遊行的那群人。

同樣地，在眾多法國與英國傳統節慶的活動中，人們會圍著五月花柱跳舞，它後來也變成號召起義的象徵。十八世紀後，人們用各種方式表達政治訴求，英國史學家湯普森說：「我們用緞帶作爲象徵，以營火爲信號。我們提出承諾，反抗惡法。我們舉酒當歌，引用古老的預言，打著革命的暗號。橡樹葉和五月花柱可作爲象徵。我們的歌謠裡藏著政治雙關語，就連在街上吹個口哨都有意義。」[25]在英格蘭，連足球賽都是可用來掩護集會與暴動。一七四〇年，凱特林（Ketring）鎮上的足球賽公告寫著，「場地每邊可容納五百人」，但其實這是號召群造去攻擊貝蒂・傑斯麥女士（Betey Jesmaine）的紡織廠。[26]斯代萊巴萊士與懷特認爲：「社會暴力衝突與嘉年華同時發生的頻率之高，令人訝異，絕對不要當成只是巧合……畢竟到了十八、十九世紀之交，人們才不需要用嘉年華當掩護，才可以光明正大地談論政治，但那也只限於少數地區。」[27]

新教徒與槍

毫無疑問，人民之所以強硬起來，新教要負責任，就像之前提到牧師的妻子，她處理五月花柱的方法居然是找根斧頭。值得注意的是，新教一開始並沒有如此清教徒的色彩，也不反對嘉年華。事實上，最好提一下兩個宗教改革：一個是十六世紀初馬丁路德領導的改革，另一個是幾十年後喀爾文更具清教色彩的改革。馬丁路德的改革使許多人鬆了一口氣，否則天主教官方一再查禁、打壓慶典活動，宗教改革前夕達到高峰。

舉例來說，一四九〇年在佛羅倫斯，激進派的教士薩佛納羅拉（Girolamo

Savonarola）就痛恨各種奢侈和荒唐的行爲，當然也包括嘉年華。他說：「男孩們應該去幫可憐的窮人募集救濟金，而非放肆玩樂，不要把心思放在胡鬧、丟石頭、搞嘉年華花車。」[28]在德國，年輕的路德內心對教宗與上帝的懷疑不斷加深，改革派神父也已經開始猛烈批評教會的節慶活動了，他們認爲參加的人只會喝酒、跳舞，玩遊戲，讓自己墮落。[29]十六世紀初天主教改革者特別擔心的是，有許多人會在節慶活動中惡搞宗教儀式。十五世紀末以來，官方不斷下令，禁止這類模仿行爲，也反對人們在嘉年華時變裝成修士與修女。[30]十六世紀初天主教其中一個「改革」目標，就是法國斯特拉斯堡（Strasbourg）的習俗烏海菲（Roraffe）：在五旬節禮拜儀式中，有個丑角會戴上皇冠，在教堂裡唱歌嘻鬧。[31]

路德確實想要廢止崇拜聖人這種迷信行爲，包括聖人日與相關的慶祝活動都要取消。但他發現這些傳統的聚會氣氛輕鬆，本質上不是什麼邪惡的活動，他在佈道時說：

這是地方的習俗，就像請客、吃飯、喝酒、打扮、玩樂一樣，我無法譴責這些活動，除非失去控制，或行爲越矩超出道德規範。即使眞的有人爲非作歹，也不是跳舞本身的錯。他們並沒有跳上桌子或在教堂裡跳舞……只要舉止合宜，我尊重婚禮的儀式和習俗……而且，我自己也愛跳舞！32

路德甚至創造一項全新有力的社群體驗：在敬拜儀式中，用歌曲促進團結並提升精神，他自己也創作許多首聖歌。天主教徒參加彌撒時習慣保持穩定與平靜，對他們來說，這絕對是有朝氣的創舉。

如同當時許多大規模的叛亂，早期新教改革運動也會從嘉年華找靈感。改革運動的起頭點，是路德公開燒毀羅馬教廷譴責他的公報，他的支持者並沒有禱告或讚美神，反而在維騰貝格（Wittenberg）的街上遊行，有的人扮成教宗，還有樂師伴奏，一同唱歌歡笑。那樣的遊行、音樂、嘲笑教宗，都是傳統嘉年華的橋段，不同的是，維騰貝格遊行者的用意不只是要惡搞一番。歷史學家鮑勃・斯克里納（Bob Scribner）明確指出，十六世紀德國的新教徒利用嘉年華活動或以嘉年華的手法來擴大影響力，次數多達二十三次。在那一百年間，只要日曆上有節日，新教徒（也許我該稱他們早期的新教徒，畢竟當時路德的追隨者還沒發展出另一個教派）就會舉行傳統嘉年華活動，惡搞天主教儀式，甚至扮成淫蕩的教士與修女。他們當眾燒掉自己偽造的羅馬公報，搗毀雕像，把教堂裡的畫搬出來燒掉，去修道院硬搶食物和飲料，甚至在祭台上便溺。

有時候民間的地方首長會試圖控制反教會的遊行，有時候他們又會參加。斯克里納寫道，一五四三年，德國希爾德斯海姆（Hildesheim）舉辦，一如往常，眾人日夜跳舞，有人破壞宗教象徵物，有人笑罵那些扮成教宗和其他宗教領袖的人。活動持續幾天後，「市長帶領一大群狂歡的男女老幼前往教堂。教會領袖不准他們進入，他們就在迴廊跳舞，並且玷汙了教堂院子的墓園」。[33]現在清教徒給人的印象是很莊重的，但一開始可不是如此。路德時期的德國，新教能在各個鄉鎮能打下基礎，就在於它成功吸收各地對天主教會的不滿，那些情緒數百來都深藏在嘉年華慶典中。

但很快地，路德派就與這種傳統的嘉年華式叛亂切割。一五二四年，有些德國的農夫聽完路德佈道後，決定揭竿而起，過程中他們帶著參加嘉年華的道具，比方面具。[34]路德派嚇壞了，趕緊要他們停手。斯克里納還寫道，即使在某些支持改革的地區，地方官員也會警覺，若人們一再趁著嘉年華攻擊教會，那就不再只是宗教事務了。[35]一五二九年，宗教改革運動蔓延到巴塞爾，人們在懺悔星期二發起嘉年華般的革命，除了要求宗教改革，也希望市政府更加民主。但政府沒有滿足他們的政治要求，新教教會的規矩也越來越多，嘉年華的規模與熱度因而大幅縮減。一五六八年有位市民抱怨道，新教教會只是另一個邪惡的教廷：「來了個新教皇！惡魔又在我們身上拉了一坨屎！」[36]

可想而知，喀爾文的新教也譴責所有形式的慶典活動，連休閒活動都不准。路德還能接受舞會，喀爾文卻禁止跳舞、賭博、飲酒和運動。哲學家麥克・沃澤（Michael Walzer）寫道：「喀爾文派顯然非常焦慮，找不到方向，無法突破困境。它無法給予人們所需要的自由與兄弟情誼……喀爾文搞不好就是想讓人們保持某種根本的焦慮。這麼說絕對不過分。」[37]對喀爾文主義者來說，他們窮盡一生在內心的孤寂中掙扎，拼命思索自己是否「得救」，玩樂不只是讓人分心，可說根本就是惡魔的陷阱。

無論我們怎麼看待新教，是對抗舊秩序的革命？或者只是安撫人心的新思想？十六世紀嘉年華的命運，並非完全受它影響，還有一個因素是槍砲的取得。歷史學家埃曼紐・拉度里（Emmanuel Le Roy Ladurie）提到：「一五六六年到一五八四年間，有些情況開始改變。法國東南方多非內省（Dauphiné）的人越來越著迷於開發武器，內戰十年後，就慢慢習慣使用新武器了。」[38]首先出現的是火繩槍，在農民起義中首次出現。農民常常趁著嘉年華或節慶活動起事。[39]十六世紀的羅馬一帶，慶典中常出現的射箭比賽漸漸被射擊比賽取代。一五八〇年羅馬叛亂的領袖尚・賽夫（Jean Serve）就有「火繩槍之王」的封號，顯然就是因為他的槍法。[40]

槍的魅力橫掃全歐洲，成爲嘉年華的主角。男人驕傲地拿著槍在街上遊行，瞄準那些討厭鬼的肖像，或鳴槍行禮。英格蘭人有個傳統慶典叫作惡搞大遊行（charivari, skimmington），目的是爲了嘲諷或威脅某些人。根據一六一八年的史料：「三、四百個男人，有些看起來像軍人，他們帶著各式武器出現。當慶典到達高潮、音樂震耳欲聾時，持槍的人開槍，笛子和號角也同時響起，鈴鐺和其他小樂器也加入這陣喧鬧中。」[41]武裝派對的聲音一定非常嚇人，莊園或領地內的貴族聽到這些聲音就立刻躲起來。

法國大革命哪怕沒什麼意義，至少也顯示，槍枝在傳統嘉年華式的叛亂中所扮演的功能。民眾攻下巴士底監獄，搶奪裡面的槍械，成爲歷史上最著名的民兵。一般人比較少提到的是，他們也利用嘉年華的裝飾圖案直接表達對革命的渴望。十八世紀時，教會已查禁或「淨化」了大部分的傳統慶典，但鄉下人想表達政治訴求時，仍習慣立根五月花柱。法國歷史學家蒙娜·奧佐夫（Mona Ozouf）認爲，五月花柱具有政治功能，「號召眾人揭竿而起，看到它就像聽到鐘聲響起」，上面甚至有「拒繳租稅」的標語，和鍛帶與花朵一起掛著。[42]五月花柱立起來的那一刻，氣勢驚人，封建地主都看得見。[43]

五月花柱被賦予政治意義後，它傳統的意義並未消失，仍然可作爲慶典的象徵。

奧佐夫認爲：「毫無疑問地，五月花柱和集體歡愉密不可分。」[44]此外，集體歡愉和自發性革命也有密切的關聯。一七九一年七月，法國佩里戈爾（Perigord）地區革命社團的報告指出，農民搗毀風向標以及教堂長凳，這些都是封建制度與宗教權威的象徵，「暴力中參雜著快樂……他們在廣場立起五月花柱，在四周放滿標語，揚言要推翻封建主」。[45]

法國大革命期間，隨著農村起義一起出現的，就是跳舞、變裝等等慶祝活動，這些現象在有嘉年華傳統的地區特別明顯。嘉年華的核心——角色扮演和嘲諷，已經娛樂且安撫低下階級好幾個世紀，現在更帶有嚴肅的政治意圖：豬隻打扮得像貴族，猴子戴著主教的法冠，羊拉著有封建主家徽的馬車滿街走，這些都是法國大革命時期的歡慶橋段。奧佐夫寫道：「女人鞭打聖人的雕像。教士的長袍掉下來，露出象徵下階層革命分子的無套褲（sans-culotte，編按：合禮的穿著應該是膝蓋以下加上腿套）。修女隨著革命小曲《卡馬尼奧拉》（Carmagnole）起舞。紅衣主教和妓女分別站在棺材兩邊，準備替專制政府送終。」[46]革命勝利的消息傳開，慶祝的方式包括放煙火、打鼓、唱歌、在街上跳舞。萊吉拉市（Leguillac）的市長認爲，當地革命分子「都像瘋子、像酒神女祭司一樣瘋狂，應該被綁起來」。蒙特布蘭（Montbrun）的領主嫌惡地說：「他們隨性跳舞的樣子，就像北美土著休倫族（Hurons）和易洛魁族（Iroquois）。」[47]

上流階級的撤退

早在法國大革命之前，社會菁英已經有所警覺，貴族與新興的都市中產階級隨即不再參加公開的慶典，改爲參加同儕間的活動。十六世紀前，他們還是和農夫、工人一樣，渴望參加慶典。各種階級的參與無疑增添了慶典的戲劇性和熱度。以十五世紀西班牙卡斯提亞區（Castile）的慶典爲例，當地的貴族、騎士們會扮成摩爾人，和低下階級的人一起玩樂。「在喇叭、鼓以及其他樂器的聲響下，每個人都像傻瓜、老粗一樣不按牌理出牌，緩和了騎士的鋒芒，削弱硬邦邦的軍人本色」。[48]上流社會的人不一定總是舉止得宜，尤其是一戴上面具，就可以不用在乎自己的身分了。英國中世紀學者梅格・特懷克羅斯（Meg Twycross）說：「只要提到嘉年華，就不能不提到義大利費拉拉（Ferrara）的公爵、羅馬的紅衣主教、法國的騎士和他的部下，他們瘋狂的樣子就如同那些暫時解放的低下階級。」[49]

事實上，有時候嘉年華裡的階級衝突還是菁英階級的參加者引起的，比如騎著馬衝進熱鬧的人群中、騷擾當地婦女等等。儘管如此，大家還是歡迎菁英階級參加慶典，以十四世紀的荷蘭爲例：

> 如果鄉民們成功邀請到統治者參加慶典，在別的城鎮鄉民眼裡，他們的地位就提升了。公爵現身也展現了自己的權力和權威。他參加宴席、與眾人跳舞，親切地聆聽詩歌與觀賞戲劇。他也懂得欣賞搞笑和滑稽的表演，以展現他的寬宏大量。[50]

即便如此，上流社會還是希望保留一些專屬的慶祝活動。以十五世紀後期卡斯提亞區爲例，雖然人們舉辦嘉年華的目的是要結合各種階級，但統治者會帶著家人、隨從會往返各個重要的宴會場合，一方面享受低俗的公開慶典，最後再移師到私人招待所，參加「較高雅的娛樂活動」。[51]一個世紀後，階級開始分裂。拉度里提到，法國人民越來越常趁著慶典發起抗爭，有時候主辦的社群必須把慶典一分爲二，「甚至立了兩根五月花柱，一個給窮人、一個給有錢人」，以預防衝突發生。[52]一五八〇年，羅馬地區的有錢人自己籌劃嘉年華時，選擇一些他們認爲較高尚的動物作爲象徵（例如鵜鶘），好區別農夫和工人喜歡的動物（如野兔）。即便如此，雙方仍無法相安無事，階級衝突依舊常見，情況最嚴重時，還有貴族大舉屠殺不聽話的農夫和工匠。

自十六世紀起，慶典活動反而加深階級間的嫌隙。（世界各地許多慶典都可見到階級的分化。二十世紀後期，里約熱內盧的嘉年華期間，上層社會人士傾向離開城市到寧靜的鄉村。十九世紀在非洲斯瓦希里海岸〔Swahili〕，主要的節日都是「身分低下的人」在慶祝的。此外，阿拉伯權貴通常都會避開節慶活動，除了自己是贊助者。詳見，J. Glassman, *Feasts and Riot: Revelry, Rebellion and Popular consciousness on the Swahili Coast, 1856-1988*, p.70）過去尼斯人不論貧富都會在重要的節日都一起慶祝，照慣例，活動進行到深夜時，每個人都要脫下面具。但到了十八世紀革命前夕，活動一到這個階段，中上階級就會急忙離開，以免身分曝光。[53]十九世紀在德國，分裂的情況更加嚴重，「菁英分子越來越只願意在住所或私人俱樂部慶祝」。[54]十八世紀英格蘭的小說家亨利．費爾丁（Henry Fielding）觀察到，兩個全然不同的文化產生了：

> 主流人士把一些場所據爲己用，像是法院、議會、劇院、舞廳。非主流人士……便只能在外遊行、跳舞、遊戲、玩樂……表面上大家都是稱兄道弟的基督徒，但其實彼此都不把對方當成同類。[55]

在近代初期，菁英的私人派對還像窮人的慶典一樣無拘無束。歷史學家愛德華・穆爾（Edward Muir）提到，在富裕中產階級的結婚典禮中，常見到「小丑、樂師、特技表演，甚至妓女……有人朗誦猥褻的詩，有人狂野地跳舞。男人拉著年輕女人團團轉，連裙子都快掀開來了（當時內褲還沒發明呢）」。[56]十八世紀後期情況就變了。法國蒙貝利耶（Montpellier）某位不知名的中產階級在日記中寫到，不論在室內或戶外舉辦，傳統慶典都是低下的人才會參加的：

那種娛樂在這個城市完全不受歡迎，只淪爲賺錢的場合。再也沒有公開的慶典、射箭比賽或一般的歡樂活動。就算有人舉辦，也只有一般人會去，「比較高尚的人」不會參加。[57]

歷史學家羅伯・丹屯（Robert Darnton）認爲，窮人和工人階級「玩得開心極了」，菁英分子就只能「莊嚴地遊行」：

結婚典禮地獄般胡鬧的場景已不復存在，除了「第三級的人」（工人階級）的婚禮。上流社會的婚禮，只邀請直系親屬參加，不再找來左鄰右舍。不會有人酒醉，不會有人跳上桌胡鬧，也不會有人粗魯地鬧場。也不再有瞎鬧的音樂和歌舞，免得場面搞得淫穢不堪。58

另一位歷史學家則如此描繪同一時期的英格蘭：「在高尚和俗民的文化之間，一道堅固的高牆矗立起來了。」59

貴族階級和富裕商人退出公開慶典，不單出於恐懼，更重要的是，他們鄙視一般人。中世紀的貴族每逢假日就招待他的奴僕飲酒吃肉，還跳進舞池裡，打赤膊和鐵匠一起摔角。他熟知自己的角色，對自己的社會地位有安全感，也相信自己生來就是高人一等。他是一名戰士，唯一能保護子民免於其他貴族侵略的，只有他與麾下的騎士們。但隨著槍枝取代刀劍，大批軍隊取代騎馬的武士，貴族在軍事上的角色被剝奪，各種權力象徵也慢慢消失。權力越來越集中，都轉移到國王身上了。國王有權對廣大人民課稅，因此能組織的軍隊。國王絕不容許臣民間打打殺殺，就連一些無關痛癢的決鬥也不允許。為了防止貴族們密謀造反，國王要他們每年到皇宮裡住上好幾個月，在那裡只能講些應酬話，要不就只能討好皇室成員。以前的戰士，現在成爲朝臣。

地位的式微也影響貴族的性格，從原本的主動與自信，變成防衛與壓抑。記錄這項轉變的編年史家諾伯特・愛里亞斯（Norbert Elias）提到，從前的戰士生活使貴族有「特殊的自由，依自己的感覺和熱情過活，能夠瘋狂地享樂，從女人身上得到滿足，從毀滅與折磨對手得到快感」。[60]但進了宮廷、在主子和國王面前，貴族就再也不能橫行霸道。宮廷鬥爭比較少訴諸暴力，愛里亞斯描述道：

> 這個圈子（宮廷）的生活絕對不平靜，人與人都得長期互相依靠。爲了爭奪名聲與國王的寵愛，大家爭個你死我活……刀劍在決策過程中再也沒有用武之地，取而代之是陰謀算計。社會成就與功績形諸筆墨，只能在紙上決鬥。比起拿刀劍去拼命、去決鬥，文攻需要其他特質，也會培養出另一種人才。那些人會不停地沉思、預測、算計、自制，精確又清晰地斟酌個人的影響力，綜合人與非人的因素，掌握大局。個人的一舉一動越來越重要，將無可避免地影響其社會成就。[61]

爲了因應宮廷生活，人的性格需要轉變，各種禮節也因而成形。身爲戰士，早年的貴族不需要恭謙有禮。禮貌的概念也不需多加解釋，既然貴族身分是天生、從血緣來的，他的一舉一動就都值得尊敬。雖說如此，從中世紀後期的禮貌守則看來，早年貴族做的許多事簡直噁心至極：「勿以餐刀剔牙、勿在桌上或桌底下吐痰……勿在座位上解放（放屁還是小便？）……勿以餐巾清理牙齒……勿在桌上睡著。」[62]可以確定的是，過去的生活限制很少，人與人之間近距離的接觸遠比我們今天可接受的多更多。中世紀的人一起吃飯，「徒手從同一個盤子拿肉，喝同一杯酒」。但還是要強調，在十六世紀初期，在路邊或走廊上，「和正在大小便的人打招呼是不禮貌的」。愛里亞斯認為，與今日文化不同，中世紀文化沒有「人與人之間隱形的牆」，把其他人區隔和阻擋在外。[63]

在近代初期，宮廷內氣氛緊張又充滿競爭，我們現在所認知的禮儀便因應而生，人與人之間的屏障因而聳立，當然，階級關係也更加鞏固。宮廷內是第一個使用刀叉和個人餐盤吃飯的地方，用餐坐在椅子上，而非板凳上。在這種場合中，中世紀貴族想都不想就會做的事：打嗝、抓癢、手伸到餐桌上，都必須小心節制。宮廷裡的人必須學著斯文地喝酒，以免推擠或撞到其他人。特別要強調的是，吃飯和排泄的地方必須分開，人與人之間也要保持距離。這和衛生無關，洗澡在當時仍然不普遍，甚至太愛洗澡會變成古怪的行爲；接觸肢體或排泄物會傳播疾病的觀念還在兩百年之外。我們現代人要求「個人空間」，討厭看到人體進行新陳代謝，限制肢體接觸的範圍，這些原因其實都是源於社交上的焦慮與不信任。

宮廷裡也有娛樂，事實上，他們除了玩樂就沒事可做，畢竟工作（包括專業或學術的工作）都交給底下的人做。從十六世紀起，窮人和傳統貴族的娛樂就大相逕庭了。中世紀的公爵還會在自家桌上放聲吹牛說笑，宮廷裡的談話卻是繁複又迂迴，還被推崇爲一種藝術。宮廷的朝臣也跳舞，但跳的是新式舞蹈，穩重又節制，只在室內進行。十六世紀初期，義大利朝臣巴爾達薩雷・卡斯蒂利奧內（Baldesar Castiglione）在其知名的著作中建議，朝臣即使精通流行的舞蹈，但當他需要在公眾面前表演特別困難的舞步時，也應該戴上面具，以免跳錯舞步時被取笑。就算到了輕鬆的場合，宮廷朝臣也絕對不容許任何一刻卸下心防。

漸漸地，貴族階級創造了自己的文化，像是古典音樂和芭蕾舞。欣賞這些新創的娛樂活動時，人們最好正襟危坐或靜靜站著，但從平民的角度看來，這實在是拘謹又沉悶。另一方面，活力四射又具凝聚力的傳統慶典，對宮廷裡的大臣、仕女，以及商人、學者這些模仿貴族禮儀的人而言，便顯得不合宜、粗魯，甚至像是在造反。除了輕蔑外，現代人的階級和種族歧視參雜著恐懼。同樣地，在過去社會階級較高的人眼中，參加嘉年華的老粗們就是暴民、蠢蛋。歷史學家史蒂芬・葛林布萊（Stephen J. Greenblatt）寫道，對於富裕的人而言：「嘉年華就如同文藝復興時期統治階級的惡夢。夢中有四處掠奪的遊牧民族、萬頭攢動的人群，這些人一臉凶惡、貪婪，像無頭蒼蠅一樣亂竄。」[65]

第六章　清教主義與軍事改革

宗教改革運動兩百年後，令人驚訝地，類似的運動發生在完全不同的時空背景當中。伊斯蘭學者穆罕默德·伊本·阿布多·瓦哈比（Muhammad ibn Abd al-Wahhab）發起了改革運動，整頓與淨化阿拉伯的伊斯蘭教。他認爲當時阿拉伯地區的穆斯林太腐敗了，只會膜拜聖人、祭祀，或從事狂熱的崇拜活動，包括跳舞、唱歌和吟誦等等。瓦哈比砍掉聖樹（像英格蘭清教徒砍掉五月花柱一樣）、搗毀神殿、試圖打壓傳統狂熱儀式。他是個苦行派，對宗教活動的看法和喀爾文一樣：清眞寺裡不應有任何裝飾或音樂，得到救贖唯一的道路是禱告與服從聖訓，即伊斯蘭教法。和喀爾文一樣，瓦哈比和信徒的目標是建立神權國家，讓每個人的行爲得到嚴格控制，不准吸食大麻，不得有「性變態」或不得體的女性。這個目標仍然由當代他的思想繼承人延續，就是現代的武裝伊斯蘭教徒。

基督教的改革運動和瓦哈比的伊斯蘭教改革運動，兩者的雷同處已經有人留意到了。山繆・杭亭頓（Samuel P. Huntington）寫道：「兩者都是在回應既存體制的停滯與腐化，倡導回歸到更純淨與嚴謹的宗教形式：傳教、服從與紀律。」[1]在伊斯蘭世界，天主教的角色是由蘇菲派（Sufism）所扮演。蘇非教派可追溯自八、九世紀至今，提供信眾豐富多元的精神生活，有時還會太過華麗。和天主教一樣，蘇非教派有智者、法師、詩人，樂見越來越多聖人出現，喜歡舉辦各式慶典（有些可能源於外教的習俗）。伊斯蘭和天主教世界的「改革者」都宣稱要回到創教的本懷，得除去俗麗無用的惡習、抑止感官的愉悅、停止多彩多姿的嘉年華，不得再膜拜聖人，防堵多神教發展。它們的終極目標是「純淨」的宗教，信徒只要專注於內在、鍛練神聖的靈魂就好。

令人困惑的是，儘管兩者有這些相似處，但各自的社會條件並沒有可比擬之處。基督教改革運動發生在歐洲，它有許多大都市，因即將到來的工業革命躁動不安。相對地，瓦哈比主義發源於阿拉伯半島的中心，當時還被逐水草而居的遊牧民族所占領。許多人都認爲，資本主義與工業主義在基督教改革運動在中占有一席之地，但這兩者和瓦哈比建立教派的小鎮德拉伊耶（Ad Dir'iyyah）完全沾不上邊。歐洲在十六世紀開始擴張到非洲、亞洲、美洲，十八世紀的阿拉伯在鄂圖曼帝國中根本是窮鄉僻壤，逐漸沒落。想要以唯物論來解釋伊斯蘭與基督教的改革運動，認爲兩者的改革是基於經濟環境，這種觀點是完全行不通的。

伊斯蘭與基督教兩項改革運動也許並沒有相同的背景，瓦哈比也不是伊斯蘭教裡第一個禁欲派的改革者。以教法爲中心、冰冷的伊斯蘭教，與平易近人的蘇菲教派，兩者之間的衝突可回溯到好幾世紀以前。和早期伊斯蘭改革運動不同的是，瓦哈比得到族長穆罕默德・伊本・紹德（Muhammad ibn Saud）的全力支持。瓦哈比挑戰傳統神學，紹德則將它轉變爲軍事行動。瓦哈比的教義會吸引沙烏地領袖，重點在於，如此一來他就有理由侵略鄰近的部落，因爲在瓦哈比嚴格的標準下，那些部落需要好好「教化」一番。伊斯蘭教禁止穆斯林攻擊其他穆斯林，然而瓦哈比主義提供了一個漏洞：信徒不接受淨化後的瓦哈比伊斯蘭教就得受死，否則最好去改信其他宗教。沙烏地阿拉伯知名的歷史學家表示：「瓦哈比主義形同軍事擴張主義，一開始就雷厲風行，靠著刀劍橫掃整個阿拉伯半島。」[2]

也許不盡然都是靠刀劍，還有一項線索可指出十六世紀歐洲與十八世紀阿拉伯宗教改革運動的共同點。根據十九世紀的阿拉伯文獻，將槍枝引進沙烏地部落的人就是瓦哈比：「沙烏地各族人不只是在宗教上追隨他，俗世的事務也一起跟進，投入戰爭、搶奪利益、同仇敵愾……他下令德拉伊耶的人學習槍法。槍也是瓦哈比幫他們取得的。」[3]在阿拉伯世界，槍砲當然不是什麼新東西，但瓦哈比之前，當地游牧民族多半還是以刀劍和弓箭打仗。他也許是個謹守傳統的人，努力要恢復純粹的伊斯蘭文化，但他也致力於現代化。

發條軍隊

在歐洲內陸，槍枝的成就是弭平騎士貴族與一般平民間權力的失衡。拿著槍的普通傢伙因此有辦法撂倒身穿盔甲、手持長劍的貴族，就是因爲這個可能性，對位高權重者來說，嘉年華活動變得越來越有威脅性。槍在戰場上有非常不同的效果——把士兵化爲戰爭這台巨大機器中的齒輪。在宗教改革運動中，清教徒樂見、極爲支持這項轉變。

改革運動前，中世紀歐洲人打仗的特點是，貴族騎馬帶著刀劍等武器，一旁跟著許多步兵；貴族會給士兵充足的休息時間，讓他們盡情玩樂。槍在十六世紀被帶上戰場，但槍枝的功能還很原始，所以軍隊的陣型要很完整、士兵得受過更多訓練。鳥嘴銃和火繩槍非常難瞄準，最好的方式是很多人同時開槍。上膛要花上幾分鐘，士兵得熟悉整個流程，開槍所需的每個步驟都要反覆操練。這種方式不適用老派、單打獨鬥的「武士」，新式軍隊的首選反而是苦力勞工，這些人容易訓練成呆板規矩、死忠服從的士兵。歐洲嘉年華活動被打壓，關鍵原因之一就是，軍隊要求士兵要有紀律，所以禁止他們狂歡作樂。大部分的士兵都是非自願、被徵召而來的，大吃大喝是他們軍旅生涯的活力來源。

首先將喀爾文精神運用在戰爭上的是荷蘭喀爾文派的奧倫治親王莫里斯（Maurice of Orange）。美國工業管理學家費德列克・溫斯洛・泰勒（Frederick Winslow Taylor）把工廠作業分解成一系列重複的動作，但早在三百年前，一六〇〇年代初期，莫里斯已經設計了三十二個詳細的動作，教每個士兵開槍、上膛、再開槍。[4]這個系統性的流程需要不斷地練習，包括行軍與上膛動作，要熟練到在戰場的壓力下也能自動完成。莫里斯的系統慢慢成爲公認的操課流程，但它的強度遠高於實際的練習需求。事實上，操課的目的是要填滿士兵的時間，沒操課的時候，士兵就被分配去做一些以前的戰士不屑做的事，像是挖壕溝、蓋碉堡。如同歷史學家威廉・麥克尼爾（William H. McNeill）寫的：「軍隊裡完全不允許閒散，這與早期的風氣完全不同。以前士兵大部分的時間都在閒置待命。沒上戰場的時候，阿兵哥排遣無聊的方式就是盡情飲酒或從事其他玩樂。」軍事史家費爾德（M. D. Feld）觀察到：「令人訝異的是，荷蘭軍隊制度的改變，與中產階級社會的形成相輔相成。」他指的便是具有喀爾文色彩的中產階級社會。[6]

另一位喀爾文教徒——英國革命家奧利佛．克倫威爾（Oliver Cromwell）更重視軍事紀律。他禁絕士兵一切的娛樂活動：飲酒、賭博、搶劫、玩女人，甚至罵髒話都不准。對一般男人來說，軍人是既危險又不愉快的職業，但至少能跳脫既定的生活，能到外地四處玩樂。然而在克倫威爾的新式軍隊中，狂歡、娛樂是絕對不允許的；在這台巨大、運作順暢的機器中，士兵只是一個零件。任何一個愛玩樂的鄉下小孩都會被這種觀念嚇到，但喀爾文派的思想家卻非常興奮，認為這些優點可以用在軍事外的領域。一位英國的喀爾文派牧師提到，具有喀爾文精神的軍人，訓練有素又有紀律，還說「所有的生物中，上帝就愛軍人」。[7]即使沒有戰爭的威脅，對喀爾文派的一般老百姓來說，操練也是令人尊敬的消遣活動。另一位牧師鼓勵大家：「丟掉你的紙牌、骰子，不可縱慾、嬉鬧和調情。這些都是浪費時間的事，不如多多鍛鍊自己。」[8]

在喀爾文精神洗禮下，新式軍隊大獲成功。莫里斯擊退了占領荷蘭的西班牙人，克倫威爾在英國內戰中擊敗了非清教徒的保王黨（Cavalier），後者仍然採用舊式亂無秩序的作戰方式。很快地，無論是天主教、新教或天主教國家，西方世界每個王侯和將軍都依照喀爾文的精神來操練軍隊。無論是發起宗教改革、或是受到影響的國家，所有人一起改變了戰場的遊戲規則，槍砲變成基本要素，直到今日。

馬克思一派的歐洲歷史學家傾向以「生產工具」作爲社會動力的決定因素，忽略了人類學家傑克・古迪（Jack Goody）所謂的「破壞工具」。因此他們較容易把工業革命視爲宗教改革背後的原因，但其實槍砲所帶來的軍事革新也扮演很重要的角色。以槍砲爲基礎的戰爭和工業革命一樣，兩者需要前所未有的社會紀律——數量龐大的男人（在我們這個時代也包括女人），被訓練成服從、無自我的人，而新一波的新教改革便是推手。瓦哈比主義在阿拉伯部落也有同樣的功能，這都要感謝瓦哈比本人把槍砲帶入戰爭中。

單峰駱駝練兵法

在瓦哈比和他的贊助者紹德心中，軍事紀律和宗教上的清教精神有關嗎？可惜我們無從得知。但我們能確定的是，紹德和瓦哈比一樣，是個軍事創新者。有位法國人曾參與拿破崙的埃及遠征，瓦哈比入侵敘利亞時，他在阿拉伯的阿勒頗（Aleppo）擔任法國領事：

在德拉伊耶，伊本・紹德實現他的作戰計劃，爲求成功，他不顧一切。他的士兵已經習慣了征戰的勞動和疲累，在他日積月累的操練下，士兵變得強壯、堅忍。他用駱駝取代馬匹作戰，駱駝和馬匹一樣敏捷，但更強壯。駱駝天生適合在沙漠行走，若少了駱駝，根本無法待在沙漠中。紹德下令，每隻駱駝要載兩個士兵。他配給的不只是士兵的食物，還有駱駝的食物。9

令人驚訝的是，軍事操練與十七世紀具有清教色彩的軍事改革有很大的關連。紹德的軍隊有多達六千名士兵，不太可能像歐洲士兵一樣反覆行軍，他們不是步兵，而是歐洲人所謂的騎兵。瓦哈比要求軍隊改用槍，所以紹德不讓士兵騎馬，而是兩人共乘一隻單峰駱駝，使用槍枝。當時普遍的槍枝應該是鳥嘴銃，士兵獨自騎馬就難以發揮作用。一般情況下要上膛已經很困難，更不用說坐在一隻移動的動物身上。兩人騎乘一隻駱駝，一個控制動物，另一個就可以專心處理射擊這件麻煩的事。因此紹德所規劃的操練便是爲了在一隻移動的駱駝上開槍與上膛。

但操練不只是爲了強迫士兵熟練某項的軍事技術，他的終極目標是教育鐵的紀律。紹德希望他的士兵「不知疲累」，甚至限制糧食配給來鍛鍊他們的意志。這些觀念與清教式的軍事改革完全一致，特別是「禁慾」和「克己」。在歐洲和阿拉伯，清教主義眞正的功能是使戰士們將紀律內化，以符合新的槍枝作戰方式。根據新教改革者的說法，要求軍人保持清醒與絕對服從的不只是將軍，還有上帝。

到了十九世紀，軍事現代化與清教主義在伊斯蘭世界的其他地區已經緊密地結合了。一八二六年，鄂圖曼帝國馬哈茂德二世（Ottoman Sultan Mahmud II）親自廢除麾下的土耳其禁衛軍（Janissary），因爲這大約十萬名步兵菁英拒絕配合軍事改革。土耳其禁衛軍曾因發動宮廷政變受到譴責，値得注意的是，他們和蘇非教派的狂熱信徒有密切關係。在埃及，穆罕默德·阿里帕夏（Mehmet Ali Pasha）的統治時期涵蓋整個十九世紀，他引進歐式軍事改革，希望人們都更有戰力。他企圖打壓蘇非教派，禁止人民舉辦類似歐洲聖人日的慶典「聖紀節」（Mulid）。人類學家麥克·吉爾斯南（Michael Gilsenan）寫道：「十九世紀埃及『現代化』後，全新的時代來臨，軍隊隨著新式的鼓聲行軍。有人開始破壞蘇非派的遊行活動，扯下他們的旗幟，指責蘇非派太過張揚，並把他們當成不折不扣的敵人。這種敵意直到今日仍未散去。某些國家宣告蘇非派不屬於伊斯蘭世界。」[10]

爲了訓練龐大而有紀律的軍隊而打壓慶典活動的，還有哪些國家？以羅馬帝國爲例，它的戰力全靠操練精實的步兵，其政府對狂熱宗教的壓迫是否和軍事層面有關，也是一個有趣的問題。

中國的情況也很耐人尋味。韋伯發現，中國人很早就揚棄了傳統的狂熱活動。幅員如此廣闊的帝國沒有跳舞文化，早年的戰舞早就消失了，也沒有任何撩人的歌舞聚會。[11]韋伯認爲，中國宗教儀式中「所有狂歡的成分都被嚴格地去除了」。如同羅馬貴族看待戴奧尼索斯祭典，中國人也認爲狂熱儀式是危險的。[12]這可能是因爲，中國在公元前七世紀便展開軍事革新，帶著弩的步兵取代了兩輪戰車上的武士貴族。槍砲改變了現代歐洲與十八世紀阿拉伯世界，弩在早期中國文化可能也扮演同樣的角色，這一點就留待專業的歷史學家進一步探討。就我的推測，爲了訓練一大群男人隔著一定距離重複使用某項武器（弩或槍），一定程度的社會紀律是必要的，所以執政者才容不下傳統慶典與狂熱儀式。

第七章　憂鬱的歐洲人

十七世紀，從英格蘭開始，歐洲世界被一種流行病入侵，以現代的說法，這種病叫作憂鬱。這種病襲擊的對象不分老幼，發病時，患者會陷入數年或數月無精打采狀態，以及抑止不了的驚恐當中。這種病似乎都會找上事業有成或有才華的人，也可能只是因爲他們留下的文獻較多。清教徒作家約翰・班揚（John Bunyan）、政治領袖奧利佛・克倫威爾、詩人湯瑪斯・葛雷（Thomas Gray）和約翰・多恩（John Donne），還有劇作家與散文家塞繆爾・詹森（Samuel Johnson），都是早期有名的患者。對醫學研究者來說，這個疾病是一個令人困惑的難題，更別說最糟的結果就是患者自殺。一七三三年，醫生喬治・伽尼（George Cheyne）哀悼：「近來，情緒失控和不尋常的自殺與日遽增，多半是這種瘟疫造成的。」他猜想，英國的天氣、都市化與久坐不動的生活造成幾種類似的流行病，其症狀可怕又嚇人。以前沒人得過這種病，也沒見過這麼高的致死率，各國都有爲數不少的患者。經估計，全英格蘭有三分之一的病人有這種精神緊張的情況。[1]一百年後，情況還是沒有改變：「現在精神緊張的症狀還是很常見，過去前所未見，在別的國家也沒聽說。」[2]

塞繆爾·詹森來自貧窮家庭，是個極爲聰穎的男孩。一七二九年，二十歲的時候，因資金不足，他被迫離開劍橋大學，不久後便成爲憂鬱症的獵物。根據他的好友與傳記家詹姆士·包斯威爾（James Boswell）的描述，詹森深陷情緒低潮，回到父母家後，「那病態的憂鬱開始極盡可怕地折磨他」：

他快被這可怕的疑病症擊垮了，總是易怒、焦躁、不耐煩，同時又沮喪、陰鬱、絕望，覺得活著很悲哀。自從得到這個淒慘的病後，他從未眞正好起來，他所有的工作和休閒，只能短暫逃脫那可怕的侵襲。[3]

他沒有文憑，也不太可能找到工作，只能對著鎮上的時鐘呆坐，虛晃時間。他四處漫步，邊想著要自我了結。讓他如此脆弱的不只是貧窮和失敗，幾年後他成爲一名作家，也因健談而大受歡迎，但這個病再度找上他。他五十出頭時寫道：「我的驚恐和苦惱不斷增加，深陷極度憂鬱中……全能的神與慈悲的天父，請憐憫我，解救我的苦難。」[4]

對英格蘭人來說，這個病是「英國病」。十六世紀後期，提摩西・布萊特（Timothie Bright）的〈論憂鬱〉（*Treaties of Melancholie*）便如此稱呼。英國國教的牧師羅伯特・伯頓（Robert Burton）在一六二一年的經典之作《剖析憂鬱症》（*The Anatomy of Melancholy*）中，也提出徹底的分析。但北方這座多雨的島並不是這個疾病唯一造訪的地方，整個歐洲都爲此病所苦。安得魯・索羅門（Andrew Solomon）認爲，對憂鬱症的擔憂起源於義大利，然後被遊客帶回英格蘭。[5]這問題似乎可以更往前追溯到西班牙，義大利的政治理論家喬萬尼・博泰羅（Giovanni Botero）一六〇三年觀察到：「這個國家的男人不只是有點憂鬱，根本嚴重影響到日常生活。他們工作上無精打采、欲振乏力。」在西班牙國王菲力普三世（Philip III）的宮廷裡，許多人都有類似的症狀。[6]

到了十八世紀時，德國人像英國人一樣，認爲憂鬱是國民病了。（歷史學家羅伯特・金斯曼提到：「文藝復興藝術，無論是繪畫或文學，都以憂鬱氣息爲主軸。」他以數個德國藝術家爲例，包括丟勒（Albrecht Dürer）。詳見Robert S. Kinsman, *The Darker*

Vision of the Renaissance, p.310.）後來的歷史學家感到很矛盾，當時的德國處於「曙光出現的世紀——啓蒙時代」，但事實上到處都有「陰森不安與憂鬱的人們」。例如編輯莫里茲（Karl Philipp Moritz），「整天呆坐，放空，在紙上亂塗，又因時間的流逝怨恨自己沒能好好利用時間」。[7]法國也孕育出知名的憂鬱文人盧梭（Jean-Jacques Rousseau）[8]。這些失調的症狀在十九世紀中前還不是文學的主題，直到它們找上詩人波特萊爾（Charles Baudelaire）等作家。從十九世紀以降，憂鬱在名人的傳記裡越來越常見：俄國小說家托爾斯泰、德國社會學家馬克斯・韋伯、美國心理學家威廉・詹姆士（William James）。

到了二十世紀，這個疾病更加普遍，沒有停止下來的跡象。當然二十世紀的統計方法較健全，醫生與病人也比較願意通報這類疾病，不過這不是憂鬱症普遍出現的原因，否則思覺失調症、恐慌症、恐怖症的病患也會同時增多，但事實不是如此。[9]根據世界衛生組織的報告，憂鬱症現在是世界第五大死亡與失能的主因，而缺血性心臟疾病占第六位。[10]自殺是最不幸也是致死率最高的，但即便是輕度憂鬱症（dysthemia，症狀是無法感受快樂）也很危險，它會讓人變脆弱、身體容易罹患疾病（例如癌症或心臟病）。我們現在知道，這個疾病不只是襲擊富裕或知名的人，更常發生在窮人身上，而且以女性居多。

過去短短幾年，數以百計的書籍、文章、電視節目開始熱切關心憂鬱症，包括致死率、性別比、遺傳因素以及藥物治療的效果。據我所知，還沒有任何研究指出，這種流行病是否在某個特定的歷史時期出現。它是否催生於某個文化環境、進而蔓延擴大，也沒有定論。眾人會忽略歷史因素，原因之一是我們以前只把焦點放在患病的名人身上，沒有深入進行統計學或傳染病學上的研究。（凱・傑米森〔Kay Redfield Jamison〕引人入勝的著作《火的痕跡》〔*Touched with Fire*〕就有這個問題。作者試圖要證明，狂躁、憂鬱等疾病，與藝術創作一定有關連，並列出一大串具有高度創造力的患者。首先，她並沒有清楚區分雙極性極患〔如躁鬱症〕和單極性疾患〔躁症或鬱症〕，而是全部都混在一起，比如塞繆爾・詹森是單極性疾患。第二，為了證明各種形式的憂鬱症好發於十八世紀的作家與詩人身上，她把當時得病的詩人比例與今日的一般人口數相比較。但十八世紀一般人的得病率呢？況且，為什麼有「高度創造力」的人或詩人只限於有發表作品的名人呢？最後一點，事實上她從沒有解釋，為何她所討論的名人患者都是十七世紀以後的人。）

倘若憂鬱症的傳播真的有個開端（大約在十六、十七世紀），我們就得面對這個問題：人們喪失感受快樂的能力，是否與助興的場合不斷減少有關，例如嘉年華與傳統慶典？

我們有理由認爲，憂鬱症在一六〇〇年前後開始流行，也就是伯頓開始「剖析」這個病的時候。二十世紀前，憂鬱還不是一種病，但已經困擾人類很久了，早在公元前五世紀希波克拉底就提過。十四世紀喬叟（Chaucer）筆下的人物也感受到憂鬱了，中世紀後期的神父則稱它爲倦怠（acedia），就教義來說它可是一種罪愆，一染上就會忽略自己宗教上的義務。憂鬱一直都存在，只是名稱不同。很遺憾地，我們沒有任何統計數據可證明，歐洲的憂鬱症患者到了近現代才遽增。當時還沒有精神科專家可進行診斷，也沒有公共衛生單位記錄患者人數。我們僅能知道，一六〇〇年到一七〇〇年間，已經有人在撰寫與憂鬱相關的醫學書籍和文學著作，希望能觸及到熱切關心的讀者，至少是一些受憂鬱所苦的人。例如塞繆爾・詹森就非常推崇伯頓的《剖析憂鬱症》，還說「這是唯一能讓他提早兩小時起床的書」。[11]

但越來越多人對憂鬱產生興趣，並不能證明當時已有相當的患者。歷史學家羅伊・波特（Roy Porter）認爲，可能因爲醫學研究發展，或純粹作爲一般問題，這個疾病才漸漸受到關注。不過受到無所事事的有錢人影響，有人認爲那其實表現無聊或漠不關心的姿態，也難怪醫界人士有偏見，認為那是天才才會生的病，或至少是「過得舒適的人」想弄個吸引人的診斷好提高身價，但其實只是心情不好而已。伽尼醫生認為：「一般來說，哪有什麼精神病，所謂的患者，都是一些活潑敏捷的人。這些人頂尖聰明又有內涵，有敏銳透徹的觀察力，對於快樂和痛苦非常敏感，有高度的感知力和品味。」[12]

十八世紀中期，憂鬱確實變成英格蘭有錢人之間時髦的象徵，枯燥無味的詩句也風行起來，像是托馬斯・沃頓（Thomas Warton）的〈憂鬱的喜悅〉（The Pleasure of Melancholy）以及伊麗莎白・卡特（Elizabeth Carter）的〈憂鬱頌〉（Ode to Melancholy）：

來吧，憂鬱！沉默的力量
孤獨的同伴……
你是貼心又令人傷心的好陪客。[13]

其實蠻多人認為，社會菁英才會有憂鬱病，還以此創作諷刺文學。十八世紀中期某齣英國戲劇中，有個理髮師哀怨地說自己心情憂鬱，旁人回說：「憂鬱？太誇張了，

『憂鬱』是理髮師會說的話嗎？你應該說，沉重、無聊、腦袋不靈光：憂鬱是貴族們武器上的紋章呢！」[14]從醫生的立場來看，他們急著想幫有錢的患者做診斷、說他們有憂鬱症（或稱爲「脾氣不好」），好從神職人員手中搶到治療精神失常的權力。

伯頓開始研究之後，憂鬱變成爲一項時髦的事，讓人變得有個性，但我們要問，爲什麼是這種特殊的姿態或態度領導潮流，不是其他的。帝國主義時代的特徵應該是狂妄自大或豪邁自在，而不是病得奄奄一息、衰弱無力；另外，伴隨著這個時代的另一個主軸——啓蒙運動，有更多人應該是帶著求知若渴的心情才對。不過，雖然憂鬱情緒頗受歡迎，成爲當時文學的主題與社會關心的焦點，但有些人卻是不得不面對這些苦惱。以英國詩人威廉・考珀（William Cowper）爲例，他在二十多歲時得病，考試的焦慮使他試圖自殺，強迫被安置在安養院十八個月。他一輩子中有四次陷入憂鬱，「自己變得像嬰兒一樣」。[15]爲了防止他自殺，只能把他交給安置機關。他在生命將盡的時候寫信給友人，讀過就知道，那不可能是故作姿態：「每天晚上都很慘，我相信只有上帝知道，沒有人可以熬過那樣的夜晚……玫瑰因爲無盡的絕望而凋謝、墜落在地，以無法言喻的痛苦怨恨著我出生的那一天。」[16]

因此，我們不會輕易認爲，憂鬱情緒那麼普遍，只是有心人無病呻吟、爲賦新詞強說愁而已，畢竟有些人自己就是受害者。羅伯特・伯頓坦承：「我書寫憂鬱，讓自己忙碌，避免陷入低潮。」[17]喬治・伽尼自己也染上此病，但卻靠自己發明的蔬食療法治癒了。英格蘭人約翰・布朗（John Brown）十九世紀中出版了一本暢銷書，題目是《情緒低落與精神失常現象遽增》，他後來自殺結束生命。[18]從一六〇〇年起，憂鬱顯然成爲廣大讀者關心的主題，我們最直接的推測就是，周遭有太多憂鬱的人需要關切。

另一個問題是，數個世紀前人們陷入的憂鬱情緒（melancholy），和我們現今所知的憂鬱症（depression）是否相同。即使在今日的《精神疾病診斷與統計手冊》中，心理疾病的定義與區別還是有點模稜兩可，更別說十八世紀以前，還沒人對於這種症狀做過科學與系統性的分門別類。依照伯頓的說法，憂鬱情緒有時和疑病症、歇斯底里、女性憂鬱症（vapors）有些重疊，而後兩者更特指女性的精神失常。但大體而言，除了那些冗長的文字敘述外，他對憂鬱情緒的描述足以取代現代憂鬱症一詞的定義：「恐懼與悲傷取代愉悅的感受，猜疑、不滿、經常性的焦慮頻繁出現，最終他們會厭倦生命，憂鬱——這個兇猛的魔鬼會產出腐敗的靈魂，憂慮與不滿將侵蝕一切……他們無法忍受伴侶、光線或生命本身。」[20]

若將過去對憂鬱患者的描述，對比當代憂鬱症患者的親身描述（例如威廉・史岱隆

〔William Styron〕一九九〇的著作《看得見的黑暗》〔*Darkness Visible*〕），便會發現合理的相似之處。史岱隆發現自己漸漸抽離人群，甚至在自家晚宴上丟下客人。包斯威爾在關於憂鬱的章節中談到：「詹森病得很重，他曾經多麼喜歡有人作陪，現在卻極度厭惡社會——這個病最要命的症狀。」[21]史岱隆將「自我憎恨」列為症狀之一，創造力豐沛的詹森就一再怪罪自己過著「放蕩無用的生活」。[22]約翰・班揚更誇張地哀悼他「原始且內在的汙染」：「那是我的災禍和我的病症，在我自己眼中，我比一隻蟾蜍還噁心。」[23]

史岱隆還提到另一個症狀，除了人以外，這個世界別的事情也令他害怕。內心的恐懼蔓延到外在的世界，一景一物像塗了毒藥一樣。史岱隆發現「他三十年來鍾愛的家，被一股明顯的不祥預兆籠罩著」。威廉・詹姆士長期以來與病魔對抗，也寫下「對憂鬱症患者而言，世界顯得遙遠、奇怪、邪惡、詭異。它的顏色消失了，它的氣息是冰冷的」。[25]十六、十七世紀的憂鬱症患者也有非常接近的感覺，他們覺得自然世界在崩壞中——崩塌、墜落、毀滅。如同約翰・多恩說的：「世界褪色了。」對一個憂鬱的人而言，我想大概沒有比這個更恰當的描述。[26]難怪史岱隆覺得自己沉浸在「恐怖的灰色細雨」中，而詹森一再提到「令人恐懼的悲傷」。[27]

於是，我們可以頗爲自信地推論出，近現代的男性與女性所感受的憂鬱情緒，和我們今日的憂鬱症是同樣的心理障礙。比起中世紀，不管是憂鬱情緒或是憂鬱症，到了近現代都更加常見，只是我們無法從統計數據上得知實質的增加趨勢。於是我們就可以回過頭來思考，早期憂鬱症狀的流行是否與本書的主題——集體儀式與慶典被打壓——有關，這兩個現象在許多方面是否糾結在一起？

舉例來說，也許因爲生了病，憂鬱的人失去團康的興致，甚至覺得慶祝活動令人厭惡。但還有其他可能，第一，從四百年前開始一直到現在，憂鬱症的蔓延與慶典的式微，代表某種癥候，顯示人深層、潛藏的心理狀態一直在改變。第二，更有趣的可能性是，傳統慶典的消失本身就是憂鬱的原因。

焦慮的自我

一般人談到「深層、潛藏心理狀態改變」，八成都會感到不安，還好許多知名學者已經造訪過這個困難的領域。一九七二年，萊昂內爾・特里林（Lionel Trilling）寫到：「研究歐洲文化的歷史學家已有重要的共識，在十六、十七世紀之交出現重大轉變，彷佛人性發生了突變。」[28]這個改變稱爲「主觀性的興起」（the rise of subjectivity）或「內在自我的探尋」（the discovery of the inner self）。此後，我們就把每個人（無論是哪個時代的人）都看成有其獨特的個性以及反省能力，也就是說人類有普遍的能力，以自主的「我」面對這個世界，以此區別大多數無法信任的「他者」。這個轉變非常極端而且劇烈。第五章提到，歐洲的權貴從武士階級成爲宮廷朝臣，心理狀態也變了——不再主動直接，反而強調互相提防。十六世紀後期到十七世紀，這個心理變化散布開來，影響工匠、農夫和工人。路易・薩斯（Louis Sass）認爲，這個新觀念「強調疏離與自我意識」，[29]使個人無形中變得更加自主，更加挑剔現存的社會制度，也希望社會進步。但這也可能豎立起人與人之間的堡壘，對彼此小心提防。

從近現代數個具體的轉變中，歷史學家推論出，這個心理變化最早居然發生在都市中產或中上階級。手邊有餘裕的人一定會買鏡子，才能好好檢視自己，還會請人製作肖像畫（林布蘭因而畫了超過五十幅），以及爲了呈現給讀者而精心修飾的傳記。中產階級的屋內空間也首次區分爲讓客人使用的公共空間以及私人空間，以臥室來說，它可以用來休息、卸下心防，眞正「做自己」。舞台劇與歌劇這類高雅的娛樂越來越多，但觀眾得在自己的座位上維持不動，這種形式取代了嘉年華中隨意互動與肢體交錯的愉悅。[30]特里林提到，「自己」這個字，不只是一個反身代名詞或強調語氣用語，已升級成爲獨立的名詞，指涉不輕易爲人窺探的內心。

人在外表之下藏著「自我」，從某個場合攜帶到另一個場合。許多人認爲，這種自我概念是源自於階級向上流動的可能性。在中世紀社會中，一個人的外在的穿著舉止就代表其身分——農夫、商人或貴族——假扮其他身分就是僭越。舉例來說，當時法律禁止富裕平民的衣物使用貴族專屬的顏色與布料。歷史學家娜塔利・澤蒙・戴維斯（Natalie Zemon Davis）表示：「嘉年華或其他節慶的時候，年輕的農夫會假扮成動物或轉換階級、性別，用另一種身分發表意見……但這只是暫時的喬裝，純粹爲了娛樂大家。」[31]到了十六世紀後期，階級的晉升變得可能，或至少可以期待，因此「假裝」變成生活中普遍的事。想要貴族頭銜的商人、想要商人頭銜的工匠，都得學著怎麼演，王公貴族精心設計的禮儀，就是隨手可得的劇本。你也許不是地主或自負的中產階級，但你知道怎麼扮演。十七世紀英格蘭有本暢銷書，便在指導想要成爲名流的人如何舉手投足、寫出令人嘆爲觀止的信，怎麼挑選長袖善舞的妻子。

也因此，人們喜歡上劇院，觀賞演員扮演和實際生活不同的角色。不過這股風潮一開始也有些波折，早期演壞人的演員走出劇院時常會被觀眾攻擊。劇院喜歡推出跟假扮身分有關的舞台劇，以莎士比亞爲例：波西亞假裝成律師（編按：出自《威尼斯商人》）、羅莎林假裝成男孩（出自《皆大歡喜》）、茱麗葉裝死。莎士比亞死後幾年，羅伯特·伯頓感慨道，不只是在劇院才能看人演戲，「男人像演員一樣演出各種角色」。他說：「男人把自己弄得像變色龍一樣，短時間內扮成二十種人，只爲了自己的利益……換上不同裝扮、面貌和性格，端看他遇到誰。」這實在令人痛心，一個人的內在像手藝精湛的工匠一樣靈巧，可隨著不同場合換裝、改變舉止，汲汲營營地在宴會中找樂子。在社交場合中，外表反映一個人的內在，人人都在處心積慮地塑造自我，誰還會想在集體狂歡的嘉年華中「放下自我」呢？

我們文化對「內在自我」的高度推崇，使得追求自我成爲人人必經的過程——如同特里林說的，那是「現代歐美人出頭天」的必要條件。無疑地，這種個體性與自主的觀念，就是歷史學家段義孚所謂「不受拘束、提出疑問與探索答案的自由」，馬丁路德與伽利略等人因此才會冒著生命危險違反天主教的教義。[34]哪一種比較好？勇敢甚至僅是貪心且好勝的個人主義？還是與社會習俗密不可分、幾乎沒什麼自我性格的中世紀文化（在非歐洲地區則被稱爲「原始文化」）？從現代人的觀點來看，選擇與表達的自由是最重要的，不然還有哪種生活方式？

不過，文藝復興與啓蒙時代欣欣向榮的個人主義也不是全沒缺點。段義孚寫到，明顯地，個人自主新觀念的另一面就是「隔離、寂寞、疏遠，失去世界所給予的天真快樂和自然活力」，還有「沉重的感覺，除了個人決定付出的事物，現實世界毫無意義」。[35]造成憂鬱症的環境條件，其中之一絕對就是這種隔離感。涂爾幹在十九世紀後期研究過自殺問題，他提出「無規範」（anomei）這個概念，用來說明十九世紀歐洲自殺率攀升的原因；流行病學家則援用來解釋當代憂鬱症的盛行。[36]涂爾幹觀察到：「一開始社會就是一切，個人無關緊要……但情況漸漸改變。社會越來越龐大與擁擠，個體間的差異越來越大，單一團體中成員的唯一關連便是──他們都是人類。」[37]對許多人來說，近現代以來最重要的文化發展便是英雄式的個人主義，但它很容易導致人過於孤立，憂鬱症因此伴隨而來，甚至致死。

然而，十六至十七世紀歐洲人的新性格並不是絕對的自主與自我。新自我主義下的個人並不是直接從人類環境中抽離，而是不斷觀察別人的期盼，然後慢慢符合。「我表現如何？」這應該是自主的「自我」想要知道的。「我給人的印象是什麼？」歷史學家用「內在化」（Interiorization）表示這種新的性格，意思是「回顧與反省的能力」，但所謂「內在化」看起來經常只是我們依據周遭人的意見自我評價而已。

「社會」的概念與「自我」的概念同時興起，這絕非巧合。全新、自主的自我，最在乎的其實是他人的意見，後者集合在一起就是「社會」。舉例來說，鏡子不會呈現出我們「自己」，只會呈現別人所見的自己；傳記也只是我們希望別人知道的事。別人的意見，不管是猜想還是眞實的，都具有粉碎的力量。這就能解釋，當人預見或面臨失敗時，爲何容易導致憂鬱症，詹森被迫離開牛津大學、考珀面對考試時都發生這種情況。歷史學家珍娜・奧本海姆（Janet Oppenheim）寫道：「十九世紀時，重度憂鬱的病患常常是因爲害怕破產，或認爲自己的專業被否定，但其實那些都是無端的猜測。」[38]「自我」的價值來自他人的評價，這就稱不上是自主，而是依賴。

如果憂鬱症是新個人主義的結果，那麼經常伴隨而來的「焦慮」一定也是。揣測別人的反應來決定自己的發言與姿態，需要很大的力氣與心思。在歐洲近現代，處心積慮的朝臣、努力向上的中產階級、野心勃勃的律師或神職人員，無不調整自己的行爲符以合他人的期待，他們所發現的「自我」，其實是內在不斷努力的成果。這種情況下，「玩」（play）一字衍生出另一個嚴格的意義——「扮演」（play a role），但那不是爲了玩樂。難怪到了十六、十七世紀，中產階級開始重視私人生活，躲在自己的臥室和書房，只爲了每天能有幾個小時放下面具，放鬆一下。

受折磨的靈魂

然而，要全面理解這種心理學上的大轉折，了解「人性突變」的原因，不能只是從世俗的角度來思考。四百年——甚至不過兩百年前，多數的人會以宗教的角度來了解孤立與焦慮的感覺：「自我」即是「靈魂」，他人無時無刻的批判眼光即是「神」的注視，憂鬱是「對地獄莫大的恐懼」。對於心神不寧、煩惱不斷的人，天主教提供多種安慰，比方透過特別的儀式，就可以獲得神的寬恕或至少讓神不那麼生氣。甚至連拒絕各種儀式的路德教派，也都假定上帝是平易近人、充滿無盡的愛。

到了十七、十八世紀，新教不只有喀爾文教派，還發展出長老會（Presbyteriantism）與荷蘭歸正宗（Reformed Church of Holland），它們或多或少影響了路德派、聖公會，天主教也因而發起的反宗教改革。對於「無規範」，喀爾文派沒有提供安慰，而是提出形上學的理解：如果你覺得孤單、煩擾、甚至受到詛咒，就表示你真的是那樣。羅伯特・伯頓指出，喀爾文的教義助長憂鬱情緒蔓延，而宗教上的憂鬱是對人最有害的憂鬱情緒。伯頓的著作多少就是在批判這個嚴厲拘謹的宗教：

對那些心理受到煎熬的人，最大的恐嚇與折磨就是，他們犯的錯是極大惡行，是不可原諒的罪。上帝深沉的憤怒與不悅使他們覺得自己……早已受到詛咒……是否被神揀選、得到恩寵、是否被神遺棄、人是否有自由意志，這些都是過度的好奇心、不必要的猜測與無益的沉思……只會折磨、迫害無數生靈，造成全世界不和諧。[39]

在喀爾文主義影響下，近現代時期的歐洲社會，孤立的感覺四處蔓延，快要令人窒息。天主教主張，每個靈魂最遲到死亡的那一刻，就可以獨自見到上帝，但喀爾文教徒的靈魂卻永遠在孤獨中遊蕩，朋友到頭來都是敵人和對手假扮的。韋伯說：「他們居然不斷警告人們勿相信他人的幫助和友誼，英格蘭清教徒的作品中特別能看到這種觀念。」[40]即使對家人也不應長久的忠誠。在清教偉大的史詩，約翰·班揚的《天路歷程》中，天主教徒逃離「滅亡城」的家，「他的妻兒……哭著要他回來，但那個男人用手指摀住耳朵邊跑邊哭，『生命、生命、永恆的生命』，頭也不回地跑向平原中央」。[41]從班揚的信仰回憶錄《豐盛的恩典》（*Grace Abounding to the Chief of Sinners*）判斷，他的內心世界從未有任何人類探訪，也從未因一瞥這個世界而發亮。在超過八十頁、自我封閉又驚恐的章節中，絕望與希望交織，除了「我」以及撒旦和上帝種種的化身以外，找不到其他人物了。班揚確實有提到一些人類同伴，他原本以爲他們也是可靠的喀爾文教徒，卻幻滅了：「他們爲人夫、爲人妻、爲人子……損失一些世俗的事物，就沮喪又絕望。我心想，神啊，在這些人身上，那些小事是有多重要啊！」[42]

馬克斯・韋伯最偉大的論點之一，就是發現喀爾文主義與資本主義的相通之處。另一個重要的發現是，他指出，在充滿競爭、不成功便成仁的經濟發展下，人在精神上感到孤立的痛苦——「內心前所未有的寂寞」。[43]如同靈魂在詛咒或恩典的道路上獨自掙扎著，個人也在物質世界的軸線上辛苦跋涉。這條軸線宛如一條繩索，向上通往財富或穩定，我們不僅無暇顧及他人，還得滿足其他要求。我們得無止盡地自我否認與自我鞭策，所有的享受都要延後，唯一的安慰就是看到自己財富慢慢累積。韋伯寫道，喀爾文派最迫切的任務是「摧毀享樂的欲望和衝動」。[44]十八世紀後期蘇格蘭一本醫學手冊證實了這種看法：

許多人的心靈經宗教洗禮後，轉而認爲，快樂是罪。在他們想像中，宗教本質就是禁慾，任何微小的放縱都要禁止，即使是無傷大雅的娛樂也不行。深深的憂鬱攻占他們的內心，恆久的陰鬱在他們臉上揮之不去。最後，微小的希望也消失了，所有事物都蒙上灰塵。在他們眼中，本該令人歡喜的事物，都噁心至極。生命本身成爲負荷。這些不快樂的可憐蟲相信，任何誘惑都比不上自己的感受，最後只好終結自己悲慘的生命。[45]

班揚年輕的時候應該是個快樂的傢伙，常在村裡的草地上跳舞、運動，但隨著信仰危機出現，他便停止這些娛樂。跳舞是最難放棄的——「我足足花了一年的時間才能完全停止」。[46]但他終究達成目標，過著毫無享樂的生活。在《天路歷程》一書中，和班揚一樣的英雄克里斯汀發現，只要自己卸下心防，稍微休息片刻、減緩一下焦慮，就會失利或徹底吃虧。克里斯汀只參加過一次派對活動，他以爲是上流人士的社交聚會，但結果並非如此，原來那是爲有德之士設下的死亡陷阱，在那裡，克里斯汀高尚的同伴費斯被捉走、折磨，最後被參加聚會的狂歡者燒死。換句話說，嘉年華就是地獄的入口，和其他歡愉一樣，不管是性愛、味覺、歡宴，都是惡魔設下的圈套。沒有什麼比陰鬱的心更清澈，不再尋求快樂就會更清醒。中世紀的農夫創造慶典活動，好能從工作中解脫，清教徒則擁抱工作，好能逃離恐懼。

克倫威爾所經歷的心理危機與班揚非常相似。他出生在英國鄉村，是清教徒名門之後，他的年少時光「狂野又愚蠢，喜愛打鬧、惡作劇等沒什麼品味的事」。[47]二十八歲時，他得了一種病，醫生診斷爲「極度憂鬱」，顯然是過度反省自己年少所犯下的罪。他後來寫信給一位堂兄，彷彿班揚說的話：「你知道我一直以來的生活方式。唉，我住在黑暗裡，深愛黑暗，痛恨明亮。我是首領，罪人的首領。」[48]他經歷了現在所謂的「重生」後，棄絕了幾項嚴重的罪（不大清楚是什麼），但他不像班揚，還是繼續享受音樂、啤酒與葡萄酒。

韋伯是否成功地連接喀爾文主義與資本主義的關係，這一點仍待討論，但他本人的生活便是實例，足以說明那兩者對人的交互影響。韋伯本身是嚴謹的世俗思想家，養育他的母親是喀爾文教徒，她把一切享樂當成危險，要靠努力不懈地工作與自律來阻絕。韋伯的傳記作者、他的妻子瑪麗安說，他藉由工作來「拯救」自己免於「危險的安逸生活」。瑪麗安寫道，一八〇〇年代後期，韋伯還是個學生時：「他維持嚴格的工作守則，遵守作息時間，維持規律生活，把每天的例行公事分門別類。他的養生之道是每天晚上在房裡吃一磅的生牛絞肉和四個炒蛋。」[49]結婚幾個月後，他寫信給妻子：「我很享受新生活的幸福感，但我不能太放縱，這種穩定感會讓人鬆懈。」[50]

韋伯三十五歲左右，達到人人稱羨的學術成就，他卻崩潰了：背痛長達數個月、雙手顫抖、失眠，感到絕望與一無是處。然而對他來說，最悲慘的應該就是就此喪失工作能力。另一位傳記作家試著將韋伯的症狀套進佛洛伊德的模型中，把他的崩潰歸因於他與父親間的緊張關係。他父親和他不同，是個隨和又自我放縱的人。[51]從羅伯特・伯頓的角度來看，不管韋伯個人的信仰是什麼，問題一定得歸咎到他喀爾文派的母親身上，韋伯的憂鬱因此是宗教性的。

其實不需要靠心理學，我們也能推測喀爾文派和憂鬱症的關係。自殺是憂鬱症的重要指標之一，幾世紀來也都有人詳盡記錄自殺率。在涂爾幹的著名研究中，我們發現十九世紀新教徒（當然不只有喀爾文派）的自殺率是天主教徒的兩倍，這個差異不只是因爲信徒居住的地區不同，在兩派信徒混居的地區，自殺率的比例也相同。更驚人的是，近期一項研究指出，十六世紀後期起，瑞士蘇黎世州成爲喀爾文派的中心後，當地區民的自殺率忽然升高。這個現象我們無法理解爲是社會道德崩壞，因爲自殺率升高的同時，謀殺案反而減少。喀爾文派政權禁止人民從事賭博、跳舞以及各種淫亂的行爲，人民也並非適應不良而自殺。歷史學家夏伯嘉（R. Po-Chia Hsia）指出，許多人死後獲得讚揚：「生前是光榮、敬神、熟讀聖經、勤奮且沉靜的基督徒。」事實上，高達百分之六十一都來自「堅定支持喀爾文政權的家庭」。[53]

遺失的解藥

憂鬱症普遍的起因是什麼？當局為何要禁止慶典活動？這兩個問題病不難解答。在都市化與市場競爭的經濟環境下，焦慮與孤立的人比較能存活，這些人就是容易憂鬱、厭惡集體歡愉的人。喀爾文主義為這樣的轉變提供了超驗的理論基礎，強化了孤立的價值，讓憂鬱正式成為通往救贖的必經階段。這一切發生像約翰・班揚這樣的人身上，從世俗的角度來看，他是嚴重的憂鬱症患者，在他傳教的歲月裡，嚴厲反對慶典活動，更別說各種形式的娛樂。憂鬱症蔓延與慶典的消失，都是「深層且重要的心理變化」，可視為現代化整體過程中無可避免的結果。然而，我們能不能找到更清楚的證據，說明嘉年華的滅亡直接影響到憂鬱症的流行？

當然有，從某些例子得知，嘉年華的消失留下了一絲悲傷與遺憾。十九世紀法國歷史學家朱爾・米榭勒（Jules Michelet）感慨缺乏慶典的童年：「我的童年不像在戶外的空氣中或溫暖的人群裡綻放的花朵，也未曾感受過情緒隨著其他人熱烈高漲。」[54] 作家珍・瑞斯（Jean Rhys）回憶她二十世紀初的童年，她很羨慕低下階級的人能參加慶祝活動，但家人不准她去：

在多明尼加的羅索（Roseau），大齋節前三天是嘉年華的時間，我們不能著裝參加，但可以打開窗戶看。有一群戴著華麗面具的人，還有樂隊。聆聽著，蓬勃的生命力對著在一旁正襟危坐的我們，一波一波而來。我願放棄一切，換取像那樣跳舞的機會。55

儘管如此，並沒有證據指出，人類集體歡愉的需求是與生俱來的，也不清楚這種需求若被擋下，是否會導致憂鬱症或其他心理疾病。顯然有上百萬的人放棄這種娛樂，但也沒有罹患現下種種心理疾病。這會使人認爲班揚那樣的人所受的折磨沒什麼了不起，只是因爲放棄了跳舞與嬉戲才痛苦不堪。慶典受到官方打壓，絕對是精神失調的病因之一，這不是我的創見。從近現代初期開始，精神失調就蔓延到整個歐洲文化。十七、十八世紀時，人們將歇斯底里視爲女性憂鬱症的同義詞，歷史學家斯代萊巴萊士和懷特提到：「佛洛伊德的歇斯底里研究中，那些受驚的威尼斯女人不經意提到了嘉年華。艾瑪夫人被嚇慘了，她哀求佛洛伊德：『你沒聽到馬群在馬戲團踏步嗎？』」。56

佛洛伊德一直要從這些心理疾病中找出性的根源，沒料到會聽到這樣的線索。斯代萊巴萊士和懷特評論：「某個方面來說，佛洛伊德的病人應該非常渴望參與傳統慶典中的各項儀式，但受限於自己的社會階級，她們不得不將『自我』排除在這些慶典之外。」[57]

就算慶典的毀滅沒有造成憂鬱症流行，但棄絕了傳統慶典，人們多少也失去治療憂鬱症的方法。羅伯特・伯頓提出許多治療憂鬱症的方法，例如讀書、運動，有一則處方他則是一再強調：「讓他們去打獵、運動、玩樂、說笑、開心聚會……偶爾喝杯酒、聽音樂、和喜歡的人在一起、聽故事、玩玩具、唱歌、跳舞、暢飲，去做任何會讓人開心的事情。」[58]他承認，確實有些嚴厲的喀頭（Cato，就是喀爾文主義者）一直在打壓唱歌、跳舞、變裝、戲劇等活動。但他打從心裡支持傳統慶典：「我眞心嚮往五朔節、守靈夜、聖靈節等等活動，如果不會影響到收成時間，官方應該允許人們自由地歡慶、唱歌跳舞、演傀儡戲、騎馬打仗、聚會、吹風笛、舉辦舞會、玩捉迷藏，還有他們喜歡的運動和娛樂。」[59]在他的理想世界裡，「人不應太操勞，應該有些娛樂的時間和節日，可以幽默對談、舉辦饗宴和派對……像波斯人的宗教節日和羅馬的農神節」。[60]這些對治憂鬱情緒的方法，十六世紀的人就懂了，只是官方會嚴格規範，不允許人們出現「脫序的行爲」。但至少理論上，憂鬱的人精神可以爲之一振，獲得安慰，隨著音樂而開心。[61]

伯頓寫下《剖析憂鬱症》約一百年後，另一位英格蘭作家理查・布朗（Richard Browne）呼應伯頓、支持他提出的良方。他以當時的科學觀點說明人類這個機器如何運作。他認爲，唱歌、跳舞可以刺激分泌，治療憂鬱，「感謝音樂無所不在的魅力。跳舞的時候有伴奏才提得起勁。聽音樂時，心裡充滿了活潑愉快的念頭，整座機器活力充沛、精神飽滿」。[62]但這種傳統的娛樂在伯頓的時代受到打壓，在布朗的時代，更是邁向滅亡了：「由此我們了解，唱歌這個快樂的活動帶來愉悅的感受，對心靈的影響甚鉅。但令人驚訝的是，很少人從事這項娛樂消遣。它帶來的好處可是說不盡呢！」[63]身處在更爲拘謹的清教時代，布朗不建議再舉行「農神節」，只要在「合理且固定的時間」規律地跳點舞就可以了，最好是「餐後找個方便的時間，大約一個小時」。[64]

又一個世紀後，偉大的資本主義預言家亞當斯密（Adam Smith）也推廣慶典與藝術活動，認爲它們能緩解憂鬱：

只要不導致社會反感或產生猥褻行爲，國家應該放寬限制，鼓勵業者以繪畫、詩歌、音樂、舞蹈……來娛樂大眾。這麼一來，我們就能輕易驅除大多數人民的憂鬱情緒。[65]

伯頓、布朗、亞當斯密都把慶典當成憂鬱的解藥，不論他們是出於猜測、懷舊還是個人經驗，我們有理由相信他們發現了重要的事。不過，就我所知，當今還沒有人試著把慶典活動當成治療憂鬱的良方，儘管今日的臨床醫學應該能做出相關的實驗。然而，有大量的證據指出，不論是單純的慶典乃至於狂喜儀式，團康活動在許多文化中都被當作舒緩、治療憂鬱症的方法。將近在兩千年前，希臘音樂學家阿里斯提得斯・昆提利安（Aristide Quintilianus）就觀察到：「教育程度較低的人，生活境況與不幸的遭遇帶給他們焦慮與憂鬱。酒神慶典的目的，就是藉由快樂好玩的活動，讓旋律與舞蹈將焦慮一掃而空。」[66]十五世紀的義大利作家馬西里奧・費奇諾（Marsilio Ficino）本身也是憂鬱症患者，他也建議大家多運動、多聽音樂與改變飲食習慣。[67]

非西方民族的狂喜儀式通常有宗教與治療的功能（雖然我們不大確定這兩種功能是否彼此不相關），這兩種功能對治的，應該就是我們現今的憂鬱症。以幾個差異較大的文化爲例。有位民族誌學者參與過非洲人的狂喜儀式，他說：「喀拉哈里沙漠的庫恩族利用夜晚的狂熱舞蹈治療各種西方人所謂的生理、心理、情緒、社會與精神疾病。」[68]

相對於庫恩部落，遙遠的北方是信奉伊斯蘭教的摩洛哥，他們的儀式包括音樂、舞蹈和出神狀態，可以用來治療「癱瘓、啞巴、忽然失明、重度憂鬱、心悸、麻痺以及著魔」。一九九〇年代，在基督教國家烏干達，殘忍的游擊組織聖主抵抗軍（Lord's Resistance Army）控制了許多兒童，導致他們內心受創、封閉自我，團體舞蹈有助於他們復健。[70]

在義大利的民俗傳統中，也有人用公開慶典來治療憂鬱症。第四章提到，塔朗圖拉蜘蛛曾被當成是煽動舞蹈狂熱的元兇。還有人認爲，被蜘蛛咬到就會出現憂鬱傾向，根據十九世紀的歷史學家黑克爾的說法，唯一的解藥就是跳舞，最好是在戶外跳上幾天。他指出，伴隨著適合的樂器伴奏，被咬傷的人「像被施了魔法般睜開雙眼，一開始慢慢擺動，隨著音樂節奏加快，逐漸轉爲充滿熱情的舞蹈」。這些活動救了他們——不過只維持一陣子，一年後，整個村子又到處都是生病的人，「人人心情低落、憤世嫉俗，直到又有音樂和舞蹈，他們才一掃憂鬱」。[71]之前提過，這種具有療效的慶祝活動最終被認可，成爲固定的季節性慶典，主要活動就是塔朗泰拉舞。

黑克爾寫道，十九世紀在阿比西尼亞（Abyssinia，今伊索比亞）也有類似的症狀與療法。當地人（通常是女人）容易染病，身體日漸衰弱，家人便會花錢請一組樂隊，其中包括小號手、鼓手、橫笛手，並且買一些酒，請當地所有的年輕男女都在病人的家裡集合。他們跳舞、聚會同歡數天，病人就不藥而癒。[72]在二十世紀的索馬利亞，太太就罹患西方人所謂的憂鬱症（通常是因爲丈夫想要娶第二任妻子）時，家人會找來女巫師看病，如果診斷結果是被「薩靈」（sar）附身，就得召集當地女人來一起跳舞，在漫長狂喜的儀式後，病人就痊癒了。[73]劉易士描述這些現象時強調，關鍵在於患者在這個過程中能得到許多物質上的好處。巫師通常會建議，要把病治好，丈夫就得送給生病的妻子很多昂貴的禮物。在我看來，劉易士認爲治療儀式只是一個表面工具。但對相信的人來說，的確是跳舞儀式把「薩靈」驅趕走了。我們應該尊重他們的信仰。

從十七世紀的英格蘭到二十世紀的索馬利亞，我們不能完全從這些例子判定，慶典和舞蹈儀式眞的能夠治療我們所謂的憂鬱症，但還是有理由去思考這個可能性。首先，這些儀式能夠阻斷患者孤立的感覺，把他們重新帶回社會當中。第二，因爲這些儀式鼓勵人「放下自我」，也就是釋放對自我的禁錮，儘管不是永久的，至少可暫時離開團體裡令人不安的評論眼光，或是一向嚴格的上帝。在十九世紀的社會影響下，尼采跟許多人一樣活得孤獨又痛苦，但他比任何人都更懂得狂喜療法。在所有人都獨尊「自我」的時代，他勇敢指出「個體存在的恐懼感」（the horror of individual existence）[74]。當他讀到古典文學中所描述的戴奧尼索斯祭典，心裡才隱約感覺到輕鬆。他想像祭典上「每個人不只和自己的同伴和解，也和內在的自己和解——彷彿馬雅的面紗被撕開，只有碎片漂浮在神祕的眞神面前……他覺得自己像夢中曾經看見的神仙一樣，徜徉在愉悅與極喜當中」。75

透過以上說明，我們了解，歐洲社會這個轉變是極大的悲劇，尤以北方新教地區最爲嚴重，那一股社會力量掃蕩了傳統療法，也把人民推向憂鬱症。他們慶幸自己在科學、探險、工業上獲得了不起的成就，深信自己不像浮士德，不需要出賣靈魂給魔鬼就可以成功。伴隨著現代歐洲的「進步」，歐洲人反對慶典活動，但這麼做反倒更傷害社會。幾個世紀前教會官方成功將戴奧尼索斯惡魔化，同樣地，歐洲人現在也拒絕了最能調理心情、解救生命的古老妙方——狂歡。

第八章　槍對著鼓：帝國主義遇上狂熱聚會

讀者大可合理提出質疑，指責我是歐洲中心主義，只著眼於歐洲的歷史發展。不過請各位讀者注意，強迫世界各地的人接受自己信仰與文化的，不是中國人、阿茲提克人或祖魯人，而是歐洲人。從十六到十九世紀，在歐洲人摒棄與打壓傳統慶典的同時，歐洲人也在全球展開征服、奴役、殖民以及摧毀其他民族與其文化。航海技術和武器上的進步使歐洲順利征服世界各地。前面章節也談到，歐洲人的心理發生突變，個性更為積極且自我中心，這也使地理擴張顯得必要且誘人。歐洲人擁抱清教主義的同時，向外擴張的狂潮也同時爆發，彷彿有一股急於出走的衝動。人們紛紛提出各種理由（經濟、人口、思想，甚至性）來說明這兩者的關係。

但我們關心的，倒不是歐洲擴張的原因，而是其立即的影響。尤其從十六世紀後期起，歐洲人到處探險、征服與殖民，他們剛體驗過嚴酷的「文化改革」，容不下其他民族豐富的文化。大溪地的歷史學家描述道，十九世紀到島上定居的清教徒傳教士，「信仰嚴厲又無趣的宗教，老是穿著黑色的衣服，從來不笑、不開玩笑，也不懂大家的趣味。他們覺得不得體或輕浮的，就不去碰。他們時時刻刻都記得身上的包袱與世人的罪」。[1]有些歐洲的基督徒沒這麼嚴肅，但到哪裡還是帶著懷疑眼光，好像別人都很容易情緒化。二十世紀初期一位美國教授譴責「原始的」狂熱宗教：「無意識的激動、狂熱的情緒、過度的熱情、刻意放縱，這些舉止都不會長出靈性成熟的果實。理性的愛、喜悅、平靜、刻苦、溫柔、善良、虔敬、謙卑——『自制』才能接近神。」[2]

歐洲人在毀滅「原始人」的儀式時，有時會剛好遇上原住民部落本身的沒落。澳洲塔斯馬尼亞（Tasmanian）和南美洲卡利比（Carib）文化消失，這沒什麼好感嘆的，從宏觀的角度看，早在幾個世紀前，這些文化的繼承人就屈服在歐洲的武器和疾病之下，不復存在了。在澳洲，傳教士努力要提升與「教化」原住民，不過埋葬原住民的工作就已經讓他們喘不過氣來了。教會還曾召回某地的傳教士，「由於本區原住民逐漸消失，任務終止」。[3]

儘管如此，整體而言，歐洲人查禁其他社會的團體儀式，多半都是有意爲之。大多數的歐洲人認爲，歐洲以外的文化毫無用處，有位英格蘭的傳教者描述非洲文化「不過是一大堆鬆散的觀念，模糊、幼稚，純粹出於對周遭自然環境的迷信」。[4]歐洲人特別厭惡土著的儀式，其中當然包括跳舞、唱歌、戴面具，有時還有人會進入出神狀態。在非洲大部分地區，團體舞蹈與音樂的關係非常密切，正如歐洲人的「宗教」一樣。南非茨瓦納族（Tswanas）「跳舞」（go bina）一字也有「崇拜」的意思。[5]南非、中非、東非班圖語族（Bantu）的「鼓」（ngoma）一字也作「儀式」、「崇拜」、「唱歌跳舞」之意。[6]

人類學家珍·可馬洛夫（Jean Comaroff）注意到，在南非所有的本土習俗和傳統中，「基督徒特別討厭當地人的團體歌唱和舞蹈」。[7]我們在導論中說過，不管到哪裡，歐洲人都覺得那些行爲是社會騷亂，是在崇拜魔鬼，是猥褻的舉動。有些歐洲人則是從「科學」的觀點判定，那些人是歇斯底里症。舉例來說，十九世紀後期，阿拉斯加尤皮克（Yup'ik）部落的耶穌會傳教士寫到：

> 我對這些可憐的人抱著極大的希望，儘管他們看起來這麼噁心，其他生物都忍不住要看一眼……他們的迷信行爲多半是在崇拜惡魔。他們非常熱中舉行表演和宴會來取悅

死者，但事實上是在藉由跳舞和吃喝取悅與放縱自己。[8]

歐洲人「教化」原住民的目的很多，可能是爲了軍事擴張，或是便於行政管理，甚至是「寬大爲懷」要帶給他們文明。不管爲了哪個目的，歐洲人都極度討厭當地的團體儀式和活動。

歐洲人大舉擴張，四處打壓原住民文化，這點毫無爭議，有些學者甚至輕描淡寫帶過，彷彿不需要多加說明。舉例來說，人類學家喬恩．柯比（Jon P. Kirby）指出，在西非的傳教士「忙著對付傳統儀式與信仰」，連自己原本的任務和身分都忘了。[9]另一位人類學家貝芙莉．斯道杰（Beverly Stoeltje）解釋說，現代系統化的宗教試圖消滅原住民的宗教，使得宗教儀式與嘉年華活動慢慢分家。[10]顯然地，如果外來者不接受原住民的宗教儀式，原住民爲了延續傳統，就只好把它當作一般嘉年華活動。

令人沮喪的是，我們很難找到詳細的記錄，足以了解原住民習俗所受到的衝擊。夏威夷是例外。當地人記下了三方人士（白人傳教士、白人船員、夏威夷人）的衝突過程。夏威夷人（人數最多）想維持傳統的歡樂活動；船員想要喝酒及剝削當地女性；傳教士想要建立清教式的神權政治。夏威夷是由許多大小王國組成的，美國白人傳教士海勒姆．賓漢姆（Hiram Bingham）認爲，當地人都是「一絲不掛的野人，外表看來貧窮、落後又野蠻」。[11]他和之後的傳教士努力阻止船員狂飲作樂，禁止夏威夷人從事傳統活動，例如衝浪、賽艇、戴花環，還有「墮落的當地舞蹈」——草裙舞。

在其他地方，「高尚的歐洲人」遇到當地「崇拜惡魔的人」後發生什麼事，我這裡還有一些稀疏又簡要的資料可以說明。有些學者認爲，不管是宗教改革後歐洲境內的反嘉年華運動，或是世界各地的傳教士禁止原住民舉行祭典與狂熱儀式，兩者在許多方面都非常雷同。第一，這類行動都由官方主導，無論是世俗政權或教會高層，都會不定期禁止人民舉辦慶典活動，當然人民也會抵抗。第二，在某些情況下，官方會利用法律威嚇人民，公告禁止打鼓、跳舞、戴面具等活動，違者將受到鞭打或截肢的懲罰。柯比提到：「多數的傳教士認爲，必要時在殖民政權的協助下，才能摧毀既有的體制。」[13]在歐洲，有心人士也需要當權者的協助才能推動宗教改革。

此外，當殖民政權還未站穩地位時，單打獨鬥的傳教士就只能靠自己阻止「惡魔般的」當地習俗，就像英國的清教徒牧師得自己動手推倒五月花柱來破壞慶典。傳教士記下自己許多大膽且輕率的舉動，從歐洲以外的觀點來看，那些行爲其實是非常荒謬。早期在非洲的天主教傳教士說，只要一聽到鼓聲，他們就會「立刻衝到那個地方，阻止這個惡魔般的活動」。[14]在葡萄牙現今安哥拉的馬桑加諾（Massangano）堡壘，方濟嘉布遣會（Capuchin）的天主教修士，差點被憤怒的群眾拿石頭擊斃，因爲他「竭力反對這些人進行他們邪惡的儀式」。[15]十九世紀中期，長老會的傳教士發現牙買加黑人在跳姆喲舞，急忙阻止，但黑人回說，他們跳舞時「一點都不瘋狂」，還告訴他，「你才有問題，閃遠一點吧！」。[16]

像在歐洲一樣，有團體儀式的場合，就有不同的文化相互競爭，可馬洛夫稱爲「文化擂台」，在場的人就算沒有眞的動粗，會出言侮辱與威脅彼此。被殖民者會嘲笑歐洲來的侵略者，歐洲人也常懷疑他們在醞釀武裝抗爭。原住民會被基督教的教義吸引，但排斥基督教的崇拜方式。十九世紀非洲科薩族（Xhosa）的祭司萊雷（Nxele）一開始很喜歡基督教，但後來認爲，正確的崇拜方式「不是一整天唱著聖歌，臉對著地板或前面的人禱告，應該是跳舞、享受生活、做愛，這樣黑人才會越來越多，占據整個地球」。[17]歐洲人這邊則是「全力挑戰團體儀式」，[18]以消滅傳統儀式的多寡來判斷「文明化」的成果。南非衛理公會的傳教士布羅德本特（S. Broadbent）一八六五年寫道：「我很高興，茨瓦納族（Tswana）的習俗和典禮日漸衰退。當地人還會進行一些舞蹈儀式，但我會過去阻止，對著那些願意聽的人傳教。」[19]據說，南非納馬族（Namaquas）

改信基督教的人「已經放棄跳舞了」。[20]

有些歐洲人留意到，歐洲人在世界各地消滅傳統儀式，就像他們打壓自己人的嘉年華與慶典活動。先前提到，他們傾向將「新世界的野人」等同於「舊世界的低下階層」，也留意到歐洲的嘉年華與遙遠地區狂熱儀式的相似處。循著這個對比，消滅嘉年華與部落儀式的動機就很清楚。歐洲人反對內地的團體娛樂，目的是要將工作倫理植入工人階級，體力應該用來生產，不該「浪費」在慶典中。同樣地，歐洲的殖民者感到不可思議，原住民外表懶散，卻把精力都投注在迷信的宗教活動。殖民者非常不滿原住民輕鬆的生活步調，於是把清新怡人的花花草草都剷掉。英國詩人塞繆爾・柯立芝（Samuel Coleridge）從十九世紀英國的標準看來，絕對是個自由派，但他竟然建議砍掉南洋群島的麵包樹，這樣才能逼島上居民學著努力工作。[21]歷史學家托馬斯・卡萊爾（Thomas Carlyle）則是被西印度的南瓜激怒：「在那裡，靠著陽光土壤，每個黑人一天工作半小時就有這麼多南瓜可以吃，就能養活自己。所以他們不努力工作，整天杵著發呆。」[22]沒了這些削弱心志的植物，教會才能解救當地人。之前提到的那位英國傳教士也說：「在非洲，雇主遇到最主要的問題便是當地勞工個性不穩定，行爲又不檢點。基督的教誨和工業訓練有助移除惡習。」[23]

不過，相較於對付自己人，歐洲人打擊殖民地的文化還是嚴重得多。在歐洲大陸，菁英分子反省到，自己打壓的人，包括農夫、勞工和工匠，都是基督徒。隨著社會演進，共同體的感覺慢慢出現。但「野人」就不一樣，他們的膚色、臉部特徵都跟歐洲人不同，加上奇怪的信仰和習俗，根本就是「他者」。有時歐洲人甚至不太確定他們到底是不是人。在澳洲開墾的英國人就覺得，次大陸的原住民「跟猴子是同一類的物種」，就算勉強看成是人類，也一定是「最接近猴子或大猩猩的人種」。[24]十九世紀初瑞士比較解剖學家喬治・居維葉（Georges Cuvier）認爲：「黑人……顯然比較接近猴子。這個族群的各個分支一定都會有野蠻人的性格。」[25]這種態度合理化種族滅絕的行爲，彷彿是無關緊要的舉手之勞。西班牙的征服者寫道：「那一百個拿著武器的印地安人，在我看來就像手掌中的蒼蠅一樣。」還有個流亡海外的英國拓荒者吹噓說：「對塔斯馬尼亞人開槍就像射殺一群麻雀一樣。」[27]

在歐洲大陸，隨著宗教改革發起的社會革新，目的不是要消滅參加慶典的人，而是慶典本身。當時歐洲政經環境的主要發展，其一是專制王權的興起，接著是工業化，低下階層的人民在這兩方面都扮演重要的角色。有些人從軍，成爲國王麾下大軍的一員，其他人則成爲製造業大廠的工人。他們注定要接受嚴格訓練，但不一定會丟掉小命。但被殖民者的命運就不同了，歐洲人在世界各地毫不掩飾地進行大屠殺。美國作家湯姆・恩格哈特（Tom Engelhardt）寫道：「那是一股單一的衝動，延續了數個世紀，打算要毀滅整個星球。」[28]相較於歐洲的工人，南美洲、加勒比海等殖民地的奴隸只能做到死，接著再換另一批人上來頂替。在某些情況下，殖民者與征服者甚至不屑用原民住當勞工，舉例來說，在澳洲和美國西部，「文明」的程度取決於他們消滅了多少原住民。英國作家馬克・卡克（Mark Cocker）在最近出版的書中提到，四百年以來，在歐洲帝國主義肆虐下，估計有五千萬人喪生，相較於二十世紀各個種族滅絕的慘劇，這是很驚人的數字。[29]

在這樣的脈絡下，到哪裡都跟著征服者的傳教士，便以一種自以爲高貴又善良的姿態出現。他們相信原住民的靈魂需要救贖，也就是間接承認對方也是人類。有的英國傳教士反對人口交易，也有人更直接反對奴隸制。澳洲的傳教士會抗議殖民者強暴與屠殺原住民。南美洲的殖民當局認爲耶穌會傳教士太過保護改信基督的印地安人，因而在十八世紀後期把傳教士都驅逐出境。傳教士認爲，世俗政權有時和教會唱反調（尤其是針對美國的黑奴），是深怕奴隸會記得基督的教誨，相信人人都可得到拯救。十八世紀中期教會復興之前，北美許多蓄奴者強烈反對奴隸改信基督教，如果奴隸去參加禮拜或私下禱告，就會被鞭打。[30]奴隸主甚至只讓奴隸相信「改編」過的教義，如同這份為北美奴隸製作的教義問答：

問：上帝為何造你？

答：耕作。

問：「不可姦淫」的意思是什麼？

答：服侍我們天上的父，地上的主人，服從我們的工頭，不偷任何東西。[31]

另一方面，世俗政權不努力阻止異教徒的團體儀式，傳教士也會生氣。在牙買加與巴西，蓄奴者允許奴隸晚上在空地跳舞，滿足他們的需求，讓他們盡情從事「猥褻行為」，好讓他們繁衍。[32]在印度，英國殖民者一開始不讓傳教士入境，怕傳教士會對付印度教，以致於威脅到社會穩定與帝國的利益。

但是，綜觀殖民主義在全球各地造成的影響，令人意外的是，殖民者和傳教士的作為毫無二致，前者剝削各地的人民、土地、資源，後者「只有」摧毀他們的文化。[34]某位英國傳教人士主張：「帝國主義與宗教脫不了關係。我們需要包含基督教義的帝國主義和商業精神。我們也需要強調擴張、重視經濟的基督教。」[35]蓄奴者和殖民當局或許根本不在乎奴隸崇拜哪一個神，他們擔心的是這些儀式所引發與代表的集體力量。可馬洛夫寫道：「歐洲人極爲討厭的舞蹈儀式，不只是因爲它們所包含的情色意味，還有當中呈現的團體活力。」這種活力會直接挑戰白人剝削者的地位。[36]雖然傳教士並不關心同胞的利益，但部落儀式所蘊含的團結力量，也讓他們體會到剝削者有多驚慌。倫敦傳道會（London Missionary Society）的約翰・麥肯齊（John Mackenzie）到南非傳教時，充滿熱情地寫道：「我要努力削弱部落成員之間的凝聚力，注入清新、振奮人心又健全的競爭精神。」[37]（傳教士與殖民者的關係很複雜，往往處於敵對狀態，詳見Elizabeth Elbourne, Word Made Flesh: Christianity, Modernity, and Cultural Colonialism in the Work of Jean and John Comaroff, *American Historical Review*, 108(2), April 2003）

黑色嘉年華

歐洲擴張主義下的受害者往往不如歐洲人想的那樣，很快就放棄他們的傳統。帝國主義與奴隸制的控制力非常強大，殖民當局又嚴密監控，受壓迫的民族還是一點一滴保存他們集體儀式，並創造新的傳統。散居在美國各地的非洲人更是驚人，在文化上表現他們的反抗精神，到今日仍充滿生命力，例如源於非洲的美國音樂：藍調、搖滾、嘻哈與爵士。

十七到十九世紀之間，至少有一千萬非洲人被迫送到美國。不知他們如何在這過程中保存文化：他們抵達「新世界」的時候幾乎一絲不掛，與自己文化相關的隨身物都被奪走，更不可能與親人連繫。約魯巴族（Yoruba）、達荷美族（Dahomeans）、伊波族（Ibo）等非洲民族都失去了自己的認同和語言。歐洲和北美洲的白人奴隸主把黑人安頓在農場後，便叫他們不停歇地工作，也不准參加令他們振奮精神的活動，包括跳舞和打鼓。儘管如此，這些痛苦的人們還是憑著聰明和勇氣，設法保存了一些傳統的團體慶祝活動，不只這樣，還利用這些活動爲跳板，趁勢反對白人統治，如同歐洲下階層人民利用嘉年華活動，對統治者與地主進行武裝反抗。

爲了保存文化，散居各地的非洲人最常利用歐洲人的傳統作爲掩護。例如跟著法國、西班牙和葡萄牙的天主教拓荒者傳到美國的嘉年華，原本是白人專屬的活動，但奴隸利用它來滿足自己的需求。此外，黑人也利用基督教掩護非洲傳統，在崇拜儀式中加入了非洲元素，延續他們傳統的狂熱儀式。世俗化的嘉年華，以及在美國誕生的非洲式基督教——伏都教（Vodou，一般人通常念成巫毒〔Voodoo〕，我不這麼拼是因爲後者通常帶有巫術與非理性的意思，像是巫毒經濟學〔Voodoo Economics〕。這個字其他的拼法還包括伏旦〔Vudun〕和乏旦〔Voudun〕）、賽泰里亞教（Santeria）、坎東布萊教（Candomblé）等等，成爲黑人的反抗文化，不可避免地，也是白人打壓的目標。

先從嘉年華活動談起，它算是歐洲人帶到美國的世俗慶典。歐洲人希望像以前一樣，能在「新世界」繼續熱烈進行這些活動，不過在殖民制度下，問題馬上出現：奴隸怎麼辦？歐洲人狂飲作樂、甚至單純用餐時，總是有黑色的面孔看著，等著白人慷慨地分給他們一點，說不定他們在等待白人脆弱的時刻大舉起義。例如在牙買加和美國南方等新教地區，聖誕節是最重要的節日，奴隸也利用這一天作爲他們非洲慶典約卡努（Jonkonnu）的開幕日。早在一六八八年，牙買加的奴隸就開始變裝、跳舞慶祝約卡努，「手舞足蹈，搖得嘎嘎作響」。[38]大約一個世紀後，黑人的約卡努竟然獲得白人的認同，在這短暫的黑人節慶期間，白人願意自己做家事。當時有位白人說：「只要假期一到，以西印度群島的聖誕節爲例，奴隸與主人的距離會瞬間消失。就像羅馬人一到了農神節，就不再有主人和奴隸之別。」[39]到了十九世紀，約卡努已傳遍南北卡羅萊納州，奴隸會一起走到大房子前面唱唱跳跳，向主人要錢和飲料。更別說白人的最愛——

聖誕節，正是黑人的大好機會。

在天主教方面，奴隸一看到歐洲傳統的宗教節慶，很快就懂得利用它。嘉年華期間越來越長，從聖誕節開始，不只玩到新年，還延續到二、三月的聖灰日（Ash Wednesday）。有人詳細記錄了千里達的情況。隨著法國拓荒者的腳步，嘉年華成爲當地白人狂歡的場合，但從一八〇〇年起，爲了避免白人胡作非爲，聖誕節期間實行戒嚴。[40]有色人種，不論是奴隸或自由之身，都不准舉辦自己的慶祝活動，最多只能在遠離人群處聚會：

在嚴格的規定下，自由的有色人種也受到約束，雖不禁止戴面具，但只能在私人的場合。此外，貴族階級的娛樂活動，有色人種想都別想。印地安人絕不能進入白人地區，奴隸可以旁觀……但不准參與。嘉年華是高接社群的專屬活動。[41]

奴隸膽敢違法、戴面具參加嘉年華，將處以一百下鞭刑，如果晚上戴面具出現在公開場合，懲罰加倍。[42]不過白人實在不需要實行這些嚴刑峻法，他們自己奇怪的嘉年華習俗就足以嚇走奴隸和自由的黑人——白人會打扮成女奴或農奴娛樂眾人。[43]

不知不覺中，千里達島的白人破壞了兩千年前羅馬人確立的教誨：菁英人士若涉入毫無節制的慶祝活動，與地位低落的人一起狂歡，將會危及自身作爲統治者的正當性。十九世紀初，千里達的黑人開始闖入白人的嘉年華活動，試圖挑戰對方的權威。到了一八三四年，黑人終於可以全程參與。在解放的那一夜，黑人根據自己習俗與目的改造節慶活動，帶入自己的音樂、諷刺劇以及源自非洲的圖騰。那年的嘉年華，黑人參加者演了一齣諷刺劇，內容頗有種族歧視的意味，用來嘲笑島上的白人士兵「品味極差」。[44]

後來在巴西也發生同樣的反制行動。當地有位奴隸曾是非洲王子，他過世後，奴隸們便在葬禮上舉行跳舞儀式。這個活動一直延續下去，到了一八八〇年代，黑人便拿起鈴鼓等打擊樂器，準備發起新的嘉年華遊行。[45]在千里達與巴西，黑人開始參與嘉年華後，白人的反應是「撤退到屋裡」，就如同歐洲貴族不想看到低下階級亂糟糟的嘉年華。此後白人自己舉行假面舞會和饗宴。當地報紙千篇一律寫道，白人的舞會是「高貴的」，黑人慶典則是「野蠻的」。

在我們的想像中，十九世紀加勒比海地區黑人所帶領的嘉年華，應該是充滿活力與色彩。但不幸地，我們只找得到白人觀察者的文獻，內容令人失望。他們抹煞了黑人在舞蹈編排與服飾裝扮上的藝術創造性，只是主觀地認爲活動中充滿暴力、失序與猥褻的舉動。千里達的報紙在一八七〇年提到：「那些參加活動的人像野蠻人一樣哭喊尖叫，手持火把來回在鎮上奔跑，好像惡魔從火中逃出來一樣。禮儀之邦的人不該有這樣的行爲。」[46]

在白人的文獻中，我們實在看不出來嘉年華有哪些部分是源自非洲、哪些部分則是歐洲傳統。一方面，隨著嘉年化的流行，兩種元素不斷交錯、互相影響。更重要的是，只要是白人不喜歡的活動，都會說是非洲來的。事實上，在黑人的嘉年華活動中，白人所討厭的那些部分，在形式和功能上和法國中世紀的嘉年華非常相似——特別是用角色扮演和諷刺劇來抨擊當權者。在千里達的嘉年華活動中，最受歡迎的是跨性別變裝。一八七四年有份白人的報紙這麼說：「那些戴面具、穿著男裝的女孩有好幾百人，多到數不清，都是在作賤自己。還有很多男人，通常是最下階層的人，大搖大擺穿著女人的衣服，走路時候還會踩到下擺。」[47]這挑明要是威脅白人。黑人利用嘉年華的場合侮辱女士，嘲笑她們的品味，以表達對莊園制度的不滿。某位歷史學家寫道：「這些搗亂分子精心變裝，模仿總督、大法官、檢察總長、律師、知名的板球員和其他社會名流。」[48]

同樣地，類似歐洲傳統慶典，加勒比海的奴隸與自由的黑人也會利用嘉年華作爲武裝起義的場合。歷史學家伊利莎白・芬恩（Elizabeth Fenn）指出，英屬加勒比海奴隸的發起的反抗運動，百分之三十五都策劃在聖誕節期間起事，「這是美洲奴隸的特點，和拉度里、戴維斯研究的法國農夫與工人不同」。[49]早在一八〇五年的聖誕節，千里達就爆發過的奴隸叛亂，主事者據稱是奴隸團體康沃伊斯（convois），該社團成立的目的是「一起跳舞與玩樂」。[50]古巴也有類似的社團，稱爲卡比多司（cabildos），主要負責規劃嘉年華遊行，不過一八一二年和一八三五年起義也是它策劃的。[51]白人越來越怕暴動，連溫和的約卡努慶典都不放心。在一八三三年出版的小說中，有位牙買加民眾描述道，聖誕節前政府在首都京斯敦（Kingston）進行軍事演練，「在約卡努期間，要預防奴隸失控，他們可能會把村子燒了或劫掠一空，甚至割了他們主人的喉嚨。就算是無傷大雅的娛樂，都要小心提防」。[52]

一八八〇年代在千里達，嘉年華和任何黑人公開的慶典，都遭到統治者嚴厲打壓。不過，英國人害怕黑人反彈聲浪太大，於是逐項禁止，先是打鼓、遊行、跳舞、戴面具，最後連拿火把也不准。警察執行這些法令，往往會跟遊行者發生暴力衝突，例如有次在王子城（Princes Town）的慶典，跳舞的女人嘲笑警察，五百多個群眾朝他們丟擲物品，「有些還裝著穢物」。結果警察開火，殺了兩個人。幾個月後，警察又在一個東印地安人和黑人的慶祝活動攻擊群眾，殺了許多人。53

延續狂熱傳統

嘉年華提供良好的機會，讓非洲人得以保存傳統與宗教。學者無不認眞研究討論，非洲有多少宗教觀念與儀式越過大西洋存活下來。黑奴被迫離開母國的聖殿和聖地，集體崇拜的機會也被剝奪，僅存西非宗教與習俗的記憶。然而奴隸主認爲，奴隸就跟家畜一樣得費神照顧，還得挪出空間安置。這些失根的非洲人擷取了一點基督教元素，再混合記憶中家鄉的宗教，創造出新的宗教：巴西的坎東布萊教、加勒比海的伏都教、賽泰里亞教、歐畢教（Obeah）、尚戈教（Shango）。北美的黑人教會不斷地從白人教會吸收元素，但仍保存非洲的音樂風格和集體敬拜。

伏都、坎東布萊與賽泰里亞等宗教的黑人信徒，表面上會崇拜天主教的聖人，暗地卻把他們當成非洲眾神靈，從神學上來看，它們是「融合」、「混血」的宗教。但我們更關切的是這些宗教的集體儀式，從遠古宗教的風格來看，它應該類似於戴奧尼索斯慶典。這些狂熱宗教包含舞蹈儀式，參加者身體隨著音樂律動，藉此進入出神的狀態，彷彿感到自己被附身或與神融合。對多數的歐洲觀察家而言，這些會讓人出神的舞蹈儀式，看起來像是瘋狂、放縱的舉動，充滿情色意味。舉例來說，一九二九年有本海地小說記下了激動的伏都儀式：

火炬的紅光下，月色顯得蒼白，黑色的肉體跳躍、尖叫、扭曲。個個血脈賁張、性慾高漲、鬼哭神號，喝得酩酊大醉，跳得頭暈目眩，慶祝他們黑色的農神節。他們的頭詭異地向後擺動，好像脖子斷了一樣，白色眼珠和牙齒閃閃發亮。隨著活動進行，男男女女各自捉對離開圓心，彷彿再也控制不了情緒，紛紛逃入森林分享、滿足他們的極樂。54

人類學家對狂熱體驗又愛又恨，他們都同意，事實上，伏都和坎東布萊的教徒專注又有紀律。本書一開始提到，民族誌學家阿爾弗雷德・梅特勞非常不安地懷疑，伏都的信徒是否患了歇斯底里症。他精確的觀察如下：

這些儀式像是一種困難的運動，需要運用全身的力量，不容許個人做出亂七八糟的姿勢。在整個祭典中，透過不同的儀式，神明會數度被召喚出來，他們在適當的時候一定會出現。所以信徒若要達到出神的境界，一定得遵守嚴格的規則。神明應該附身在主辦者的家族成員身上，如果隨便找人附身，這個神就會被「請」走。[55]

參加者要經過訓練才知道如何進入出神境界，以及什麼情況下神明會來附身。有位研究加勒比海文學的學者如此描述伏都儀式：「這種（附身）的經驗、突然湧上的交流感受，不是精神分裂的症狀，也不是病癥，而是嚴格訓練與學習的成果。不是每個人都能被附身，因爲不是每個人都知道如何回應神的要求與期待。」[56]很多白人都錯了，這些地區性的宗教狂熱儀式不是瘋狂轟趴，而是依循古老傳統，精心孕育出的宗教「技藝」。

美國黑人的宗教儀式多半受到西非文化影響。[57]在加勒比海地區，由於歐洲人輸入非洲奴隸，地方宗教所傳承的狂熱儀式都是來自非州。至於當地的原住民加勒比人與阿拉瓦人（Arawaks），他們被歐洲疾病傳染，又被歐洲人虐待，一一死去，顯然不適合當勞工。歐洲人十六世紀抵達巴西時，發現坎東布萊教徒也借用了印地安原住民的狂熱儀式。早期法國的旅行者發現，巴西的印地安女人（不清楚是當地哪一個部落）聚在一起，圍成一圈唱歌與跳舞，接著口吐白沫，「忽然被惡魔給附身」。[58]巴西的非洲人努力維繫傳統，比如坎東布萊教是傳承自約魯巴與達荷美族的傳統，他們認爲附身是必要的儀式，這樣才能把非洲的神明召喚到這裡來。[59]奴隸不能逃回非洲，但宗教能把非洲送來，至少讓他們在回憶中體會到自由。一位十九世紀的觀察家寫道：「唱歌跳舞時，他們忘了自己的病痛與束縛，只記得他們的家鄉和自由的時光。」[60]

像嘉年華一樣，在整個十九世紀，零星散布各地的宗教也成爲抗爭者的基地，從歐洲人的理性觀點來看，原因很清楚：透過宗教儀式，奴隸找到集會的藉口；宗教團體讓隸屬不同主人的奴隸得以組織起來；宗教訓練有助於培養領袖，男女都有。因此，坎東布萊教成爲十九世紀巴西的「革命中心」，[61]古巴島上的奴隸起義，也與賽泰里亞教的集會活動有關。千里達則是以歐畢教爲主，幾次起義都是由宗教領袖與教徒帶領的。[62]海地各大教派所鼓動的革命最壯觀也最成功。[63]伏都教徒常在晚上舉行舞蹈儀式，以此召集奴隸，在一八〇三年海地獨立之前，法國殖民者不斷查禁這類活動。革命領袖之一，桑巴·布克曼（Samba Boukman）本身是伏都祭司（houngan），是非洲神明「洛亞」（loa）的代言人。海地人在狂熱舞蹈與出神境界中，回憶起自由的感覺，這是他們起義的動力之一。

狂熱革命

受到殖民者壓迫的人起而反抗、維護傳統，但這不代表他們是保守分子。人類學家注意到，在殖民帝國統治下，人民反而更想發展新的、具挑釁意味的狂熱宗教。我們應該把地方教派，如伏都教，當成新興宗教，畢竟它混合了非洲與歐洲的宗教元素。許多類似的新興宗教壽命不長，但多少都是要反對白人的統治。在殖民政權的協助下，傳教士消滅了當地的宗教習俗、搗毀神殿，把小孩拉進教會學校。結果，當地人還是放棄教會，寧願去參加「魔鬼儀式」，可想而知傳教士們有多麼失望。對此，人類學家大多認爲，在殖民主義的壓迫下，被殖民者藉由狂熱的崇拜儀式，以逃避他們眞實處境中的恐懼。因此，集體的狂熱活動可說是一種逃避主義。

無論怎麼解釋，從歐洲人踏上新大陸之後，狂熱的千禧年教派不斷興起，當中很多都延續到今日。在非洲，有些獨立教會採納了這種組織形式，和零星散布在美國的教派一樣，結合了基督教與地方宗教元素。這些教堂經常由女性領導，「與傳教士設立的教會唱反調，信徒穿戴白色的披肩與頭飾，在鼓聲伴奏下，反覆吟唱。他們還強調神靈的治療力」。[64]

以狂熱儀式回應白人的征服，這個全球性的現象遍及印尼、美拉尼西亞（Melanesia）、北美和非洲。在北美，威斯康辛州北方的梅諾米尼印地安人（Menomini）在一八七九年創造了「夢幻之舞」，其核心儀式便是圍繞著一個象徵聖靈的大鼓：「敲打的節奏漸漸加快，全場氣氛達到最高潮，舞者越來越興奮，越來越狂熱，感覺所有人融爲一體。」[65]一八六〇年後，原住民還興起「神鬼之舞」，從派尤特族（Paiute）開始，傳到夏安（Cheyenne）、休休尼（Shoshone）、蘇族（Sioux）等部落。在這種舞蹈儀式中，核心的活動是引導眾人進入出神狀態：

神鬼之舞的參與者，不論男女，都會彩繪自己的身體，上頭的花紋代表他們接收到的神祕訊息。眾人圍著一個圈圈，雙手手臂靠在左右兩旁的肩膀上，一跳起舞來，節奏律動便會傳到每位參與者的身上，彷彿所有人合爲一體。隨著舞蹈進行，個人的情緒馬上傳遞到彼此身上，眾人一起進入狂喜與出神的境界。這個舞蹈通常都在晚上舉行。[66]

有些原住民發動更劇烈的革命。以毛利人（Maori）爲例，在英國統治下，他們原本已改信基督教，但一八六四年，他們創立了自己的吼吼教（Hau-hau）。英國的拓荒者原本打算從事農耕來賺錢，但土地上卻住了毛利人。英國人很不滿，決定用非基督徒的方式對付毛利人，把他們從村莊裡趕走，上千人因此流落在外、飢餓而死。毛利人拿起武器反擊白人，還集體脫離教會。他們一起投入新的吼吼教，它結合傳統信仰與一些傳教士的教誨，唱的歌曲則「參雜著希伯來語、英語、德語、希臘語和義大利語」。同樣地，它的核心儀式也是舞蹈。義大利的民族誌學者維托里歐・蘭登納立（Vittorio Lanternari）寫道：「爲了讓參與的人達到狂熱的狀態，所以要一起跳舞。」[67]想入教的新人得先圍在聖柱附近：

天氣炎熱，新人們非常緊張，信徒的喊叫聲與舞者急切的步伐聲反覆迴盪，他們漸漸被催眠了。眾人抬起他們的身體，接著往空中拋去，直到他們失去意識。他們醒過來後，便有資格入教，立即加入打擊英國人的行列。[68]

在那幾十年中，許多人類學家和學者都不願深入研究這些儀式，甚至感到厭惡。

畢竟，跟傳言不同，圍成圈跳舞不能讓人槍砲不侵，也不能使殖民者乖乖坐上船離開。從典型歐洲觀點來看，這些都是「非理性」的行爲，恐怕都是心理疾病。[69]人類學家露西・梅爾（Lucy Mair）發現，千禧年與狂熱教派的腦中充滿「幻想」，常常會「歇斯底里」，這些都是心理疾病患者常見的症狀。[70]蘭登納立比較有同情心，但他也認爲，被殖民者的狂熱教派是「集體性的精神病」，是「逃避的工具」。[71]當代社會學家布萊恩・威爾遜（Bryan Wilson）講得更不客氣：

> 貨物崇拜（Cargo cults）等落後民族的行爲，常伴隨觀察者所謂的歇斯底里與瘋狂狀態出現。無疑地，某些環境可以引發這些反應，但我們無法說這些不是自發的舉動……順道一提，從社會學來看，這些舉動實際上唯一可以帶來的救贖，是精神上的安慰。[72]

但需要心理學家來解釋的，不是「落後民族」的儀式，而是這種自鳴得意的歐洲傳統論調。畢竟，對於中世紀的嘉年華暴徒來說，被殖民者叛逆的舞蹈儀式並不奇怪。附帶一提，十六世紀德國的重浸派信徒（anabaptist）本來能在明斯特街上得意洋洋地跳舞，後來卻被「正宗的」新教徒制止。十六世紀到二十世紀之間，西方人對革命的概念有極大的轉變。中世紀歐洲的農民，就跟十九世紀全球的被殖民者一樣，認爲革命是一種驟然巨變，從社會底層發起，目標是廢除可恨的階級，「把世界顛倒過來」。宗教改革後，歐洲專制君主擁有龐大的軍隊和警察機關，發動革命變成非常吃力的工作，需要好幾個月甚至好幾年的時間。同樣地，任何人要發動戰爭，則需要有紀律的士兵與戰前規劃。

歷史學家麥克·沃澤認爲，到了近現代，革命要成功，起事者得具備精進、專注、自制等等性格，就如喀爾文不斷灌輸的教誨。一些西方成功的革命者顯然就符合這些條件，比如先前提過的英國革命領袖克倫威爾。他本身就是喀爾文教徒，治軍嚴格，一再地申斥士兵不可貪圖玩樂。雅各賓黨的領袖羅伯斯比爾（Maximilien de Robespierre）討厭集會時沒有秩序，尤其是吵吵鬧鬧的人群，但這在法國大革命期間實在很難避免。他的革命伙伴路易·德·聖茹斯特（Louis de Saint-Just）說到，理想的革命家一定要符合清教徒的標準，「擇善固執、體察人心、節儉單純、重榮譽、保持清醒，不可感情用事」。[74]列寧強烈反對革命者「不修邊幅、粗心、不整潔、不準時，還有性生活不檢點」。[75]列寧說，作爲領導者，革命家得將自己視爲管理者，要懂得掌控全局。[76]對羅伯斯比爾和列寧來說，革命事業最重要的儀式就是「開會」——參與者端正坐好，唯一能做的事情，就是遵照嚴格的議事規則發表意見。唱歌、跳舞、失神擺盪，這些活動只會令人分心，忘記手邊的事業。

喀爾文式的革命精神強化了西方人對於被壓迫者與被殖民者狂熱儀式的厭惡。這當中還有許多面向。透過拘謹、強調軍事化的西方革命精神，二十世紀中期幾次反殖民運動因而成功。不過這種精神卻可能使領導者走向獨裁，他們害怕無秩序或非理性行爲，把自己當成「掌控全局」的領袖，一步一步將成爲暴君。我們可以從效益主義的角度來說明狂熱儀式在西方革命中重要性。就功能上來說，這些儀式成功地使參與者產生強烈的團結感受（許多文獻都證明這一點），政治行動要有效果，最基礎的工作就是讓眾人團結一致。就算參加者懷抱的是「幻想」，或只是出於「狂熱」，都能加強運動的效果。藉由伏都附身儀式，農工與神合而爲一，賣菜的女人另一個身分是女祭司，他們都是可怕的對手。

如果西方人認爲狂熱儀式只是無關緊要的消遣，與「國家大事」無關，那麼白人統治者何苦處心積慮地打壓這些活動呢？唯一的解釋就是，白人統治者自己是「非理性的」。殖民事業長久以來的共同特徵，正是這種「白色歇斯底里症」，只要有他們的地方，當地各種大小宗教和神祕活動就會被嚴厲地打壓。在非洲，只要是「異教」、「過於熱情」、「具有非洲風格」的宗教活動，殖民政權一概禁止。首位爭取獨立的非洲基督領袖是剛果女性唐娜・碧翠斯（Donna Beatrice），但在一七〇六年被比利時人活活燒死。在一九二〇年代，比利時人判處另一位爭取獨立的非洲先知西蒙・金朋古（Simon Kimbangu）終身監禁。英國人則是騷擾非洲的守望台聖經組織（Watchtower movement），因爲該組織的成員會在夜晚打鼓、吟唱與說方言。[78]在美洲，十八世紀末，千里達的英國總督開始調查歐畢教，相關人士都被燒死、吊死或割掉耳鼻。[79]拿破崙指示海地當局，一定要根除伏都教；[80]葡萄牙的殖民政府騷擾並壓迫坎東布萊教徒。[81]

在某些情況下，統治者查禁地方宗教，只是因爲信徒的歇斯底里表現，或情緒太過激動。「神鬼之舞」對白人根本毫無直接的威脅，他們的教義甚至包括「不得傷害任何人」、「不得打鬥」等道德律令。[82]但顯然地，美國政府不覺得這些人是和平主義者，還打壓他們的生存空間，把一切紛亂歸咎於一八九〇年蘇族的反抗行動，當中還包括慘烈的傷膝河（Wounded Knee）大屠殺。這也難怪，一想到十九世紀末死去的印地安同胞即將歸來，神鬼之舞的信徒就會變成威力無比的大軍。

歐洲人四處打壓狂熱儀式，是出於非理性的過度反應，或者白人們眞的感受到了威脅呢？在加勒比海，殖民政權始終厭惡非洲打擊樂，他們似乎確實評估過，這種鼓可能會破壞治安。一八八四年，千里達的英國殖民政權下令禁止民眾打鼓，還在報紙上提出警告：「文明人會因這不斷重複的野蠻鼓聲而躁動起來」。[83]但筆者推測，這番舉動背後應該是有理性的軍事考量，當局者禁止跳舞、狂熱活動的同時，「一般聚會人數不可超過十人，更不可攜帶棍棒等武器聚眾集會」。[84]在古巴，美國占領軍在一九〇二年禁止「來自非洲的打擊樂器」，接著又把禁令擴大到「所有非裔古巴慶典的舞蹈」，因爲「那是野蠻的象徵，還會擾亂社會秩序」。[85]十八世紀中期，南科羅萊納州政府禁止打鼓，是有其軍事考量，因爲奴隸會用鼓作爲遠距離的溝通工具。

在西方傳統的理性觀念與學科教養下，我們認爲，全球各地反抗奴隸制度與殖民統治的舞蹈與宗教儀式是膚淺、毫無威脅、也沒有政治意義。既然如此，我們又有什麼資格提出批評呢？就算被壓迫的人在狂熱的宗教儀式中僅僅獲得威爾遜所謂「精神上的安慰」，我們還是得承認，對於失去傳統、土地和自由的人來說，這種安慰已經很難得。人類學家劉易士寫道：「在各地區不同的文化中，我們一再發現這種專爲弱者而生的神祕力量。如果他們得不到土地，至少讓他們有辦法平衡不滿，彌補他們在法律上的不公平待遇。」[86]

以近代的狂熱宗教爲例。一九五六年的種族隔離南非，一名祖魯礦工創立了錫安使徒見證會（Full Witness Apostolic Church of Zion），其主要儀式是繞圈跳躍。這個儀式殖民前就有了，是部落的入會儀式：「信徒不斷繞圈旋轉，漸漸增強爲一股動力，像發電機產生靈性的能量一樣……在節奏的驅動下，繞圈活動讓信徒的心理產生變化。肢體緊密的結合也消弭了參與者之間的界線，使他們的動作整齊劃一，眾人合爲一體。」[87]有個左傾的人類學家建議這些信徒去加入非洲國民大會（African National Congress），有些人還眞的照辦了。他們在宗教儀式中唯一找到的，也許只是片刻間無上的喜悅，但這已經很了不起了。他們咬緊牙根，在艱困和受壓迫的生活中尋求樂趣，是相當大的成就，達到狂喜狀態更是一種榮耀。

然而，從征服年代開始，一直到現在，這樣的成就越來越少。原住民很努力要保存傳統儀式，也努力要延續各種狂熱、叛逆宗教運動的火花，但綜觀這段歷史，仍充滿著文化滅絕與集體傷痛。古代的儀式被禁止，融合性的宗教被邊緣化、被逼得地下化，受到宗教啓發的革命教派被摧毀。以本章開頭提到的大溪地人爲例。十八世紀末，大溪地人用傳統的慶典來嘲笑兩個來自西班牙、想使他們改信基督的神父。他們嘲笑道，可憐的基督徒是小偷、笨蛋，是「甲殼動物」（這些罵人的話經過翻譯喪失了原有的力道）。[88]幾十年後，神父走了，嚴厲的傳教士來了，大溪地人完全被馴服。傳教士吹噓說，在他們調教下，當地人已經改掉輕浮的個性，還放棄跳舞儀式。[89]

俄羅斯航海家貝林司高普（Thaddeus Bellingshausen）在一八二〇年造訪大溪地時發現，當地人居然穿著歐式服裝，男人和女人都剪了頭髮。歷史學家艾倫．穆爾黑德（Alan Moorehead）說：「顯然傳教士認爲，一頭烏黑亮麗、垂到腰際的秀髮不衛生。」紋身不合宜，更不可以喝酒，此外，「自由戀愛是不知羞恥的行爲，基督徒的罪惡由此而生」。傳教士應該很有成就感，「再也沒有人跳舞、演奏大溪地的音樂，連編織花環也不准」。[90]大溪地人被「改造」後，不只改變信仰，也徹底被擊敗了，唯一能做的只有偷喝悶酒。

人類學家李維史陀在一九五〇年中期《憂鬱的熱帶》一書中悲嘆道，破碎的文化、破敗的經濟以及憂鬱的人民，導致酗酒與自殺人數增加。[91]跟這些破壞比起來，集體儀式和慶典被查禁似乎沒那麼嚴重。但要評估歐洲帝國主義的影響時，「狂喜的技藝」——不靠白人的科技和物品就能引起信徒們無上的喜悅——一定要被列入損失當中。

第九章　法西斯集會

現代可以說是後慶典時代，群眾還是會大量地聚集在一起，希望能體會到合一、提升的感覺，至少當成消遣活動。這樣的場合可能是體育活動、演唱會、戲劇演出、遊行或名人公祭這類公開儀式。現代所有大型集會中，最惡名昭彰也最討人厭的，是一九三〇年代納粹與義大利法西斯的群眾大會與宣誓活動。這些集會之中，尤以納粹每年在紐倫堡舉辦的黨代表大會最甚。目擊者提到，數十萬名納粹的忠實擁護者聚集在一起，追求「狂熱」的體驗。

一九三四年的紐倫堡黨代表大會中，美國記者威廉・夏伊勒（William Shirer）體會到希特勒成功的原因，「二十世紀德國人的生活單調乏味，他以羅馬教會為典範，再創炫目、多彩、神祕的集會活動」。[1]黨代表大會為期一週，沒有任何討論或思辨的流程，以免干擾「神祕」的效果，只有遊行（主要是士兵和納粹領袖）、軍事操演和激勵的演說。晚上的活動才是高潮。納粹建築師阿爾貝托・施佩爾（Albert Speer）設計了一座巨大的石柱運動場，頂頭還有一隻巨大的老鷹，納粹的旗幟到處飛揚，還有一百三十盞防空探照燈，照亮運動場。[2]「在明亮的夜晚裡，」夏伊勒相信：「參加代表大會的人卸下內心與靈魂的武裝，到達日耳曼人所知的最高境界……在神祕的燈光下，那個奧地利人神奇的聲音一出現，他們日耳曼民族完全合而爲一」。[3]

那個奧地利人當然就是希特勒，在精心安排下，他的進場與演說充滿戲劇效果，是全場活動的高潮。根據夏伊勒的報導，希特勒一進入大會會場，樂隊便停止演奏，全場肅靜。樂隊倏地吹起巴登進行曲（Badenweiler March），這是希特勒進場的專屬樂曲，當「強光打在舞台上時」，接著演奏貝多芬的艾格蒙特序曲（Egmont Overtune）。[4]他的演說可能只是一串口號：「流遍祖國的鮮血！」、「我們犧牲的英雄！」等等，過程中，熱情逐漸升溫，眾人狂亂了起來，不斷重複高喊「勝利萬歲！」（Sieg heils）。在這種情況下，即使敵對的法國大使安德列・法蘭索瓦・龐瑟（Andre' Francois-Poncet）也忍不住驚嘆：「熱情滲透這個古老城市，非凡的喜悅占據了成千上萬的男男女女，他們身上滿是浪漫的熱情、神祕的狂喜與神聖的幻覺！」[5]

不過，深深烙印在我們心中的，除了狂喜的群眾對著瘋狂領袖高喊「勝利萬歲」的畫面，還有無數受難者的墳塚以及飢餓的身軀。納粹黨代表大會成爲現代集體亢奮的象徵，也改變了社會科學的觀點。涂爾幹曾深深著迷於「集體亢奮」（collective effervescence）的現象，但在林霍爾姆看來，涂爾幹「太天眞了」。林霍爾姆指出：「當代群眾運動在社會心理學界留下極大的陰影，學者備受打擊，無不把集體亢奮視爲惡魔的化身。」[6]歷史學家麥克尼爾補充說：「二次世界大戰以來，西方世界對希特勒等法西斯主義非常反感，與各種政治與意識形態有關的姿勢、動作都令人擔心。」[7]最近有些修正派的社會心理學家認爲，法西斯主義的危害使得社會學界的人認爲「群體本身就是危險的」。[8]

非學界的人也認爲，光「紐倫堡」這個字就讓群眾變得歇斯底里，再加上演技絕佳、魅力無比的講者，這群人什麼暴行都可能犯下。在網路上搜尋「紐倫堡集會」，找到的不僅是歷史事件，還有各種令人興奮的大型活動，有人就用這個字來嘲諷超級盃、搖滾演唱會和奧斯卡頒獎典禮。一位左翼分子描述右翼的以色列集會是「猶太人的紐倫堡」；[9]有個不太好笑的脫口秀主持人評論說：「我覺得自己好像在紐倫堡黨代表大會，每個人的笑聲就像在高呼勝利萬歲。」[10]一九六八年，《紐約時報》一段文章批評滾石樂團演唱會「根本就是紐倫堡！」小說家萊斯利・艾普斯坦（Leslie Epstein）思索何謂運動狂熱，包括他自己對棒球的熱愛，寫道：

自我瓦解、超越、萬眾一體、人我合一的感受。這樣天真、反璞歸真、返老還童的喜悅，難道不存在於紐倫堡大會的迴響聲中……再者，「裁判去死」這股衝動不下於「殺了猶太人」吧？[12]

艾普斯坦不認爲這是自己的創見，那不過是老生常談罷了：「早在佛洛伊德研究之前……人人都知道，加入群眾，就是允許自己回歸原始本能的生活。」

但知識分子開始譴責群眾運動，也不過在紐倫堡大會一百五十年之前，當時的政治環境與納粹非常不同，幾乎是完全相反。法西斯大會讚揚暴君，法國大革命則是要推翻暴政。法西斯主義用最粗暴的方式體現政治權利，法國革命孕育出當代左派的概念，政治立場從此有了「左」與「右」之分。紐倫堡大會與法國大革命決定性的行動（如攻占巴士底監獄），兩者之間只有一點點的相似處：都在戶外，都有大量的人民集結，都是「群眾運動」。

從現代人的角度來看，法國大革命的起義群眾還算溫和（即使他們是民主先驅），但他們的行動如浪潮，震驚整個歐洲宮廷和莊園。一群衣衫襤褸的人，多數餓著肚子，只想要點麵包，就成功推翻波旁王朝。業餘的法國社會學家古斯塔夫・勒龐（Gustave Le Bon）回顧十九世紀末期後，他認爲，群眾發起革命的理由，例如爭取食物或討厭舊政權，都不是理性的。他們單純就是瘋了，因爲群眾的本質就是瘋狂。個人一進入人群，「就進入特殊狀態，就像被催眠一樣，在催眠師的操作下，感受到奇妙的感覺」。在那個當下，大腦就會「麻痺」，「人開始無意識地行動，成爲中樞神經系統的奴隸」。[13]現場集合的不是「眾人」，而是一堆神經組織，沒有什麼比這個更「原始」的了。

勒龐一八九五年的著作《烏合之眾》成爲歷久不衰的社會科學暢銷書，他並沒有見證革命，也沒有參考任何歷史學家或目擊者的說法，但他的描述彷彿就像站在陽台上觀看一樣。他的書充斥著我們今日會直接當成歧視的論斷，舉例來說，他認爲群眾「像女人家一樣」不理性，容易走向極端。[14]他也不認同低下階級發動的熱血革命，反對法國大革命爭取的平等以及各種形式的民主。他寫道，同時代的那些群眾，純粹只是「想要徹底毀了現存的社會而已」。[15]儘管如此，這些意見並無損勒龐的權威，成爲西方思想的主流。佛洛伊德對集體行爲的看法都傳承自勒龐。

因此，知識分子對群眾的既定看法都非常相似。無論是衷心地在紐倫堡爲希特勒歡呼，或爲了麵包在法國發起革命，都和殖民地「野人」的狂熱儀式沒兩樣。早期的傳教士認爲，狂喜的「野人」是被惡魔附身了。後來心理學家說，群眾中的個體都被「去個人化」了，退化成幼稚的狀態，完全憑感覺，極容易被牽著走。惡魔不是不流行了，只是多了科學的解釋。佛洛伊德年輕時在巴黎目睹街上的群眾，他寫道：「我相信他們被一千個惡魔附身了……他們是一群有精神流行病的人，歷史上的暴亂都有相同問題。」[16]作爲個人，我們都是理性且文明的人，但如果聚在一起，原始的惡魔就來攪和了。一九三四年的紐倫堡大會導致猶太人大屠殺，一七八九年的法國大革命帶來恐怖統治。它們連同北美的摩霍克族（Mohawk）戰舞、澳洲土著的成年禮儀式，一起被歸爲狂野、有殺人傾向的一類。

和嘉年華、戴奧尼索斯的祭典相比，一九三〇年代的法西斯集會也是一種集體歡愉嗎？人們聚會、舉行儀式和慶典，一同追求超越、放下自我的體驗，是否會失控出現暴力行爲，讓整個活動走調呢？

我們先從一個重要的區別談起。大型的法西斯集會並不是慶典或狂喜儀式，它們是由一小群領導者規劃的黨代表大會，是爲了教化眾人。這類政治集會有段莊嚴的歷史，它至少可以回溯到羅馬帝國，領導者藉著圓型運動場（circus）和雄壯威武的遊行來提升公民的忠誠度。中世紀天主教教會利用多采多姿的慶典和遊行活動達到同樣效果，由穿著華麗的教會官員帶頭，重人抬著聖人的塑像遊街繞行。在大型的集會中，行進隊伍會帶著一些引人注目的物品，羅馬人則是帶著銬上鎖鏈的囚犯和牢籠裡奇異的野獸，但那些只是裝飾，整個活動要傳達的核心訊息，是成千上萬的人同時聚在一起。到了電視時代，播報員也會慎重地提醒我們，上億人都在觀看足球比賽或頒獎典禮。

德國導演蘭妮・萊芬斯坦（Leni Riefenstahl）拍攝紀錄片《意志的勝利》（*Triumph of the Will*）記下了遊行的過程，片中所呈現氣氛，明顯的不是慶典。片中大多數的「動作場面」都是穿著制服的男人列隊穿越街道和公共場所。一般民眾的畫面也不少，穿著傳統服飾的女人快速經過，上千名國營事業的員工穿著制服編組行進，鏟子則放在肩上像扛步槍一樣。其他的場景多半在晚上，高官排成長長的一列，輪番演說，伴著大量的音樂，不過大部分都是行進曲。這就是整部影片的內容，雖然我們不確定那是否算得上是一部「電影」。如同許多德國納粹和義大利法西斯集會一樣，紐倫堡大會唯一展示的是軍隊，它是唯一合法的集會遊行。

將近二十萬人參加紐倫堡大會，他們來這裡要做什麼——在街上列隊，當希特勒的車隊經過時，微笑、歡呼、行納粹禮。遊行隊伍經過時，他們一字排開守在街上。換句話說，他們唯一的角色是歡呼的觀眾。

進一步想，《意志的勝利》裡的群眾還有其他功能，畢竟電影是由各個遊行場面組成，他們是黨代表大會場景的一部分，更別說希特勒和他的黨羽非常享受從高處俯瞰集結的群眾。即便如此，個人的角色也只限於群眾中的小螺絲釘。男人或女人只能做出伸直手臂敬禮的動作；當希特勒的敞篷車經過時，只要稍微在眾人當中往前移動，就立刻會被一群警察逮捕。每天黨代表們一開始行進時，群眾就集結在定點，再度等待與觀看，像是上劇院一樣，但沒有座位。他們非常規矩，不敢亂動，實在不可能把他們與二十世紀的運動迷和搖滾樂迷搞錯。歷史學家喬治·摩斯（George L. Mosse）如此描述：「在這些精心設計的禮拜儀式中，他們就像演員一樣。」[17]

在慶典活動中，觀眾和群眾的角色不同。在群眾裡，人們意識到其他人出現的意義，正如勒龐的猜測，有時候也會受到其他人鼓舞，做出自己不敢嘗試的舉動。相反地，理論上來說，觀眾不需要彼此照應，對方只是一群不相干的人。演講、表演或大型集會吸引觀眾前來，在一片漆黑中，他們彼此被隔離開來，還被警告勿和旁人交談。法西斯大會應該是要助長團結和歸屬感，但就實際流程來看，其實是把全國的人都找來當觀眾了。

法國大革命時期的慶典

非常諷刺的是，勒龐並未注意到，二十世紀法西斯大會的原型是來自於法國大革命。他著迷於群眾自發性的行爲，還加上許多想像，但無視於許多大型愛國集會背後其實有組織良好的派系。這些人大多數都很冷靜，爲了奪權或維護權力而規劃集會活動。就法國大革命來看，我們應該小心區別官方的組織集會和自發性的慶祝活動。大型的愛國集會主辦者宣稱舉辦的是「革命慶典」，但這類活動不是延續自傳統的嘉年華慶典，當中也沒有興奮的街坊民眾。事實上，主事者不打算深化傳統，愛國集會從頭到尾，都是爲了反對和取代生動的節慶。

就法國大革命來看，它本身包含很多節慶式的群眾行爲。十九世紀的歷史學家對法國大革命有不同的見解，但他們至少都同意，這場革命帶有「酒神節」或「農神節」的特色。一七八九到一七九四年間，歐洲下階層的傳統嘉年華達到歷史高點：人民規劃慶典，設立象徵符號（例如五月花柱），成爲革命的溫床。他們用政治起義作爲慶祝的場合，穿著象徵工人的翻領短夾克（carmagnole）在街上跳舞、唱革命歌曲、大吃大喝。就連變裝這項嘉年華傳統也出現了，市民戴著三色的革命徽章，穿著低下階級的服裝。一七八九年，爲數眾多的女性抗議者在凡爾賽宮前遊行，據說，隊伍回程時，由一個小女孩打鼓領頭，讓這次遊行變成遊街慶祝活動：「漁婦坐在大砲上，其他人戴著士兵的帽子；酒桶放在火藥桶旁；枝枒插在槍托上；歡笑、叫囂、喧鬧聲此起彼落。這趟旅程的熱鬧景象，只有古代農神節可以比擬。」[18]

法國大革命那幾年，權力是個棘手的東西，取得或短暫擁有它的團體都很煩惱，該怎樣調和民眾的能量，不讓這力量反過來和自己作對。平民自發的行動推翻了國王，促成國民議會上台掌權，但並非就此長坐江山，特別在那饑荒時期，人民也可能再次發起行動反對國民議會，或對付裡面的派系。早在幾十年前，盧梭就建議以公開慶典作爲團結民眾的方法，革命派的知識分子也充分意識到，需要找其他活動來取代名聲敗壞的皇室與天主教慶典。眾人都同意，與其讓人們在街上跑來跑去，不如讓他們站在路邊，看著官方挑選過的遊行隊伍行進，當中包括老人和男孩、精心繪製的旗幟、成列的軍隊。這就是「革命慶典」背後的動機。不讓民眾跳舞、喝酒、送秋波，讓他們聽演說，有時齊讀人權宣言，當中沒有狂野和自發性，取而代之的是嚴肅與秩序。

規劃官方革命慶典的人，對傳統慶典、嘉年華總是抱持敵意，顯然這些人有其他考量。某方面來說，組成國民議會的革命派知識分子，也是被「傳統」和許多舊式體制排擠的人。他們廢除傳統的教會曆法，取而代之的是自己發明的月份，例如牧月（Prairial）、熱月（Thermidor）；十天爲一週，星期日稱作十日（décadis）。對革命政權而言，嘉年華時節「純粹出於古代王室的偏好，只爲了搞些吵吵鬧鬧的活動」，活動中充滿迷信，是「神棍」的溫床。[19]這些都要掃蕩一空，革命中理性與不可動搖的價值才能存活下來。

他們對傳統慶典產生敵意，不只是急著要推動現代化，或者懼怕另一次政治動亂。革命領袖是另一個社會階級，不同於老百姓（menu peuple），他們帶有知識分子的驕傲，輕視一般人的娛樂。這些雅各賓黨人後來掌握權力，把革命推向恐怖的血腥高峰，當中不乏受過教育的新興中產階級，包括律師與記者，這群人和在大革命中流血流汗的農夫與工人很不同：「中產階級的雅各賓黨讚揚一夫一妻制，譴責行爲放蕩、飲酒、賭博、嫖妓的人。不過，老百姓都在廉價酒吧找樂子，用賭博消遣時間，在單調的工作後獲得一點點放鬆。」[20]如同宗教改革時的清教徒，雅各賓黨將傳統慶典視爲「野蠻行爲」，浪費了原本能夠用來工作的時間。歷史學家莫娜．歐祖弗（Mona Ozouf）說：「對他們來說，最棒的傳統慶典就是拿著挖礦的鏟子盆子敲敲打打，群眾塞滿廣場和街道。從事野人的『運動』，例如獵鳥、肢解鵝。有人戴上恐怖的面具，更多人猙獰地搶食麵包和香腸。總而言之，庶民的娛樂令人困惑，說難聽一點，簡直是冒犯了理性原則。」[21]歷史學家克里斯托弗．希伯特（Christopher Hibbert）描述雅各賓黨的領袖聖茹斯特是「剛硬、面色凝重、冷酷、令人討厭、聰明的年輕人」。[22]聖茹斯特認爲慶典活動「骯髒下流又無用」，乾脆禁止人民舉辦。[23]

不過這次雅各賓黨人沒機會使用斷頭台（他們一向用這個方式解決問題），只好盡可能剷除一切他們認爲浪費、不莊重、老舊的慶典活動。他們丟掉聖人曆，忘了聖誕節跟復活節，禁止跨性別變裝（這可是嘉年華最古老的傳統），反對人們立五月花柱，即使是爲了革命也不行。他們派遣專人到各省去調查傳統慶典，並負責在當地舉辦官方的慶典活動，但這些努力都沒能獲得大眾的青睞。歐祖弗引用當時一位目擊者對這些事情的看法：「官方慶典活動的主辦單位總是在尋找民眾，但每年若以聖約翰、聖馬丁、聖本篤的名義舉辦，像以前那樣允許跳舞、飲酒和變裝，民眾不需召集就會踴躍參加。」[24]官員解釋說，他們的任務當然會失敗，畢竟過去就連教會都無法限制傳統慶典：「即使是神父驚人的口才也無法動搖嘉年華的地位。」[25]

雅各賓黨人這麼痛恨教會，居然會做出這番表白。在慶典這個問題上，革命黨的官員承認他們與拘謹、反動的天主教站在同一陣線。雅各賓黨在一般政治意義上是「革命分子」，但談到感官層次和容易失控的集體歡愉，他們又變回高壓政權。歷史學家梅德林・賈沃斯（Madelyn Gutwirth）認爲，他們就像尤瑞皮底斯戲劇中打擊酒神女祭司的底比斯王：「革命分子……在他們道德外衣底下，卻和苛刻的彭透斯如此相像。」[26]

雖然官方革命慶典的根本目的是打壓傳統，但這些主事者並非一丘之貉。事實上，這類活動變化非常多，除了強調愛國和團結外，他們的政治或哲學立場並不相同，各自代表不同的派系陣營。保守派的慶典強調法律與秩序，無神論者進行的是「理性的慶典」，雅各賓的節慶充滿教誨意義，旨在鼓勵公民美德。就大眾娛樂的角度來看，這些慶典有的冗長乏味，有的歡欣鼓舞。在群眾要求下，官方於一七九〇年舉行慶典，以紀念一年前七月十四日眾人攻占巴士底監獄。此次活動盛況空前，被譽爲首次「聯合慶典」。

雖然如此，這次巴士底之役紀念活動，革命政權是在不情願下舉辦的，因爲他們害怕群眾聚集會導致突發的暴力衝突。「經營革命事業，」法國大革命其中一名領袖米拉波（Mirabeau）警告他的夥伴：「困難的不是如何發起，而是隨時保持戰果。」[27]因此，官方規劃聯合慶典的目的是要「封存」革命，終止這項混亂的群眾行爲。在巴黎的主要慶祝活動中，主辦單位拒絕自認爲不合宜、可能會造成動亂的提案，不讓女性參加，還試圖限制慶典的多樣性，只剩下冗長乏味的閱兵儀式。

但參加者還是衝破官方的限制，好幾千人到巴黎朝聖，當中包括各階層的人，不管是穿著絲綢的中產階級淑女還是普通的工人，大家都在戰神廣場（Champs de Mars）同心協力準備慶典。十九世紀英國歷史學家卡萊爾說：「這才是手足之情，眾人融合在一起，人我之分都消弭了。」[28]和諧、熱情的精神遍及整個國家。革命派領袖卡米爾・德穆蘭（Camille Desmoulins）非常驚訝，七月十四日巴黎的官方遊行活動持續了兩小時之久。不只如此，遊行之後的數日，民眾自發辦起嘉年華派對，一起跳舞，演起諷刺劇。十九世紀的歷史學家朱爾・米榭勒（Jules Michelet）描述了在聖昂戴奧（Saint-Andéol）的慶典：

人們奔向彼此的懷中，手拉著手跳著法朗多舞（farandole）。每個人都熱情投入，沒有例外。這股風潮傳遍了鎮上、深入田野、穿過阿爾戴什山（Ardèche），通往羅納河（Rhône）的草原。風吹拂過街上，桌子一張張就定位，食物也準備好了，所有人在晚上都聚集在一起，參加這場愛的盛宴，讚美上帝。[29]

有些人批評米榭勒美化了革命，至少有一點他是對的，一七九〇年夏季這幾天的慶典中，「沒有人只是站在旁邊看，人人都參與了」。[30]食物和酒取之不盡，大城小巷都有人在跳舞，連田野間都有人。這是人類歷史上最美好的一刻，展現了無窮的生命力。

在慶典的光譜上，最八股的那一頭是一七九四年的「至高無上者慶典」（Festival of the Supreme Being），主辦人是雅各賓黨的領袖羅伯斯比爾，目的是要對抗無神論者的「理性慶典」（Festival of Reason）。這場遊行過程冗長，由衣裳華麗的羅伯斯比爾帶頭，遊行隊伍中有孩童、抱著嬰兒的母親，參加者絕不能穿上象徵無產階級的無套褲。在其他城市的遊行隊伍中，各行各業的人帶著工具出現。遊行花車上有真人演員（tableaux vivants）進行政令宣導，比如何謂理想的法國家庭。有人唱著愛國歌曲，還有人發射禮砲。羅伯斯比爾發表了三場冗長的演說，引起群眾抱怨和訕笑。歐祖弗強調，整個活動完全沒機會讓個人發揮創意：「活動中，各式各樣的規定都有，鉅細靡遺……小女孩的頭髮怎麼整理、給她們的花束樣式、花紋動章要別在哪裡，都有規範……」[31]

法國大革命時期的慶典多彩多姿，有時政治立場還互相衝突，它們不只是政治派系的宣傳活動，同時也是傳播各樣訊息的媒體。十八世紀末沒有電視、收音機，只有尚未成熟的報紙（刊出的演講稿倒是很受歡迎），要大量地傳達訊息，就要在戶外聚集人群，對著他們演說，現場還要有象徵性的符號（例如代表自由和理性的女神），居間穿插振奮人心的音樂。法國大革命期間各種活動的元素，像是遊行、列隊、音樂、演說，都繼續沿用到後來的愛國集會跟慶典，即使在強大的電子媒體時代，它們依舊是應景的內容。無論是羅馬或紐倫堡的法西斯大會，或是二〇〇二年英國女王登基五十周年，甚至某個美國小鎮民眾慶祝國慶日，都是取材自法國大革命時期的官方慶典。

娛樂眾人的軍隊

不管是哪個派系舉辦的法國大革命慶典，軍隊隨著進行曲遊行，是當中最重要的活動。行軍作爲娛樂場面，這個想法可回溯到革命之前。早在十七世紀末期，路易十四就將閱兵與操練納入宮廷儀式。[32]比較民主的瑞士於一七六〇年就開放讓民眾觀賞軍隊行進，「作爲一種國家慶典」。[33]盧梭也敦促法國人效法瑞士。如我們先提到的，革命派對此很熱衷，把軍隊遊行發展爲展現民族主義的必要活動。

軍隊遊行能成爲富有教育意義的場面，要歸功於法國大革命兩個世紀之前，奧倫治親王莫里斯高度紀律的軍事操練。中世紀後期軍紀散漫的士兵搖搖晃晃走過街上，大概沒什麼娛樂價值，但操練過的阿兵哥就不一樣了，不管有沒有音樂伴奏，他們都能夠整齊劃一、踏著精準的步伐行進。在軍樂隊的伴奏下，軍隊遊行更令人興奮，儘管觀眾在街上或體育場裡不能有太多動作。早期歐洲軍隊要振奮士氣只能靠短笛和鼓聲，軍樂隊來自伊斯蘭教世界，十八世紀初期才來到歐洲生根。歐洲人從土耳其得到大鼓、銅鈸、鈴鼓還有服裝風格。爲了加強視覺效果，皮膚黝黑的土耳其樂師纏著絲質的頭巾，穿著顏色鮮豔的制服。歷史學家史考特·麥爾利（Scott Myerly）說，軍隊遊行因此多了「東方異國情調」。[34]

操練後的軍隊成爲大型集會的場景，拿破崙戰爭則創造了這項需求。拿破崙的軍人謹遵守法國大革命的核心精神：人民不再只是國王的附屬品，而是國家的公民。什麼是國家？班納迪克·安德森（Benedict Anderson）提出的看法令人信服。他認爲，享有共同血緣、語言與傳統的人民，不見得就可以組成國家，許多追求團結的國家，例如十九世紀的義大利和德國，就缺乏其中幾個要素。同一個地區、同一種族，不見得就會「自然」形成國家，那是需要費力建立的。古往今來的國家都是「想像的共同體」，那是一種神祕的統合概念，其中包括符號（例如旗幟）、紀念碑、共同的經驗（例如革命或戰爭）、歌曲等。雅各賓黨召集作曲家爲國家慶典寫出新的軍樂，我們可以說這就是在「建構國家」。有趣的是，一七九五年法國政府選定的國歌，不是受到大眾喜歡、讓人翩然起舞的革命歌曲〈成功在望〉（Ça Ira），反而是適合行進的〈馬賽進行曲〉（La Marseillaise）。

民族主義便是由想像的共同體所激發的情感。在象徵性符號的催化下，民族主義通常會引起犧牲、超越的精神，許多學者認爲這與宗教非常類似。這種「新興宗教」一成立，馬上就可以激盪出強烈的手足之情，它的儀式最能凝聚這種感情，這也是法國大革命時期慶典的主要目的。革命時期的象徵儀式，如複誦愛國誓言、請年輕的女孩扮成自由女神坐上花車，這些都消失了，愛國慶典後來只剩下軍隊遊行。拿破崙戰爭時期，這股風潮席捲歐洲，各國紛紛舉辦這種宣誓意味濃厚的活動。麥爾利提到，拿破崙戰爭開打不久後，閱兵就變成英國「重要的娛樂方式」，與軍事無關、更親民的集會越來越少。[35]

作爲表演者，軍人也開始打扮，以適應這種新角色。十九世紀前，軍人都不願穿上一致的服裝，他們多數是傭兵，穿了就很難開小差。拿破崙戰爭一開打，制服卻流行了起來，就軍事上來說，它有助於分辨敵我。不過，十九世紀制服上擦得閃閃發亮的銅釦，容易成爲敵人瞄準的目標，但這個缺點不礙事，表演的效果比較重要，畢竟軍人在戰場上的時間不多，大多都在遊行讓人觀賞。

自然而然，表演中最亮眼的，就是穿著鮮豔制服與戴著華麗頭盔的軍人。在今日巴黎的軍事博物館，人們會發現，十九世紀軍人頭盔上裝飾的熊皮和羽毛，足足讓人多一英尺高。這種服裝不只在戰爭中非常笨重，三不五時還會在遊行活動中造成反效果。麥爾利提到：「威靈頓公爵戴著第一侍衛專用、將近兩英尺高的熊皮頭盔，上面還插著大根的鵝毛參加閱兵……在上萬的觀眾和軍人面前，一陣風吹來，公爵就這麼摔下馬。」[36]

和法國相比，英國人也同樣熱愛列隊操演。一八一一年的溫布敦閱兵典禮，二十萬個觀眾慕名前來看兩萬個軍人踏步。一八三〇年，爲了彰顯國王的榮耀所舉辦的閱兵大典，民眾更是「多到無法形容」。[37]除了精心設計的列隊操演，士兵一般的勤務，如衛兵交接，也能吸引好奇的觀眾。一名愛丁堡的律師回憶道：「一八〇三年戰爭期間，從某角度上來說，每個人都變成軍人了。男人講的、想的都是操演和閱兵。」[38]女人則被穿著華麗制服、騎著駿馬的年輕軍官所吸引。每個人都跟著軍樂擺動，有位觀眾說道：「它讓我們血脈賁張，充滿美好的想像。」[39]就連社會學家羅伯特・布拉奇福德（Robert Blatchford）也讚揚公開的軍事操演能夠促進觀眾的團結感：「人們在合一與袍澤精神中感受到力量。」但他也諷刺地說：「實際上，這種團結的感覺在是國家帶頭發起的，而不是人民。」[40]

就表面上看來，列隊操演也是一種嘉年華。有「扮裝」——就是軍服，瑞士禁衛隊的軍服就是取材自嘉年華丑角的裝扮。也有「舞蹈」——就是行進，士兵也是跟著音樂做動作啊。時至今日，行進與舞蹈交互影響成爲一種表演形式，舉例來說，美國的節慶場合一定會有的儀隊跟啦啦隊表演，以及黑人大學生專屬的踢踏舞（stepping dance）。雖然如此，列隊操演與傳統嘉年華的目的完全相反。傳統嘉年華旨在嘲諷社會階級，列隊操演卻是要強化它。

以遊行集會作爲統治手段

十八世紀、十九世紀之交，愛國集會活動越來越精彩，年輕的希特勒和墨索里尼自然受到薰陶。他們倆都曾在一次世界大戰中服役，感受到列隊操演和軍隊遊行電流般的威力。他們也很熟悉勒龐的理論，但不知他們是否特別注意到其中最危險的想法。勒龐認爲，群眾具有瘋狂且不可預測的特性。但是要走上獨裁之路的兩人，都樂於用他的理論來訓練自己成爲群眾的領導者，並且學習如何說服群眾。[41]勒龐斷言，正因群眾不理性的特質，「意志堅強的人便懂得如何利用他們，讓他們逃不開掌控」。[42]透過一些簡單的煽動技巧，例如不斷宣講直白的概念，領導者就能依他的意願改造群眾。描述集體瘋狂時，勒龐還是以法國大革命的群眾爲例，卻沒注意到他們是爲自由才起而反抗。勒龐堅持：「在群眾的靈魂中，想要被奴役的渴望，遠遠超過渴望自由。群眾熱愛服從，只要有人宣稱自己是主人，他們馬上投懷送抱。」[43]對於正在學習當個獨裁者的人來說，這當然是個大好消息。至於勒龐的另一段話就不用放心上了。勒龐也觀察到，想要藉由操弄暴民、掌握權力的人，「容易激動、過度緊張，精神時好時壞，在發瘋邊緣」。[44]

還有一些人認爲，集體亢奮與邪惡的法西斯兩者脫不了關係，但事實上，希特勒和墨索里尼都不是藉由勒龐所擔心的暴民行動取得政權。在法國大革命中扮演重要角色的「暴民」，都是單純的小老百姓。但在二十世紀法西斯主義興起的過程中，主事者則是透過準軍事組織行使暴力——在德國是自由軍團（Freikorps）與褐衫隊；在義大利是精銳部隊勇敢者（Arditi）和黑衫軍。他們消滅與之敵對的社會主義分子，威脅自己國家的人民。反對派的領袖不是被打就是被暗殺，辦公室還被炸掉。反對派一舉辦遊行，法西斯就派流氓去鬧場打人。

對希特勒和墨索里尼來說，大型集會不只爲了鼓動人民以進行戰爭動員，更是治理的工具。德國和義大利都是極權國家，談不上有什麼民主氣氛，但這也不代表獨裁者禁得起罔顧民意的後果。一七八九年會爆發法國大革命，就是因爲波旁王朝的君王把法國當成是私人財產。法國大革命給後世執政者最大的教訓就是：哪怕人民對國家大事一點影響力也沒有，也要鼓勵他們認同國家。當時新興的媒體——收音機與電影，成爲政府宣傳法西斯思想的利器，但這兩者無法讓人民覺得自己直接參與到政治，而這就大型集會的功能：創造一種參與的假相。閱兵可以展現國家的實力；獨裁者發表演說，藉機宣布新的政策，現場人民則歡呼表示支持。誰想要民主投票？過程繁複又會引起分裂。

因此，定期、頻繁舉辦大型集會是必要的，新日曆上的國定假日一到，就一定有活動。據我所知，雖然沒人算過這些集會的花費，但一定非常龐大，光是大多數民眾停工一天，國家的損失就很大。大型集會如此頻繁，林霍爾姆評論道：「希特勒要將德國變成一個巨大又長久的大型集會。在萬眾期待下、壓軸演出的，當然是他本人。」[45]當時某位觀察家也有類似的看法，他認爲墨索里尼的大型集會是「法西斯義大利的主要產業」。[46]義大利鄉鎮的市場和德國都市的中央廣場，以前都是用來舉辦生動活潑的嘉年華與宗教慶典，今日則成爲新民族主義的大舞台，背景則是義大利的古羅馬遺跡，以及兩國新建的紀念碑。

跟雅各賓黨人一樣，納粹和法西斯也討厭其他形式的慶祝活動或休閒娛樂。眾所周知，納粹禁止了搖擺樂，他們非常憂心，種族音樂的節奏居然如此流行：

> 無論是哪種場合，音樂的節奏都不可以如黑人音樂般激烈（如爵士樂），演奏時也不准有個人獨秀橋段。爵士樂曲只能有百分之十的切分音，其餘必須是自然的圓滑奏。音樂裡不得有原始種族音樂裡那種歇斯底里的反覆樂句。德國人不應演奏即興重複，以免被黑人的本性影響。[47]

對他們來說，更困難的問題是如何面對傳統的教會娛樂活動，畢竟它們可是正正當當雅利安民族的傳統。一九三九年，納粹黨報上的一篇文章表達了對聖誕節的苦惱：

從習俗和大眾觀點兩者來看，聖誕節理所當然是祖國的節慶……雖然如此，我們也必須體認到，所謂的聖誕佳節，不只是要讓國人從事低俗的娛樂活動。戰前，酒吧常舉辦綜藝之夜，最受歡迎的是抽獎以及讓軍人演搞笑劇，光靠這些活動國家怎麼會強盛？另外，魔術師、吞劍這些表演都要禁止。[48]

至於傳統節日，納粹官方看似容忍，但暗地裡卻大力阻撓。歷史學家邁克爾・伯利（Michael Burleigh）寫道：「在天主教地區，納粹最不能忍受的，就是聖人日、朝聖和宗教遊行。」[49]納粹故意地在教會節日同一天安排希特勒青年團的活動，強制民眾都得參加；或取消節慶當天的火車班次，讓大家都到不了目的地。

義大利沒有經歷過宗教改革，慶典傳統根深蒂固，法西斯黨徒非常煩惱。一九二六年，墨索里尼宣布：「時候到了，我們該停止這些儀式、聚會和慶典。」他說，這些活動一點都不嚴肅。一年後他正式下令，慶典、遊行、嘉年華、紀念日、傳統節日、演講等活動一概禁止，當然與他有關的活動還可以進行。[50]顯然這些禁令不是完全有用，法西斯黨的祕書阿希爾・斯特拉奇（Achille Starace）只好在一九三二年進一步禁止晚宴上的綜藝秀以及跨年派對。這些活動一點都不「嚴肅」，人們還因此冷落了法西斯規定的年終紀念日（每年的十月二十九日）。斯特拉奇的論調與十七世紀喀爾文主義者一樣，他警告參加宴會的人，絕不可利用大眾集會來放鬆，甚至在聚會後跳舞助興——法西斯集會絕不會有舞蹈。[51]民眾還是可以跳傳統舞蹈，但只能在清醒狀態下，在「健康」、「充滿法西斯象徵」的場合進行。法西斯青年報提到：「舉例來說，羅馬人慶祝葡萄酒豐收時，絕不允許當中有野蠻人的活動。他們在歡喜慶祝豐收時，絕不會色情、放縱的行爲汙染活動。」[53]

墨索里尼虛情假意地說，官方大型集會以外的慶典會耗費眾人太多時間，讓民眾太勞累。[54]忠心的法西斯黨員也感到疑惑，國家舉辦的集會活動不好嗎？爲什麼民眾還需要其他的慶典？希特勒與墨索里尼都誇大自己的成就，認爲他們的大型集會產生的心理效果，並不亞於神明顯靈。理論上，每個觀眾都應該全然地失去自我，沉醉在更大的共同體中，也就是國家。在義大利，法西斯領導者希望將所有民眾熔爲「一個有機的整體」，用法西斯的話來說，就是聚成一個同質的實體，而不只是個人的大集合。[55]希特勒也清楚表示，一定要將大眾結合成單一組織，這樣的轉變對個人是非常有益的：「個人不再有任何專屬的空間與權利⋯⋯個人小確幸的時代已經過去了。在我們國家社會黨的聚會中，講者和聽眾融為一體，還有比這更大的幸福嗎？」[56]

獨裁者宣稱大型集會能帶來喜悅，不過他們卻不讓觀眾和遊行者跟隨自己的脈搏舞動。集會現場到處都是警察，活動只是照本宣科的流程，參加者都不是自願的。諾特海姆（Northeim）的納粹官員強硬表示：「任何公民都不准待在家裡。」[57]希特勒的傳記作者約翰・托蘭（John Toland）指出：「一九三四年參加紐倫堡大會的黨員都是精挑細選過的，名單幾個月前就確定了。每個人都有自己的編號，搭乘的卡車、座位也都指定好了。紐倫堡周邊的城市有一個大帳棚，每個人行軍床的位置也指定好了。九月四日的典禮開始前，數千名黨員不斷排練，務求完美演出。」[58]納粹上台之前的勞動節慶典，群眾很容易失序，「四處遊蕩、唱歌演講」，但一九三三年納粹上台後的勞動節活動，「勞工們像在工廠裡那樣守紀律，自動排成隊伍、行列、方陣，聽從指揮號令，留意分格線的範圍：一、二、三、四……」。[59]在義大利，「活動過程中，秩序與時間最為要緊，並依照墨索里尼抵達與離開火車站的時間詳加規劃」。[60]連觀眾的服裝都有規定，絕不能穿得像去參加嘉年華一樣，男人最好穿著代表法西斯的黑色襯衫。法西斯幹部還下令，「典禮要簡樸，氣氛要嚴肅，絕不可以有鋪張的宴會和招待會」。[61]

我們很難判斷納粹與義大利法西斯集會對個人的影響。回憶錄並不可靠，法西斯集會的目擊者經常避重就經，不願詳談參加時的感受。當時的媒體受到國家控制，它們的報導也不見得可靠，還可能偏往另一個極端，誇大群眾的熱情與數量。以一九三二年的法西斯集會爲例，《義大利人民報》（*Il Popolo d'Italia*）便發揮了它眾所周知的誇大能力：

> 在高遠處，空軍中隊緊密圍成一個圈圈，像一頂皇冠一樣，妝點這次壯麗的集會。觀眾目不轉睛盯著空中操演的每個動作。飛機如雷般的引擎聲，與響亮的開場曲及法西斯歌曲融合在一起。威尼斯廣場水洩不通。音樂和不斷的「啊啦啦」（alala，法西斯口號，無意義）震耳欲聾。人們呼喊著領袖，激動不已……
>
> 群眾不斷增加，廣場已經擠滿，五萬人叫著的墨索里尼名字，等待他出場……樂隊彈奏起〈青年〉（Giovinezza）。旗幟飄揚。墨索里尼出場了……「領袖！領袖！」呼喊聲隨音樂的鏗鏘不斷攀升。62

我們也不能相信《意志的勝利》。它所呈現的一九三四年紐倫堡大會，是經過精心剪輯的。導演萊芬斯坦只想呈現引頸期盼的臉、讚嘆的微笑——悶悶不樂的孩子和雙腿酸痛的觀眾都消失了。

現有的零星資料指出，當法西斯大會的新鮮感消失時，觀眾與參與者也越來越不情願投入。有位歷史學家研究鐵路票根後，發現某些參加集會的群眾並非自動自發前來，而是聽令搭火車到集會地點「充人數」。[63]另一位歷史學家提到：「義大利的法西斯大會宛如集體儀式，不斷重複一樣的動作，有些人當然會覺得厭倦與不耐煩。」[64]一九三四年，媒體大肆報導佛羅倫斯的法西斯大型表演「18-BL」。軍方特別派出一個空軍中隊、各旅士兵，還有五十台全新的法雅特18-BL卡車。整個活動卻是個大失敗，當時的評論家說，這個表演的結果是「讓大眾更討厭這樣的集會」。[65]同時，一九三三年德國納粹的勞動節慶祝大會：

> 遊行路線上的某些路段，一旁只有少少的一排旁觀者。納粹的政治性表演太過突兀，不適合勞動節。許多人觀察到，街道在這一天變成舞台，唯一的服裝就是藍色罩衫，演講者的談話和姿態很僵硬，一切都按照劇本走，觀眾因而死氣沉沉。[66]

歷史學家彼得・夫契澤（Peter Fritschze）引用一個工人的話，他被要求參加這個集會：「我一離開隊伍，旁邊的人立刻跟我走。活動一結束我們跑回家了。」[67]

至於偉大的紐倫堡大會，根據近年來德國歷史學家的研究，這些集會「冗長又陳腐」，只是爲了要操弄群眾。二〇〇一年，「紐倫堡納粹集會文獻中心」（Documentation Center Nazi Party Rally Grounds）開幕，我們才得知納粹大會的另一面，萊芬斯坦要不是沒注意到這些場景，就是都剪掉了。許多娼妓湧入大會所在地，性傳染病攀升；公共廁所不足，僅有的幾間更是骯髒不堪。[68]要是表演本身又臭又長，就會有很多人在一旁在喝啤酒。警察逮到很多「幹部」在破壞噴水池——可能是把它當成廁所了。[69]一九三五年後，連納粹自己都對愛國大會失去興趣，不只花費昂貴，還不見得每次都能達到「神祕效果」：「要打造氣氛絕佳的大型集會，需要很多元素，包括夏夜閃爍的星空……熱情的觀眾、排練完美的合唱團，精心編排的軍隊遊行——但是只要下一場雨全部就都毀了。」[70]

近現代的統治者想利用愛國大會——從法國大革命時期的慶典到一九二〇、三〇年代的法西斯大型集會——取代傳統節慶，但從以上種種描述看來，我們可以肯定地說成效不佳。失敗的原因和意識形態沒有太大的關係，不論是左翼的法國大革命，或是二十世紀惡毒反動的法西斯政權。失敗的是他們所用的手段：無止盡的遊行、閱兵、激情的演講。我們甚至可以說，這些手段本身就在傳達某些訊息——權力、軍事主義、團體至上，但時間一久，這些訊息就變得令人厭煩。

就算當作單純的娛樂活動，愛國大會也不夠格。首先，愛國大會是非常嚴肅的場合。傳統嘉年華則帶有顛覆性的幽默，平民扮成大官，和平地嘲諷當權者，享受幾天的放縱。但我們在這一章所提到的愛國集會就沒這麼輕鬆，羅伯斯比爾舉辦的慶典充滿清教精神，絕不會有嘲諷劇，更沒有人敢把希特勒演成「蠢蛋王」，騎著驢子在街上倒退走。嘉年華的愉悅完全不見，法西斯舉辦的這類愛國大會，只是要讚揚國家權威，是要灌輸公民美德，或讓人民感到敬畏。

愛國大會可以換個樣子，少點訓話，更繽紛、更趣味輕鬆嗎？當然可以，二〇〇二年英國女王登基五十周年就是一個絕佳的例子，除了一般的軍事操演（飛翔而過的戰鬥機），流行歌手、華麗舞者帶來一連串的綜藝秀，皇室成員也展現私下常人的一面。但比起參與度高的活動，大型集會本身能提供的體驗還是很有限。在中世紀晚期的嘉年華中，每個人都能巧思扮裝來顯現個人特色，有些人則展現搞笑的本領，舞者和運動員也盡情展現自己的天賦。你既是觀眾，也是表演者。但只有展演活動的集會，就算表演的創意再多，也無法讓觀眾參與。他們不過是被動的群眾，沒人會注意到個人的一舉一動。所有的注意力都放在場中央：遊行、演講、元首抵達時的激情場面。

相較於參與度高的活動，集會活動的觀眾似乎就是處處受限、毫無成就感。但我們不必如此悲觀。一九三〇到四〇年的愛國大會之後，不出一個世代，後節慶時代的西方年輕人將會大舉反抗，不願再當被動的觀眾，更讓人意外的是，他們將開始復興古代的狂歡節慶。

第十章　搖滾革命

不管多麼強力、徹底的打壓，萬事萬物總是會找到重生的方式。一九五〇年末到一九六〇年初，美國白人文化被一陣「歇斯底里狂潮」襲擊，有識之士警告，那是猥褻、墮落的行為，甚至會危害治安。這種失控的行為不應該發生在二十世紀中期的美國與英國。這兩個社會都背負著十六世紀清教徒的包袱，都曾在殖民地打壓傳統的狂熱慶典，美國人還奴役他人。也許正因為過去白人成功去除了「外來的」狂熱文化，因此當它捲土重來時，白人便無招架之力，不自主地起身搖擺、又跳又叫。

打從一開始，叛逆的搖滾客就表明立場，絕不可以乖乖坐著參加活動，也不用尊重坐著不動的人。不論在哪裡，只要有人開始演奏這種「新音樂」——至少對大部分的白人來說是新的——少年人就會從椅子上跳起來，開始哼唱、尖叫，要不就是做些政府會當成「暴動」的行爲。琳達・馬丁（Linda Martin）和克里・賽葛瑞（Kerry Segrave）在其著作《反對搖滾：搖滾樂的對立面》（*Anti-Rock: The Opposition to Rock 'n' Roll*）提到：「大多數的情況下，年輕人只是在戲院的走道上跳舞，在椅子上搖來搖去、用腳打拍子、拍手和大叫——反正就是盡情享受音樂。當局卻認爲觀眾應該乖乖安靜坐著，頂多在表演結束時拍拍手。」[1]在一九五六年，世界上最有名的搖滾樂團「比爾・海利與彗星」（Bill Haley and His Comets）一出場表演，就會引起轟動，「人人都在戲院裡跳舞，在街上唱歌，刻意惹火有關當局」。[2]在英國和美國，搖滾團體一在戲院和音樂廳表演，經理就得找來警察管好「暴民」。早期的搖滾演唱會很容易出現經典的喜劇場景：少年人一站起來在走道上跳舞，警察就追著他們、把他們塞回座位上。但過不了多久，少年人又開始坐不住了。

整個一九六〇年代，搖滾演唱會是年輕粉絲和警察對決的固定場所。傑佛森飛船（Jefferson Airplane）抱怨道：「只要少年人站起來在走道跳舞，條子立刻就拔掉音響插頭。」[3]滾石樂團的演場會一定會以「暴動」收場。溫哥華警察局長抱怨說：「滾石的那場演唱會拖得可久了，我服務三十三年來，從沒看過警察搞得這麼累。」和其他城市一樣，溫哥華警察要求掌控整個會場，包括舞台、燈光、音響。就算如此，觀眾卻是更加「凶暴」：衝向舞台、拿起滅火器反擊警察、對警察丟東西。門戶樂團（The Doors）的吉姆・莫里森（Jim Morrison）指責條子：「要不是警察在這裡，大家會跑上台嗎……他們想要攻占舞台，就是因爲下面有柵欄。」[5]不管是哪種柵欄，都只會更刺激粉絲，讓他們想更要自由行動，用身體表達意見，讓大人們害怕。只有在這個場合，他們才能混在一起，跟著音樂擺動。甚至出了會場後，繼續在街上表達意見。

當然，歌迷瘋得無法無天，搖滾樂手也是要負責的。他們的感染力太強，令人無法抗拒，一定要隨著他們的音樂跳舞、擺動。不過在大人們的眼中，那些動作實在太過無禮、驚人。流行歌手艾迪・費雪（Eddie Fisher）也很有感染力，但姿勢比較傳統，只比唱歌劇好一點，在胸前拍手或高舉雙手而已。早期搖滾樂讓人興奮得顫抖，一方面是它的節奏明快，表演者還常有性暗示的動作——前後扭屁股、甩肩膀，跳來跳去——就是讓身體「搖滾」起來。它宣告一種新音樂的誕生：創意、自由、節奏。

白人表演者中，貓王是肢體語言的先鋒，惹得以家庭觀眾爲主的艾德・蘇利文秀（Ed Sullivan Show）播出時得把他的下半身剪掉。黑人樂手波・迪德利（Bo Diddley）就沒那麼幸運。一九五八年他上各大電視台表演，但得約法三章，表演時不得有任何動作，以免破壞「莊重」的氣氛。不過現場表演一開始，他馬上忘記這項規定，大概是很難把肢體和音樂分開，結果一分酬勞也沒拿到。[6]小理查（Little Richard）則是滿場跳、還爬到鋼琴上，他外表就是瘋瘋癲癲、容易激動的樣子，又帶點中性特質，沒人期待他會安安靜靜表演。

事實上，錯愕的往往是表演者，因爲觀眾的反應搶盡風頭。搖滾史學家詹姆斯・米勒（James Miller）提到：「貓王表演得越好，他就越幫不上忙。他老是引起暴動。」《聖路易郵報》（*St. Louis Post-Dispatch*）如此描述一九五七年的演唱會：「貓王抓著麥克風架，手足無措，只好等著喧嚷的聲音停歇。」[7]幾年後，還在青春期的披頭四粉絲，則是用瘋狂的尖叫聲讓他們的英雄安靜下來。披頭四在美國巡迴時，每次表演都被尖叫聲淹沒，最後只好放棄一九六六年的演唱會，離他們第一次到美國也才兩年。

一九六〇年末，搖滾樂團開始與演唱會的場地經理研商他們的安全措施，部分是因爲害怕自己被歌迷踩死，畢竟歌迷眞的征服過舞台。就連溫和、理智的死之華樂團（Grateful Dead）也對「失控的粉絲」很頭痛，還得發傳單給現場聽眾，禁止他們衝到台上、丟瓶子、撞倒護欄，或在場外哀求免費入場。[8]搖滾演唱會成爲大型活動後，年輕人便不再願意接受從前集會的方式：藝人表演時，觀眾得安靜好好坐著。

觀眾的革命

搖滾革命的興起有好幾種解釋：戰後世代衣食無虞，生活太無聊，社會要他們服膺同樣的生活風格、思想與外表，讓他們感到窒息。搖滾樂也是在挑戰種族隔離，那不只是種族問題，還有「流行樂」（白人）與「種族音樂」（白人以外的人）的分別。歷經一九六〇年代的滋養，搖滾這種反文化遍及各地，訴求反戰與社會正義的政治運動因而更加有活力。

搖滾革命也有單純、表面上較不「政治」的那一面：「觀眾」也在反抗自己的既定角色。回顧慶典的歷史，群眾的角色發生極大的變化，以前他們在慶典的參與度很高，但在現代大型集會中只能當被動的觀眾。早在兩百年前，觀眾就已經被成功地馴服了。在十七、十八世紀之間的法國或英國，看戲的觀眾可以大聲吵鬧、評論，打斷舞台上的演出，還可以漫無目的走來走去，甚至坐在舞台正中央。到了十八世紀末，貴族對於藝術空間的想法變了，於是發明了保留席。社會學家理查·森內特（Richard Sennett）說：「他們把劇院變得死氣沉沉，再也聽不到後排的人對舞台叫囂，也不能站著看戲、邊看邊吃東西。劇院的寂靜澆熄了看戲的愉悅。」[9]

新規定下的觀眾，除了偶爾拍拍手，看表演時完全不可以有任何動作，這種禁令還影響到音樂表演。十九世紀以降，觀眾都得乖乖坐著，西方各種音樂演出的效果於是大打折扣。在軍隊遊行中，軍樂隊的演奏最具有感染力了，行進的士兵也會沉醉其中、與節奏合為一，但觀眾要守規矩——就像觀賞靜態展覽一樣，穩穩地站著，除非為了看更清楚而變換姿勢，否則盡量不要有任何動作。大多數的音樂表演都移駕到音樂廳，在這些地方，觀眾必須安靜坐著，盡量不做出任何動作。即使是微微地隨音樂律動——用腳打拍子或點頭，也會吵到旁邊的人，觀眾只好學會僵著聽音樂。

不過，觀眾可要費一番心力，才能靜止地觀賞，尤其是充滿節奏感的表演。第一章提過，近年來神經科學家發現，當我們察覺到旁人的動作時，神經網路的運作機制會致使我們做一樣的動作。[10]看到別人行進、跳舞，吹奏薩克斯風時身體擺動或者手跟著交響樂的旋律比劃時，我們都會想做一樣的動作。嬰兒自然而然會模仿其他人的動作。然而隨著年紀增長，我們卻克制自己模仿的衝動，變成守規矩的大人。不隨著音樂打拍或搖頭晃腦，並不代表我們心如止水。我們正忙著無聲地壓抑自己、控制自己的肢體動作。

有些人讚揚搖滾樂解放了性壓抑，也有人責怪它造成性氾濫。誠如有位作家所言，他認為搖滾樂「解放了性壓抑的世代」。[11]相對於中產階級白人的「主流」價值觀，搖滾樂傳達的性觀念更開放，更具黑人色彩。無疑地，二十世紀中期美國白人的性觀念是受到壓抑的，恐同就不用說了，他們在自己異性戀世界裡也是畏畏縮縮。搖滾革命肯定在許多方面與性有關，不說別的，女孩們就抵擋不了明星的魅力。不管是工人出身、「粗俗」的貓王，或是詼諧、略帶陰柔的披頭四，都給人帶來浪漫的愛情想像，遠超過和穿著卡其衣、每顆鈕扣都扣上的白人男子在車裡擁吻。除了性壓抑外，搖滾樂還要反抗更多事。整體來說，二十世紀的主流文化對肢體動作有諸多限制，不管它們是否為性暗示。

以娛樂為例，最為普遍的是坐著看電視或電影。就算有「嘉年華」，但只有投擲東西的遊戲，沒有跳舞、體育一類的活動。在二十世紀中期的嘉年華或博覽會中，所有娛樂都由機器代步，參加者唯一要做的事情就是乖乖坐好，讓雲霄飛車和摩天輪載他們在既定的路線上移動。在清教傳統主導下，信徒禮拜時也一樣久坐不動，唯一的活動就是唱聖歌。當然還是有人跳舞，搖滾樂進入白人文化前，眾人跳著交際舞——高雅的華爾滋和狐步，小團體或個人能互動、交換舞伴。住家逐漸移往郊區、汽車越來越普及，人們也越來越少悠閒散步了。不過當時沒人留意到，長期下來，久坐不動的生活習慣會造成肥胖與健康等問題。

一九五〇年代中期，體育活動仍然是展現肢體的最佳場合，特別是運動員與啦啦隊。但參加者還是以觀眾占多數，他們站在校園的露天看台上，看到好球時歡呼一下，但其他時間只能靜靜觀賞。社會不鼓勵人們展現肢體，特別是針對女性，學校裡沒有女子運動項目，就算有，通常也是基督教女年會（YWCA）或教會舉辦的。爲了減少女性的肢體表現，校方也會更改運動規則。例如女子籃球正式比賽時，僅能連續運球兩次，也禁止穿越中線。更甚者，女性在做愛時也最好保持靜止或被動。二十世紀中期，美國最普遍的婚姻指南寫到，女性在做愛時不應該有任何「動作」（原書加上引號，就是爲了強調它多麼令人厭惡）。只要談到性行爲，書裡就會用靜態的「體位」一詞。

也難怪搖滾狂潮對青少女有獨特的吸引力。貓王常引起白人年輕女性集體歇斯底里（遇到披頭四更瘋狂），她們跳上跳下，尖叫、哭喊、昏厥，甚至在偶像面尿失禁。那些大人評論家說，就病理學來看，披頭瘋是種傳染病，病菌是「外國」來的，帶原者就是披頭四。《紐約時報雜誌》一九六四年俏皮地說，女孩們只是「遵從與表達她們的渴望」。她們希望能融入群體，想要「變成一隻昆蟲」。作者得意地說，吉魯巴的風潮剛過，現在又有披頭瘋，而且，吉魯巴（jitterbug）和披頭（beatle）一樣，英文都是指某種昆蟲。[13]（一九二○年到一九三○年初，林迪舞〔Lindy Hot〕的愛好者發展出吉魯巴，兩者前者都遭受同樣的批評。凱瑟琳・斯特恩〔Katherine Stern〕表示：「吉魯巴帶走了她們。黑人的力量、黑人的勝利與歡樂氣氛讓她們激動地跳起舞來。媒體一陣喧嘩，稱之為『毒藥』、『瘟疫』、『危險的傳染病』。」二○○六年二月三日，與作者的私人通訊。）

披頭四的粉絲回憶說，她們在追星的過程中得到力量與自由。原本膽小又順從的女孩，一加入粉絲團，就能衝破警察的防線、衝上舞台。她們的行動更加證明這驚奇四人組（The Fab Four，編按，美國最有名的披頭四模仿樂團也以此為團名）是史上最成功又出名的樂團。

搖滾樂在一九五○到一九六○年產生如此的震撼力量，是因為白人把自己的世界凝結起來，彷彿易碎的冰塊——他們變得不好動，也很壓抑自己的情緒。搖滾樂流行前，中產階級青少年最常表達的姿態就是「酷」（cool），和今日一樣，這個字代表同儕對自己的認同，不過在當時還表示一種疏離和優越感。但想要享受搖滾樂，就得當下且無防備地用身體去參與，讓全身動起來，融化你的「酷樣」，才能心中西方人典型的疏離感與防備心。美國黑豹黨（Black Panther）的領袖埃德里奇・克利弗（Eldridge Cleaver）認爲，白人搖滾樂迷不過是想要重新掌握身體的自主權，找回數百年來疏離又破碎的自我：

> 她們搖擺身體，轉來轉去，扭動著她們死氣沉沉的小屁股，就像殭屍想要重溫生命的熱度。她們重新點燃生命的火花，將熱情注入毫無生氣的四肢、冰冷的臀部、石頭般的心，還有僵硬、像機械一般、年久失修的關節。14

搖滾樂與非洲的狂熱傳統

沒有搖滾樂的話，二十世紀中期到末期應該會爆發一場青年大革命。社會學家丹尼爾・貝爾（Daniel Bell）認爲，一九五〇年代，美國主流文化開始游移不定，一邊是清教傳統，另一邊則是消費文化擴張下的享樂主義。人們喜歡努力工作、把錢存下來，同時廣告商又不斷鼓勵大家應及時享樂、寵愛自己。消費文化中越來越多性暗示（以今日的標準來看還是太含蓄了），不過婚前的性探索還是不可以進行到脖子以下。這些矛盾顯示了當時社會虛僞的一面，令人作噁，可想而知，它應該會觸發大規模的文化革命。

搖滾樂的貢獻便是在這決定性的一刻加入享樂主義陣營，一同對抗清教徒的傳統教條——「延遲享樂」。搖滾樂的核心是強烈的節奏與打擊樂器，音樂一下，身體馬上有反應。搖滾樂讓人想跳舞，但可不是歐洲的波卡舞或華爾茲，它可是承接自百年來的宗教狂熱傳統。一開始，在一九五〇年到六〇年初期，人們成雙成對跟著搖滾樂舞動，這種跳舞方式是源於十九世紀的歐洲宮廷儀式。隨著搖滾樂進化，人們更自由地舞動，獨自跳舞或圍成圈、排成列。一個人起身跳舞，另一個就會跟上，不限性別，男男女女交錯跳舞，隨意交換舞伴，最後所有人湊成一團，沉浸在節奏中。

學界一致認爲，美國黑人的重要貢獻——爵士、靈魂樂、福音、藍調、節奏藍調，這些音樂的根源都是非洲本土音樂。非洲音樂、美國黑人音樂、加勒比海音樂有許多共同特色，包括多重節奏、輪唱、呼應。他們的音樂朗朗上口、充滿創意，最終形成深刻的文化傳統。這些音樂跟隨著他們橫越大西洋，讓他們得以承受幾百年來的奴役。某些別樹一幟的音樂風格，如有名的「波・迪德利節奏」（Bo Diddley Beat），啓發了白人樂手如貓王、巴迪・霍利（Buddy Holly）、米克・傑格（Mick Jagger）和布魯斯・史普林斯汀（Bruce Springsteen）。許多搖滾樂的元素都可以追溯到西非，「波・迪德利節奏」則來自古巴。[15]

我們在第八章提到，非洲傳統音樂的特色就是與舞蹈有密切的關連。美國許多黑奴來自西非與中非，在他們社會中，音樂是用來跳舞，不是用來欣賞的，就連表演者彈奏樂器時也會跳舞。

非洲音樂和舞蹈不可分割，許多非洲語言對這兩個字也沒有區別，反倒有大量的字彙描述音樂（或跳舞）的形式、風格與技巧。[16]早年警察在演唱會場維持秩序時，也許沒想到搖滾樂的起源，一聽到這種音樂，人們怎麼可能不跳舞或隨著節奏擺動。

在加勒比海群島和巴西，非洲音樂和舞蹈傳統在新宗教裡找到歸宿，像是混合了歐洲天主教與非洲神話的伏都教和坎東布萊教。在北美，同樣的非洲傳統則居然是保留在新教的場合。黑奴會接受新教。是因爲除了在田裡勞動，他們唯一獲准參加的集體活動就只有上教堂作禮拜。[17]不過白人信徒不跟黑人一起作禮拜，也常忽略他們的需求。黑人基督徒便以非洲傳統的宗教舞蹈和音樂爲基礎，發展出自己特殊的敬拜形式。其中一個是聖舞（holy dance，或稱爲繞圈呼喊舞〔ring-shout〕），它通常包含拍手、踏步以及跳躍等動作，十九世紀初維吉尼亞州的復興大會就已有這類儀式。[18]有位在莊園傳教的黑人牧師寫道：「很難描述我們的敬拜方式。除了唱歌，我們還做一些看似狂熱的動作，如拍手、搖頭晃腦。」[19]

在傳統的基督教禮拜儀式中，從沒出現過類似的活動，畢竟早在十三世紀，天主教官方就禁止信徒在教堂裡跳舞了。有些資料明確指出，繞圈呼喊舞和西非異教儀式一樣，不只是要做出狂歡的動作，還要讓精神進入狂喜的狀態。歷史學家艾伯特・拉博托（Albert Raboteau）寫道：「進行繞圈呼喊舞時，眾人圍成圈圈，繞行的過程中藉由拍手、頓足、搖擺身體打拍子，反覆唱著充滿節奏感的歌曲。參加者會覺得精神慢慢脫離身體，完全進入狂喜的狀態，彷彿時間與空間都消失了。」[20]十九世紀，有位白人看到非洲奴隸表演繞圈呼喊舞，他描述道：

會眾一個接一個溜進圓心，開始「呼喊」（其他人繼續圍圈、繞行、唱歌、拍手）。過了一段時間後，現場氣氛由熱情轉爲狂亂，體力較好的男人和女人留下，疲累的人漸漸退出、站在外圈拍手，鼓勵圓心的人繼續呼喊。[21]

到了十九世紀末，許多剛剛重獲自由的非裔美國人想要得到別人的尊重，所以減少一些激烈的宗教儀式，「禁止大呼小叫，勸信徒不要太過熱情，改唱平靜的聖歌」。[22]

主流的黑人教派變得保守起來。與此同時，聖潔運動（Holiness Movement）興起，傳統的狂熱敬拜儀式再次流行起來，治病、預言、講方言、附身，宗教舞蹈都回來了。[23]聖潔運動啓發了二十世紀初跨越種族的五旬節運動（Pentecostalism），也將黑人的通俗音樂——散拍、爵士和藍調——帶進教會，伴奏樂器則有爵士鼓、鈴鼓、薩克斯風和吉他。

福音音樂興起於一九三〇年代，比起舊的靈歌更流暢與完整，但同樣需要表演者與會眾用身體參與。福音樂團團長托馬斯·多爾西（Thomas A. Dorsey）說：「別讓音樂沒有動作，黑人音樂就是要動起來！」[24]馬哈利亞·傑克森（Mahalia Jackson）寫道：「我要我的雙手、雙腳、整個身體一起說：我就是音樂！『別讓惡魔從主那裡偷走節奏！』主不希望看到我們死氣沉沉。你也感受到活力，動動你的腳，爲主的榮耀而跳。」[25]一九五〇年代，民權運動準備要衝破種族隔離，搖滾樂正在白人文化興起。黑人知識分子主張，非洲的傳統音樂與肢體動作不只是一種藝術，也是集體生存之道。例如在《六月解放日》（*Juneteenth*）一書中，拉爾夫·埃利森（Ralph Ellison）筆下的英雄希克曼牧師對群眾發表演說：「跟著節奏，就是跟隨生命的腳步……跟著節奏，你就不會感到沒力。跟著節奏，你就不會迷失……有了音樂，他們就無法將我們拆散。」[26]作禮拜時一起打拍子，在這種音樂風潮下，可想而知，觀眾就不再只是坐著觀賞表演。有學者認爲：「西方文化中，表演者與觀眾間的籓籬被打破了，兩者互動、成爲一體，共享這場表演。」27

這就是搖滾樂的價值——「參與感」，根植於傳統的狂熱宗教。一九五〇與六〇年代的黑人搖滾樂是「節奏藍調」，著名歌手有小理查、雷·查爾斯、艾瑞莎·富蘭克林（Aretha Franklin）。包括他們在內，許多黑人樂手同意黑人教會音樂對自己的影響，也輕鬆跨足世俗音樂與教會音樂。貓王也致力於創作福音歌曲，但其他白人歌手就沒有這麼勤勞，常常從黑人歌手那裡偷取創意，卻沒想到那些原本是宗教歌曲。但總之，音樂風格就這麼串連起來了。黑奴帶來狂熱儀式，接著在教會中創造自己的禮拜方式，把節奏與藍調帶入流行音樂，最後傳到白人搖滾樂手，造成白人青少年「暴動」。幾百年來，歐洲人與美國人打壓、排擠傳統的狂熱文化。不過，當搖滾樂迷踩上椅子、跳來跳去時，彷彿是在宣告這股熱潮再次降臨。

反對、勝利與衰退

不過馬上就有人起而反對搖滾樂，並且迅速蔓延開來。搖滾史學家馬丁和賽葛瑞提到：「沒有一種文化遇過這麼大的反對聲浪。」[28]（他們大概未意識到十八至十九世紀歐洲對原住民文化的打壓。）幾十年前爆發的反搖滾聲浪，現在看會覺得令人莞爾，但當年可是很驚人，就算樂手和歌迷沒受影響，音樂相關的從業人員也都被嚇到了。神職人員與精神科醫生共同呼籲，一定要禁止這種「猥褻」又「具破壞力」的音樂。電台主持人揚言絕不播放這種東西，當中有些人還把一九四五年前後的唱片整批燒掉。他們堅持只播「好音樂」，反對這種新的「垃圾音樂」。之前提過，有些市政府動員警力對付歌迷，甚至設法不讓搖滾樂團在當地演出。地方首長厭惡搖滾樂，認為那會激起青少年的暴力傾向與性慾，導致他們犯罪。當時大多數的唱片公司開始迴避搖滾樂，讓一些小的獨立唱片公司去試市場水溫。

當時沒人注意到，那些反搖滾的論調似曾相似，十八、十九世紀歐洲帝國主義擴張時，歐洲人就是用同樣的口氣貶低原住民的狂熱儀式。搖滾的敵人只想到到搖滾樂源於非洲，攻擊那些是「叢林音樂」、「部落音樂」，甚至莫名奇妙地叫它「食人音樂」。[29]BBC交響樂團的指揮說，搖滾樂不是什麼新玩意兒，「早在叢林裡演奏好幾世紀了」。顯然他沒注意到黑人是在美國的南方莊園創作出這些音樂。「叢林」、「野蠻」，類似的字眼充斥在反搖滾的言論中。就連專業的《音樂雜誌》（Music Journal）

也發表評論：「青少年搖滾樂迷會這麼無法無天，絕對是受到這些原始叢林音樂影響。它唆使年輕人縱慾、沉溺於暴力中，這根本就是在煽動野蠻人的行爲。年輕人也用搖滾樂當藉口，拋開道德規範，完全不顧善良風俗。」[30]在強烈的節奏下，無紀律的「野人」無法自己，這些畫面更加深了偏見：搖滾樂正在威脅文明和秩序。牧師警告說：「搖滾樂會把年輕人變成撒旦的信徒。」這跟殖民地傳教士的論調如出一轍。

某個方面來說，那些評論家也沒錯。搖滾樂不只是一種音樂類別，在一九六〇年代中期，它變成了另類文化的中心。人類學家特納認爲，社會的主要結構是由政府、公司、教會與家庭組成，但搖滾文化遠離了這個結構。搖滾樂從眾多戲院解放出來，把樂迷帶到更寬敞、更適合的場地——燈光魅惑的「迷幻舞廳」，以及在加州蒙特利（Monterey）、紐約州胡士托（Woodstock）舉辦的戶外搖滾音樂會。年輕人在這些場合找回所有傳統嘉年華的元素。他們「變裝」：穿上破牛仔褲、染色的緊身T恤、花布洋裝、羽毛，還有寬大的披肩。他們在臉上彩繪，噴上廣藿香香水，分享啤酒、葡萄酒、素食點心，還有大麻。年輕的反戰人士（包括我）可以藉此放鬆一下，暫停平常的遊說和組織工作，畢竟此時四周已瀰漫著和平氣息。

嬉皮搖滾樂迷重新創造了嘉年華文化。對許多人來說，參加演唱會不只是爲了暫時逃離乏味而辛苦的生活。新的狂熱文化將取代過去的壓抑文化，搖滾演唱會就是新文化運動的據點。詹姆斯・米勒如此形容：「它是一片田園，是世界大同的烏托邦。在那個世界，我們享有單純的自由，輕鬆快樂地作自己。我們信仰前所未有的個人主義，我們不占有，創造人人平等的城邦。人群裡，舞者臉上畫著奇特隨性的圖案，只要音樂一下，他們就像舞台上的巨星一樣閃亮。」[32]

樂迷們紛紛上路，參加一個又一個演唱會，將嘉年華擴大成移動的社群。死之華樂團的歌迷「死人頭」（Deadheads）形成移動的社群，跟著樂團走過不同城市：「他們在老舊麵包車和噴上防鏽漆的退役學校巴士上裝上窗簾、擺入床墊。到了凌晨三點鐘，車子就隨便停在路燈下。窗戶上的貼紙圖案是顱骨、跳著踢踏舞的骷髏以及死神的護身符。」[33]有個死人頭談到自己的伙伴：

在紐澤西的牧草地（Meadowlands）、麥迪遜廣場花園以及波士頓都可以遇到他們。接著他們橫越整個大陸到另一頭舊金山，然後又回到東岸。我在停車場和體育館的走道上看到美好的事情，素昧平生、赤裸的死頭們聚集成好幾群，男男女女在迷幻的狂熱中劇烈地扭動身體，交纏在一起。男孩們睜大眼睛、露齒而笑，在同一塊柏油路上站了好幾個小時。女孩們繞成一圈，整晚轉來轉去，腳踝上的鈴鐺叮叮噹噹……食物和飲料都自由分享，藥和票也是。在每個城市，你可以放心奔向同樣的人，這些骯髒的遊牧民族會在上千個陌生人中找到你，給你不做作的溫暖。[34]

這群狂熱流浪者的反文化之夢激怒了特納。他看見搖滾樂團和小型社會狂熱儀式的相同之處。對他來說，搖滾樂就是在挑戰主流社會的價值，他生硬地說到：「搖滾樂明顯是在表達一種文化，是在呈現某個共同體的風格。它的興起是爲了對抗二十世紀中期美國官僚化的社會結構，當中一切都要講『規矩』與『組織』。」[35]我們稍早提過，搖滾文化流行後，人們渴望以節慶式的生活方式取代「規矩」的文化，但特納反對這一點。集體狂歡（他所謂的共同體）僅僅是一個邊緣或非常態的「閾限」（liminal），若以此當成日常經驗，必定會破壞社會結構及文明。特納的人類學理論大概是起源於他對嬉皮反文化的厭惡。他堅持，人們只能在規定好的時間地點享受集體狂歡。

對搖滾樂的反彈一直延續到現代，只是種族歧視少了一點，有時還引經據典。政治上保守分子認爲，搖滾樂的流行，就是因爲我們放任「一九六〇年代的毒素」蔓延，「傳統價值」都被享樂主義與自我放縱破壞光光。死之華樂團的吉他手傑瑞．賈西亞

（Jerry Garcia）去世的時候，右派的《華盛頓時報》負面地評論道：「幼稚的享樂主義侵蝕我們的文化。搖滾樂只是他們（死之華）膜拜享樂主義時的配樂而已。」接著又重彈「叢林」的老調：「搖滾樂的流行提醒我們，文明是這麼脆弱，黑暗的叢林就在眼前，團團包圍我們。」[36]我們今天也能在大衛·布朗牧師（David L. Brown）的網站發現同樣的攻擊言論：「搖滾樂充滿性暗示，煽動人們爲非作歹。」牧師罵個不停：「但這不是唯一的問題！搖滾樂的節奏不是什麼新鮮事。異教徒、泛靈論者早在來到美國前就有這種搖滾節奏。他們用這種節奏『嗨』起來，改變自己的意識狀態……所以說，節奏就是惡魔的傳教工具。」[37]

幸好搖滾樂活得夠久，好看到他的敵人一個個把話收回去。更重要的是，它證明自己是賺錢的商品，讓唱片公司和樂手發財。現場觀眾不再被關在戲院裡，演唱會移師到足球場或其他更大的場地，成爲眞正的狂熱大會。市場會說話：到了一九六〇年代，這個不再陌生的音樂不只動搖，還統治了市場。搖滾樂本身成爲成功的商品後，廣告商很快地用它來行銷其他商品，從汽車到金融服務，樣樣都有。到一九八〇年代，搖滾樂無所不在，在上千個電台各個時段播送，也會片段出現在廣告中。還有人把搖滾樂刺激的部分剪掉，讓它變成優美的電梯音樂。許多連鎖商場如Kmart、Gap、Express會用完整的搖滾樂曲當背景音樂，以營造友善的購物環境。當時搖滾樂已經演化出許多不同的類別——迷幻搖滾、迪斯可、龐克、重金屬、另類搖滾、電音舞曲House、Techno等等。「搖滾樂」現在所涵蓋的範圍很大，界線不易分清，它衍生的音樂無所不在，運動賽事、教會都聽得到。（事實上，布朗牧師指責的是教會的「福音搖滾」。）

然而，商業化削弱了搖滾樂的力道。當滾石樂團的〈我無法滿足〉（I Can't Get No Satisfaction）變成購物中心的背景音樂時，歌曲裡囂張的自我宣示意味就不見了。更糟的是，連公司行號也把那樣挑釁的語氣套用在自己身上。一九九〇年代，新經濟時代（New Economy）下的公司行號把搖滾樂放進自己的廣告，想營造出新穎、酷炫、對舊世代不耐的形象。只是，摧毀革命最好的方式就是拿它來賺錢。

除了被拿來當成行銷工具外，搖滾樂大量普及後，更大的問題是它本身變得越來越無力。搖滾樂之所以給人活力，因爲它結合了肢體動作與集體歡愉。到處都可以聽見搖滾樂，當中包括許多聽到音樂不能隨之擺動的場所。要讓人對節奏無感，就是強迫他們在某種情境下聽。舉例來說，你應該不會在大賣場隨音樂跳舞吧？（賣場也不允許就是了。）既然在RadioShack電子商場或Winn-Dixie連鎖超市聽到音樂時不能翩然起舞（除非你有辦法不驚動警衛），便得學會切斷自己的神經連結，絕不能用身體表達對節奏的感知。我們每天都在練習自制——拒絕節奏的挑釁。不管節奏有多誘人，你必須冷靜，乖乖坐好。

搖滾革命後，我們生活確實有些變化。不一定要上夜店才能聽到搖滾樂，就連再普通不過的地方也有它的足跡，例如鞋店、超市等。搖滾樂帶來新契機，讓人們再有機會享受狂喜的感覺，那可是遠勝於消費文化能提供的樂趣。藥物，尤其是大麻和迷幻藥，助長了狂熱文化的復興。還有性解放運動。一九六〇、七〇年代，我們不只反對父權文化的剝削，還主張女性有權追求性高潮。雖然一般人還是從購物、飲酒、各種包裝好的娛樂中保守地尋求愉悅感，但好消息是，至少從一九六〇年代起，我們知道自己有更多選擇了。

無疑地，搖滾文化助長人們沉溺於藥物與性。想一想，我們不需要那些才能助興，古代人參加慶典傳統時，只靠節奏律動便可達到狂熱狀態。不妨聽聽神話學大師喬瑟夫・坎伯的專業看法。他去欣賞死之華演唱會時，應該是全程保持清醒的，畢竟他是一個保守派，當時年紀也很大了：「那是一個真正的戴奧尼索斯慶典。」[38] 戴奧尼索斯短暫地降臨人世，拜訪了數千年來反對他的地區。不過，當沉悶的「經典搖滾」電台一播放德瑞克與骨牌合唱團（Derek and the Dominos）的〈萊拉〉（Layla）或小沃克與群星

（Junior Walker and the All Stars）的〈鵑鳥〉（(I'm a) Roadrunner），我們就能想像他又回來了。

第十一章 運動嘉年華

對今日世界上多數人而言，較容易體驗到集體狂熱的場合，不適在教會，也不會在音樂會，而是運動賽事——美國的橄欖球、棒球、籃球和曲棍球，以及世界各地的足球賽。運動社會學家艾倫·古特曼（Allen Guttmann）認爲：「運動賽事創造如農神節一樣的場合，讓我們能無拘無束地抒發日常生活中被嚴格壓抑的情緒，。」[1]這幾十年來，在各地的運動場或體育館，你都可以看到觀眾從椅子上跳起來，隨著比賽的高低起伏尖叫、揮手、跳上跳下。看台上擠滿了觀眾，人人都可以做些肢體動作，這兩個元素讓某位運動學者想起涂爾幹對宗教狂熱儀式的描述：「團體內的集體亢奮（collective effervescence）能產生團結感。」[2]一位墨西哥足球迷提到自己在群眾中忘我的經驗：「在某個時間點會出現一種感覺，你不在乎周圍發生什麼事……就算是展開暴動，我會想加入……每個人都只是一分子，不用負任何責任。」[3]在一個韓國旅遊網站上，當地瘋狂球迷的景象成爲觀光賣點：

韓國街頭球迷展現的團結氣氛讓人肅然起敬。球賽把大家凝聚在一起，韓國人告訴我們，融入比自己更大的團體是什麼感覺。在運動場的大螢幕前，和上簽人一起尖叫、哭泣，那是一種特別的體驗，即使你無法明確說出這有什麼偉大的意義。[4]

觀眾的情緒隨著足球賽、冰上曲棍球賽高低起伏，我們應該不需要去探究這有什麼「意義」。運動賽事能產生如此大的集體興奮感，這就是它存在的目的。我們也都知道，在這些場合，用肢體表達興奮感——叫囂、跳上跳下等等，都是被允許甚至被鼓勵的。體育活動和競賽可以當成集體亢奮的媒介，當然不是每次都有效，畢竟有些比賽很無聊，而且一定有一隊會輸，但就某一方面來看，至少比任何搖滾演唱會都有效。在戲院裡舉辦的演唱會，每個人都面對著舞台，看不到其他人的臉，只看得見他們的後腦勺。但是，運動場是圓的，「觀眾看到彼此的臉，便能互相感染情緒」。[5]人們說要去球場看克里夫蘭布朗隊、奧克蘭運動家隊、曼徹斯特聯隊比賽，但事實上也是去看其他觀眾，跟大家一起喊加油，一起感受在運動場上互相傳遞、不斷累積的興奮感。

在二十世紀早期的工業化國家，還沒有什麼運動賽事可以創造出集體的熱情，除了少數被邊緣化的宗教狂熱儀式差可比擬。當年沒什麼公開的節慶活動可以比得上一顆移動的球所創造的驚喜。隨著時間推移，運動賽事大肆盛行，緊緊抓住觀眾的想像。英國、南美洲的球迷組織成精緻的社團。此外，運動賽事還入侵傳統節日，且改變了人們的慶祝方式，例如美國的感恩節。一九二〇年初，記者弗雷德里．路易斯．艾倫（Frederick Lewis Allen）描述美國運動時，說全國像「著了魔」一樣，確實有理。

二十世紀後期，不斷商業化的運動賽事也加速另一個趨勢成長，那應該是美國境內最戲劇性的一次：一九八〇年起，運動節目移到電視的黃金時段，全國幾十個電視頻道，二十四小時都在播放比賽和相關評論。運動場座位也增加了，親臨現場看比賽的機會也越來越多。一九八〇年到二〇〇三年之間，美國興建了一百零一座運動場，每一座都能容納七千人。[7]古羅馬人的公民生活圍繞著競技場，每征服一個城市就在當地興建一座，美國人的決心也不容小覷，興建運動場的經費優先於其他公共服務，如教育或學校體育經費。[8]

大型運動集會給我們機會適當地吵吵鬧鬧，但不是全無缺點。一九五〇年代，評論員常常惋惜，人們不在自家社區打棒球，都去看比賽了。觀眾比較像去看「巨星」，而不是運動員。但我們不太確定，球迷最後會不會因爲一直處在被動位置厭倦比賽。我們很少來自球迷第一手的報導，多半都是來自記者，記者的專業身分讓他們位居運動產業的中心。但一九六〇年起，英國與美國的觀眾先後發展出又新又有創意的參與方式——就像搖滾樂迷拒絕安靜坐在座位上一樣。觀眾開始把體育「嘉年華化」。他們穿著精心設計的衣服去看球，加球的時候不只是反覆喊口號，而是全體跟著節奏一起動，並加入自己的音樂、舞蹈，還一邊看球一邊大吃大喝。運動賽事和搖滾樂的相似之處絕非偶然；二十世紀後期的球迷變得更有活力，搖滾樂是一大功臣。

西洋運動簡史

這一章我們關心的，是由運動粉絲發起、鮮少被注意的「革命」。但首先我們先從歷史來看看我們談的是哪一種運動。有些體育活動目的只是要展示運動員的才華，此外沒什麼內在價值、意識形態與更大的願景。令人驚訝的是，誰有資格參賽、誰有資格觀賞、可否舉辦比賽，這些議題在歷史上都發過激烈的衝突。近幾十年最明顯的衝突都是關於種族與性別，例如黑人能不能進入大聯盟打棒球，女人能不能和男人比賽高爾夫？過去幾百年的衝突則多半圍繞著階級。上層階級有自己的運動，如打獵。下層階級有射箭比賽或其他「民俗運動」，當中觀眾與選手常常混在一起。比如在早期的足球賽中，村民全部出動，彼此較勁，男人、女人、小孩都參賽，還用豬的膀胱做成橄欖球。男人和女人各自有競走大賽，有時候是男女對抗，獎品是跳一支舞或一個香吻。

在近現代初期的歐洲，人們通常趁著慶典、嘉年華舉辦體育競賽，在英國則是趁著教區節日或博覽會。十六世紀宗教改革後，保守分子批評慶典活動，也反對運動比賽。民俗運動很容易脫序，最早的足球比賽就是這樣，當局很苦惱，經常得下活動禁令。一五七六年，英國米德塞克斯地區（Middlesex）的法院起訴七個男人，法院紀錄中寫到：「這七人與其他一百名身分不明的犯罪者違法集會，違法舉辦足球比賽。這類活動很容易引起口角，甚至導致兇殺案件與其他嚴重意外。」[9]工業化之後，工人階級只剩下星期天可以運動。然而對保守的教徒來說，星期天是安息日，立刻禁止工人當天從事敬拜以外的活動。他們批評運動是浪費時間的活動，不如把時間花在工作或沉思靈魂是否能得救。在清教徒的新英格蘭殖民地，運動一直是違法的，法律甚至規定，「在主日當天散步，非必要也不合時宜」。[10]

十九世紀末，傳統慶典的許多內容變成大型的展示活動，運動比賽也一樣。一開始，這些活動不是統治當局組織推動的，而是菁英分子勉強同意舉辦的。以棒球爲例，在美國一開始完全是勞動階級的運動。運動史學家泰德．文森（Ted Vincent）認爲：「菁英分子之所以反對，表面上是擔心群眾失序的行爲，例如酒醉、賭博、偷竊、騷擾女性。球迷常用猥褻的字眼叫囂、威脅裁判。」文森接著說：「但中產階級反對棒球的眞正原因是，他們害怕勞工階級作亂。有些人就是不喜歡另一些人聚眾。就這點來看，十九世紀末運動場上的觀眾與一九六〇年代末搖滾演唱會裡的長髮叛逆青年處境雷同。」[11]

十九世紀中期，英國的上流階級改良鄉村的足球活動，使它成爲正式的競賽項目。菁英們把足球當作專屬的運動，旨在「培養認眞、守紀律、自制等等美德」。[12]不出二十年，這顆球又傳給勞動階級，牧師和工廠老闆教導工人踢球，希望工人也能學會那些美德。一八八〇年代開始有職業足球賽，它原本是上流社會的業餘運動，現在場上都是出身勞動階級的職業選手，最後連看台都只剩下藍領工人，以及少數的女人。在南美洲，當地人看著英國的水手和公司職員這些業餘人士踢球，最後自己也學會了這項運動。到了一九一五年，巴西足球已經歷三代人馬的經營：先是英國人，再來是當地菁英，最後是勞動階級。體育作家珍娜・萊佛（Janet Lever）如此描述巴西的足球比賽：「工人接收這項運動後，看台上時髦的女士就回家了。」[13] 歷史學家艾瑞克・霍布斯邦（Eric Hobsbawm）說，到了二十世紀初，大型運動賽事便成爲「普羅大眾的宗教」。[14]

菁英分子一開始厭惡這些無秩序的集會，後來才勉強接受。對他們而言，運動比賽至少有個功能，用霍布斯邦的話來說就是「培養國家認同與形塑社群的媒介」。[15] 就算上層階級自己無法出席，至少比賽現場有國旗、國歌等，象徵貧富兩者在國家的羽翼下和諧共處。在球隊老闆推動下，到了一次世界大戰時，運動賽事在美國成爲「精心籌備的盛事」，除了華麗的典禮外，政治人物隆重列席，還有軍樂隊在現場演奏國歌。[16] 除了軍樂隊外，在中場或其他休息時間還有整齊劃一的儀隊表演，比賽現場就像十九世紀英國人的節慶閱兵儀式。一九二〇、三〇年代，納粹與法西斯以旗幟、儀式、國歌預告希特勒、墨索里尼即將出場，運動比賽也有類似的流程。不得不承認，希特勒在規劃紐倫堡大會時沒納入運動比賽，眞是失算。

不管是菁英運動大眾化，或是大眾運動受到重視，都讓運動賽事得到社會認可，成爲勞動階級（特別是男人）的聚會場合。他們也會在工廠或其他工作場合聚集，但運動場或體育館是他們專屬的地方——跟朋友碰頭、喝酒、一同歡呼，做些不會被菁英階級打擾的事。勞動階級的男人們找回了傳統嘉年華的點滴，很快地，他們便想要整套搬回來。

運動嘉年華

運動迷的第一個新舉動——也是運動社會學家和記者唯一注意到的——就是一九六〇年初，英國球迷的流氓行爲（hooliganism）。英國球迷多是年輕的男性支持者，他們似乎把球賽看得太嚴重，老是在運動場引起暴動，還常常在比賽結束後在街上和敵隊支持者打架。許多觀察家認爲，這些暴力行爲與階級本身的不滿有關，在運動場中，足球流氓通常占滿英國人所謂的「看台區」（terrace），這個地方票價最便宜，沒有固定座位，也可以站著看球。十年後，足球流氓開始出現在歐洲大陸，當中有些是跟著英國球隊巡迴的球迷。外國媒體報導英國的足球流氓後，有些民眾也會起而效之。一位比利時心理學家注意到足球暴力在各地蔓延：

暴力行爲是社會問題的徵兆，而不是足球本身的問題。在比利時和法國社會問題較少。但在拉丁美洲大部分地區、英國與義大利，貧富差距增長，產生較多的問題。足球和其他運動一樣是窮人的比賽，許多不快樂的人是在對自己的環境發出抗議。[17]

不管足球流氓的動機是什麼，在許許多多的球賽中，他們都成功搶盡風頭。搖滾樂迷的「暴動」新聞，也使一九六〇年代早期的音樂評論黯然失色。球迷的暴力行爲很容易就搶過比賽的風采。

但是，觀察家的焦點都集中在暴力行爲，以至於很少注意到球迷其他行爲越來越有趣，影響範圍也更大。一九七〇年代開始，有新聞媒體注意到，足球迷和美國各地的運動迷（美式足球、籃球、棒球和曲棍球）正在把運動賽事當成傳統的嘉年華活動：扮裝、戴面具、唱歌、跳舞，沉浸在節奏律動中。

這股潮流大行其道，社會學家路易・庫徹（Louis Kutcher）在一九八三年觀察到：「美國運動場早已具有一些嘉年華元素——美食、扮裝、玩小遊戲，把規定和身分抛到一邊。」[18]在美國的比賽中，最基本的扮裝樣式就是穿上與支持隊伍一樣的顏色。（穿著同顏色衣服去看球，這個習俗可能是來自嘉年華的國度——巴西，發明人是當地球迷夏梅・卡法魯〔Jayme de Carvalho〕。艾立克斯・貝婁寫道：「夏梅是低階的政府職員，平日隱姓埋名。但在看台上可是個明星……他穿著球隊顏色的衣服，帶著旗子和布條。」當時還沒有球衣商品可買，還得靠妻子幫他縫製。詳見Alex Bellos, Futebol: Soccer, the Brazilian Way, p.126.）

運動版的嘉年華中，蠢蛋王就是該隊的吉祥物——打扮成雞或海盜，動作像完全無運動天分或手腳不協調的漫畫人物。基本的飲食有花生米、熱狗、Cracker Jack爆米花，大量的啤酒當然也是必要的。還有更費工的，到了一九五〇年代，在比賽開始前的大白天，美國球迷就在體育館門口旁的停車場舉辦派對了，通常是烤肉或地方風味菜。每個家庭會帶自己的野餐食物，和陌生人一起分享，尤其是拿啤酒換食物，這些舉動在傳統嘉年華的餐會上也很常見。

二十世紀最後三十年，運動嘉年華急速發展，吃熱狗和穿球隊顏色服裝已經是老套了。人類學家德斯蒙·莫里斯（Desmond Morris）是少數研究慶典行為的學者。他發現，除了球隊顏色的褲子和圍巾外，一九七〇年的英國足球迷還會戴著大高帽或爆炸頭假髮：「很多服裝顯然是自己做的。他們花了很多心力設計、準備，一定要盛裝參加這個偉大的活動。」[19]美國有個愛出風頭的人叫羅倫·史都華（Rollen Stewart），很多人穿著奇裝異服去看比賽，都是受他影響。各種比賽——美式足球、棒球甚至高爾夫球賽都可見到他的身影，他總是頂著超大的七彩爆炸頭假髮來吸引轉播攝影機。但他在一九八〇年經歷了「重生」的宗教體驗後，就拋棄那頂假髮了。[20]

美國還有位創意人士叫作大狗（Dig Dawg），這位克里夫蘭布朗隊的熱情粉絲在一九八四找到一套狗服裝，開始穿著它去看比賽。各個球隊受到啓發，紛紛推出專屬的球隊配件：綠灣包裝工（Green bay Packers）的粉絲頭上會固定戴著泡棉做成的起司，明尼蘇達維京人（Minnesota Vikings）的球迷會戴海盜頭盔，華盛頓紅人隊（Washington Redskin）的球迷則戴豬鼻子。到了八〇年代末期，球隊專屬配件的需求大增，大企業紛紛投入生產，個別球迷的創意就比較不受重視了。他們輕易就能買到現成的球隊T恤、汗衫、造型頭飾，隨著女球迷增多，還有專屬耳環和洋裝。（一九九七年八月二十八日的《今日美國》報導，當年國家美式足球聯盟的球迷有百分之四十四是女性，一九九〇年還只有百分之三十三。運動迷的「女性化」，這個議題值得深入研究，但我還沒有找到合適的資料。）

在球場上扮裝有許多功用，有的人甚至用來製造反效果。大多數人會穿著支持球隊顏色的衣服，好融入廣大的同隊粉絲當中。不過有些人就是喜歡做些不智之舉，他們違反顏色認同，故意穿著客隊顏色的衣服坐到主場球迷聚集的看台上。有的人是用扮裝來吸引大眾目光，不過很容易被當成愛現的人。奧克蘭地方記者這麼描述某位運動家隊的球迷：

有位中年球迷從頭到腳都是運動家隊的服飾，腰上高調地掛著美國國旗腰包，一手穿著棒球手套，另一手揮舞著畫上巴布・馬利（Bob Marley）的巨大旗幟。他隨著康加鼓的節奏準確地迸出髒話，對著來看洋基隊的日本人大聲斥責，要他們滾回伊拉克找爸爸。這個場景其實頗具詩意和美感。21

不過，在某些情況下，不扮裝反而能吸引注意力。在哈佛—耶魯年度對抗賽中，耶魯人會裸奔跑過運動場。

運動迷扮裝時很少戴上面具，通常是把臉彩繪成隊伍的顏色。這個習俗的源頭和扮裝一樣不明。英國足球記者西蒙・庫珀（Simon Kuper）說那是歐洲的習俗，莫里斯則發現，一九七〇年代的英國球迷就有此舉動。有些美國人堅持，那是從運動以外的領域傳入的，就是一九六〇年的嬉皮集會和搖滾演唱會。有些學者認爲，它始於天性外放的南美球迷，北美人接觸足球時跟著傳入。一九九四年世界杯足球賽在加州帕洛阿爾托

（Palo Alto）舉辦，據報導，巴西球迷跟著球隊來到美國，熱情的舉動都像在參加嘉年華：

那是個派對。一群巴西人從國王大道（El Camino Real）走向運動場，樂隊吹奏著〈巴西〉，他們也跳起舞來。無數的巴西國旗插在車子上飛舞，有的球迷把它當成披風，有的人則是把它圍在腰上。球迷把自己的臉畫成巴西國旗，藍鼻子象徵藍天，周圍則是國旗中央的南十字星。[22]

不管臉部彩繪是哪裡開始的習俗，電視媒體很快地把這股風潮傳播出去。從一九八〇年超級盃開始，美國就有媒體報導球迷的臉部彩繪，到了一九九〇年代中期，這股風潮太受歡迎，美國的生意人紛紛要利用它來撈一筆。一九九六年，美國球迷是使用麥克筆、油漆來表達他們的忠誠。現在至少有六個人體彩繪業者（想必有更多），這些公司的發言人在二〇〇〇年接受訪問時，表示這門生意「出乎意料成功」[23]、「商機無限」。[24]類似的產業在南韓也發跡，「世界盃風潮使臉部彩繪再次興起。比賽當天，明洞商場裡大排長龍，臉部彩繪店生意興隆」。[25]

此外，運動賽事裡如果看不到球迷唱歌打拍子，就說不上是派對。早期的球迷反覆唱誦同一句歌詞嘲笑對手，例如美國球迷常唱的「吶吶吶吶，嘿嘿嘿，再見」（Nah nah nah nah, hey hey hey, go-ood-bye.）。只要有扮裝、臉部彩繪的場合，自然就會有精心創作的歌曲從另一層球迷口中唱出來，足球場上尤其盛行。《華盛頓郵報》一九九四年評論道：「傳統上，足球歌曲都是誕生於便宜的座位區……在聯盟俱樂部的運動場，勞動階級的球迷通常只能站著看球，順便創作一些嘲諷對手的小曲。」[26]少數學者研究過球迷的非暴力行爲。其中一篇指出，一九六〇年代德國的球賽「難以想像」，現場非常安靜，只會用傳統的嘉年華歌曲慶祝勝利：「多棒的一天，今天是多棒的一天。」到了一九九〇年代中期，德國球迷用自己的方式創作三十至五十首歌，當中有搖滾樂元素與大家熟悉的足球口號，例如用寵物店男孩的歌曲哼唱傳統的「歐壘」（Olé）。[27]

球場上還有更多生動的節奏，南美洲的球迷常帶著打擊樂器進運動場，隨著鼓聲在看台上跳舞。巴西聖保羅的球迷組成「忠誠之鷹」（The Hawks of the Faithful）。他們一邊唱著〈飛吧！老鷹〉，一邊張開雙手、身體轉來轉去，模仿老鷹飛翔的模樣。[28]一九七〇年代，莫里斯觀察到，英國足球迷會在原地上下跳躍，全體動作一致，遠遠看起來像波濤洶湧一樣。[29]這項活動可能源於龐克搖滾演唱會。英國球迷還發明了「同步拍手」，將雙手高舉，循著節奏拍手。有位心理學家研究後非常訝異，在沒有任何指揮的情況下，一大群足球迷居然可以同時做出一致的動作：「表面上看起來是失控的暴民，居然可以表現這麼精準……整齊到令人匪夷所思、不可置信。」[30]

至今球場上最普遍的集體律動是「波浪舞」，某一區的觀眾高舉雙手站起來，坐下的時候換緊鄰區域的球迷站起來，遠遠看就像有東西在看台區滾動一樣，「它創造了驚奇的視覺效果，球迷自己也歡欣雀躍」。[31]誰發明的？還是不知道。歐洲人稱之爲「墨西哥人的波浪」，但美國人確定是某個同胞在一九八一年發明的，只是不確定發明者與地點。奧克蘭運動家隊的啦啦隊團長「瘋子喬治」——喬治・韓德森（Krazy George Henderson）宣稱自己是波浪舞的發明人。有的人則堅持，第一次波浪舞應該出現在華盛頓大學或密西根大學的美式足球賽。

球迷大多覺得，像波浪舞這些激勵的舉動應該能幫助自己支持的隊伍，但其實教練和選手一開始都很反對，認爲那會讓他們會分心。《紐約時報》體育記者喬治・維克西（George Vecsey）罵得更兇，他譴責說：「那是瘟疫，像酸雨一樣腐蝕整個國家。或是某種新病毒、殺人蜂，毫不留情地席捲全美國。」[32]但事實證明，波浪舞狂潮停不下來，一九八四年傳到棒球比賽，一九九二年傳到足球比賽，甚至風靡一些知名的足球迷，古巴領導人卡斯楚、西班牙國王胡安・卡洛斯和法國總統密特朗都玩過。社會學家麥克・吉凡（Michael Givant）於一九八四年觀察到：「球迷不再處於被動……他們想要參與更多。今日，每個人都有機會當名人，球迷也會想：『爲什麼我不能湊一腳？』」[33]

所以，當二十世紀接近尾聲時，運動員的對決只是比賽一部分，甚至是一小部分，因爲周邊還有許多相關活動。我們去看球，這樣才有機會變裝打扮、彩繪自己的臉，讓人觀賞，也觀賞別人。此外，只有在那裡我們才能毫無節制地吃吃喝喝、大吼大叫、瘋狂唱歌，一起做些球迷專屬的舞蹈動作。這一百年來，比賽內容變化不大，但球迷的舉動卻是越來越荒唐、越來越具破壞性（以一九二〇年代的標準來看）。爲什麼運動嘉年華在上個世紀的最後十年成爲全球普遍現象？假定飲酒、跳舞、穿著奇裝異服來炒熱場面是人類的天性。那我們就可以思考一下，爲什麼運動賽事在一九七〇年後才急速大量地變成嘉年華？

球迷的反抗

英國社會學家歐內斯特・卡什莫爾（Ernest Cashmore）認爲，球場嘉年華背後的推手是菁英分子，也就是運動場和球團的老闆，他們希望這種和平場面能夠取代流氓行爲。他說：「足球流氓平靜下來了，這一切要歸功於復刻版球衣、影片、印著球隊標誌的床單、臉部彩繪和各種周邊商品。他們知道，要讓景氣回春的唯一方式就是創造新商品。」不管這些商品是否眞的「撫慰」了球迷，球場老闆迅速抓住機會，加強球迷的參與行爲。在美國，運動場上裝了「歡呼計」（Cheer Meter），球迷就能測量自己發出的聲音有多大，計分板上則裝了螢幕，催促球迷加球再大聲點，或是要跳波浪舞了。此外還有煙火、性感的啦啦隊正妹、各種吉祥物、震耳欲聾的音樂以及現場管風琴演奏。[35]他們鼓勵球迷扮裝：「要球迷穿同一種顏色的服飾。確實，這些周邊商品也是總營收的一部分。」[36]一九九九年，有位女士到現場觀賽，她語帶放心地說，美式足球終於變得像娛樂活動了：

我以爲自己會討厭看球賽，但沒想到這是一場精彩炫目、效果良好的表演。足球賽本身只是額外的點綴。場地兩邊繽紛的計分板上播放短片、搖滾樂，還有小螢幕提醒觀眾何時該起來跳波浪舞，顯然美式足球的球迷沒聰明到知道何時該動作。[37]

球迷的各種舉動普遍地被商業化，臉部彩繪業者、球隊老闆設法吸引每個族群，就連原先不看球的女生也開始進場，但我們還是不知道球迷彩繪、扮裝、唱歌和波浪舞的初始動機爲何。對於七〇年代英國足球迷的行爲，莫里斯認爲：「各階層的球迷自然而然地發展出這些展演儀式，令人印象深刻。」[38]這些活動可以歸功於幾個創意人士。聖保羅有位退伍軍人名叫克勞迪奧・里貝羅（Claudio Ribeiro），綽號「棉花棒」，他給自己取這個名字，因爲「他是個過動兒，聽到鼓聲就瘋狂。巴西舉辦世界盃時，攝影機老是照到他的巨大爆炸頭」。[39]還有紐約市的消防員艾德華・安佐隆（Edward Anzalone）。比賽中，他總戴著綠白的消防頭盔、跨在哥哥的肩膀上，帶領大家爲紐約噴射機隊（New York Jets）加油。[40]應該有人會想到喬許・羅森堡（Josh Rosenberg），他帶領五個年輕人組成「奧克蘭運動家鼓隊」（Oakland A's Drummers）。他們通常都在左外野的看台上大聲擊鼓，但有時鼓聲會不太整齊。[41]

我們會單純地認爲，球迷各種加油舉動就是要展現對球隊的高度忠誠。但爲何我們要這麼死忠呢？畢竟球隊卻越來越少對球迷展現同樣的忠誠度。在二十世紀末的美國，商業化已經到了沒良心的程度，老闆一時興起就把整個球隊賣到遙遠的城市。《運動畫刊》在一九九二年略帶困惑地評論道：

運動界變得這麼無情，很難相信誰能每一年都支持同一支隊伍。老闆和球員似乎都不在意死忠的球迷，一點表示都沒有。雖然如此，每次走進球場或轉到ESPN體育台，超級球迷、百萬球迷、完美球迷卻是有增無減。球迷叫得越來越大聲，打扮更是高調，鈔票越灑越多。他們在乎球隊的每個動向，內心更是隨之糾結、高昂。42

其實球迷要展現忠誠度，不一定都得用嘉年華的手法。我們可以把焦點放在比賽本身，而不是波浪舞這種會打擾選手的行爲。

不管球迷對球隊的忠誠度多高，事實上，他們是將注意力從比賽轉移到自己身上。美國記者蘇珊・法露迪（Susan Faludi）觀察過克里夫蘭布朗隊的藍領球迷（「大狗們」）：「這些瘋狂球迷越來越不關心如何讓球員表現得更好，反而都在鑽研自己的表演。看台上的表演搶了比賽的風采，甚至破壞比賽的張力。」[43]運動播報員艾立克斯・貝婁（Alex Bellos）本身也是熱情的足球迷，他談到聖保羅的球迷組織「忠誠之鷹」：「他們的所作所爲，讓我感覺到足球場上的一切都在原地打轉。老鷹們一出場，足球迷就不再只是觀眾，而是眾人的目光焦點。老鷹們是有自己粉絲的足球粉絲。」[44]

球迷這麼執著要成爲比賽的一部分，電視媒體想必是推手之一。電視發明後不久，媒體馬上用它來轉播體育賽事，不過美國的體育賽事到一九七〇年才攻上黃金時段，美國廣播公司的「週一足球夜」（Monday Night Football）首開先例。古特曼注意到，電視立即產生的效果之一，就是去運動場的族群改變了。年紀大的球迷在家也能觀賞比賽，現場觀眾的年齡層自然就往下掉了。[45]據此我們可以大略猜想，電視的普及讓球場少了一些觀眾，也就是那些對臨場體驗不感興趣的人。如果你只是對比賽感興趣，大可在家或酒吧欣賞就好。藉由這種自然的篩選過程，到現場觀賽的人，都是喜歡體驗集體亢奮的人。

無疑地，近二十年來，電視轉播助長愛現的球迷更賣力表現。首先，熱情的球迷藉此能稍微體驗到成名的感覺，只要你敢嘗試與眾不同的扮裝、彩繪，甚至在寒冷的天氣中打赤膊看球，就能搶到鏡頭。羅倫・史都華就非常努力引起攝影機的注意，後來還受邀在百威啤酒廣告中軋一腳。法露迪分析克里夫蘭布朗隊球迷後，她觀察到：「球迷和球員都加入戰場，看看誰能獲得攝影師的青睞。球迷帶上工程帽、扮成大狗，現場就算下雨、飄雪，他們都會硬撐到底。最後，球場變成了綜藝舞台或是選美會場。佳麗們竭盡心力、搞怪演出，就是希望能搶到鏡頭。」[46]其次，電視媒體更重要的影響力在於，它把這些愛現球迷（也許我們應該客觀地稱他們爲「觀眾」）的加油方式傳不同的國家，各種運動紛紛出現類似的加油方式。只要新的加油方式一出現，其他地方的球迷馬上就會學起來，所以我們很難斷定它的起源在哪裡。

一九七〇年後，還有一個外部因素改變了球迷的行爲，那就是搖滾樂。南美洲人一直很喜歡在足球場上演奏舞曲，有球迷一打鼓，看台上的其他人就跳了起來。但傳統上，美國的比賽是沒有音樂的，除了國歌和中場儀隊表演的音樂，直到一九五〇年代才出現例外。當時球場上也實施種族隔離，有些聯盟的球員全是黑人。黑人比賽時，現場會有爵士或藍調樂團炒熱氣氛，看台上的觀眾也隨之起舞。一九七〇年後，搖滾樂才終於出現在美國各大聯盟的比賽中。比賽因此充滿搖滾精神，讓人想要從椅子上跳起來，與全場球迷、球員融爲一體。

美國的運動賽事與搖滾樂一開始關係沒這麼緊密。《滾石雜誌》的編輯在一九九九年寫道：「六〇年代的文化重心在青年學子，運動不是那個族群普遍關心的議題。就搖滾樂本身的精神而言，它甚至是對立於美式足球聯盟。」[47]鮑勃・威爾（Bob Weir）在加入死之華樂團前是高中美式足球隊員，他說：「在六〇年代，音樂和體育是兩個世界。熱愛運動的人通常比較能接受團體生活，生活基本上跟阿兵哥沒兩樣……至於搖滾樂手，如果有什麼事不合我們的意，我們一定會讓大家難堪，或乾脆不照規矩做事。」[48]

但到了一九七〇年代，也許是爲了呼應校園反戰的氣氛，在中場休息時間表演的大專樂隊拋棄了軍樂，開始演奏搖滾樂曲。七〇年代末期，職業比賽現場開始播放搖滾音樂，《時代雜誌》把這樣的轉變歸因於美國企業的執行長開始對搖滾樂產生興趣，他們可是球團的贊助人：「美國企業丟掉呆板的形象，開始在廣告中加入反主流的元素。」[49]既然如此，讓搖滾樂融入運動賽事便是彈指之間的事了。但這樣的創新倘若遭到球迷的反對，就做不長久。越來越多球迷成爲搖滾樂迷，演唱會的舉辦地點又往往是體育場。所以他們對於乖乖當個觀眾、好好坐著看球，會感到有點不耐。如果搖滾樂可以出現在廣告、電梯音樂、婚禮中，爲什麼不能在大型比賽上播放？

儘管搖滾樂和美國體育的起源大不同，這兩者很快就像棒球和啤酒一樣不可分了。

一九九四年，評論員甚至聊起運動和搖滾樂的結合：「這兩種產業的區隔漸漸模糊了，感覺只是大型娛樂產業的一體兩面。」[50]運動場經理現在會聘請十來個音樂專家，由他們挑選比賽進行時的曲目，唱片公司也把職業運動場當成電台一樣的音樂大賣場。[51]

這股潮流發展迄今，若有個盲人走進比賽現場，大概會分不出它與搖滾演唱會哪裡不同。中場休息、好球重播、球員上下場、比賽結束慶祝勝利，這些時刻都會配上搖滾樂。但不是所有搖滾歌曲都適合，運動場上有專屬的搖滾派別——運動搖滾（Jock Rock），幾首耳熟能詳的曲子，像是雪橇姊妹（Sister Sledge）的〈我們都是一家人〉（We Are Family）、巴哈人（Baha Men）的〈誰把狗放出來〉（Who Let the Dogs Out），都是透過運動賽事才變得流行起來。唱片公司也製作了運動搖滾精選集，專門收錄一些振奮人心的歌曲，例如皇后合唱團的〈我要撼動你〉（We Will Rock You）和村民（Village People）的〈YMCA〉。運動場上播放的曲目比較多元，包括山塔那、阿姆、衝擊合唱團（the Clash）、嗆辣紅椒合唱團的歌曲。二〇〇六年的超級盃，場上有一半的時間都在播滾石合唱團的歌，球迷拿著手電筒、搖擺身體，就跟在搖滾演唱會上沒兩樣。

據我所知，從票房到球員表現，沒人研究過搖滾樂對運動的影響。球員多半會抱怨那些噪音，可想而知，直逼搖滾演唱會的分貝數對球員的表現益處不大。[52]但對球迷來說，球場上搖滾音樂的效果和在演唱會裡差不多：一聽到就站起來跳舞。無疑地，球場管理者會小心不讓氣氛過「嗨」，所以只在特地的時間如中場休息時播放音樂。雖然如此，和五萬人一起在看台上跳舞，這種感覺可是非常迷人呢！有位球迷描述洋基球場上的即興跳舞活動：「第五局中場休息時，工作人員出來整理場地時，突然一起做出YMCA的嘴型，還跳起舞來，全球場上的觀眾馬上加入一起做動作。」[53]一位評論員寫到，球賽現場一放蓋瑞・葛里特（Gary Glitter）名曲〈搖滾樂第二部〉（Rock and Roll Part 2），歌迷就會跟著旋律回應：「嘿！」：「我第一次在丹佛看到這個場面，當時匹茲堡鋼人（Steelers）作客對上丹佛野馬（Broncos）。丹佛人是我見過最死忠的球迷，不誇張，他們撼動了整個高哩球場（Mile High Stadium）。他們一跳起來，大叫『嘿！』，氣勢直衝落磯山，球場看台就搖晃了起來。」[54]搖滾樂加強運動場上的派對氣氛，人人情緒激昂，放下自我，更加勇於嘗試誇張的扮裝、臉部彩繪以及全場一致的加油動作。幾十年前，大約二十世紀中期，美國的運動賽事還非常規矩，可說是男子漢的集會，現場洋溢著軍樂以及其他軍事展演。搖滾樂意外地闖入了這個領域，開創出戴奧尼索斯式的歡樂。

美國人後來便習慣在比賽會場跳舞，與此同時，全球的足球文化也在改變。眾人樂於把運動賽事當成慶典活動，而不管此舉會有什麼影響。有個美國記者在一九九四年觀察到：

有些美國球迷喜歡在賽前開派對，有些人是在賽後，還有人賽前賽後都要慶祝一番。巴西人和荷蘭人說：別讓比賽中斷開心的派對……每四年一度的世界盃，球迷覺得自己就是球賽的一部分，就算自己國家的球隊沒來也沒關係。看看那五個穿著綠色和金色服裝的男人，還有那個扮成香蕉的。他們來自東京，花了四千美元飛來巴西比賽。55

對足球迷而言，各國球隊較勁之時，民族主義是最強大的力量。但有些球迷超越民族，每一隊都支持。二〇〇二年世界盃英國對丹麥的比賽中，全場有一半觀眾是日本人，儘管日本在準決賽上可能會遇上英國，但他們還是穿著紅白衫支持英國。56當然多數的球迷對母國隊伍都非常忠心，也很關心球賽本身的細節。但運動賽事的內涵似乎不斷被掏空。上萬球迷一起唱歌、跳舞、呼口喊，場面多麼壯觀，情緒多麼高昂，球賽本身的光芒都被蓋過去了。

運動賽事變成嘉年華，看來是球迷的勝利，他們打破傳統觀眾的定位，化被動爲主動，把比賽變成派對。不過，顯然他們是另一群球迷。過去球迷一開始要創造的，是更好的觀賽環境與純粹的運動賽事。勞動階級的球迷負擔不起旅費出國看比賽，但美國本地的球賽門票卻在一九九〇年開始漲價，這一切要感謝嶄新的運動場和球員飆高的年薪。一九九六年，有位運動社會學家提到：「美國曲棍球、足球、籃球比賽的門票直逼五十美元，去球場看比賽成爲高消費活動。下階層的人自然被排除在球場外，搞不好一般中產階級也負擔不起。」[57]在英國，全新的運動場只有座位，無站票，不僅門票變貴了，從前勞動階級專屬的看台區也消失了，再也看不到他們一起唱歌、拍手。根據法露迪的說法：「勞動階級完全被排除在運動界之外。有影響力的球迷都是有錢人跟企業家，他們付得起豪華包廂的錢，還能包下整季的座位（有些球場要價五千美元）。親臨現場看美式足球……就像買車一樣，得付頭期款。」[58]

球迷的族群結構變了，球賽的慶典氣氛是否還會存在，仍有待觀察。過去幾年，最有錢的球迷已經以行動表明自己不喜歡球場上的嘉年華活動。這些大老闆撤退到球場裡專屬的豪華包廂，邊談生意，邊享受美食、雞尾酒，順便留意一下球賽打得如何。《美式生活》（*American Way*，編按：美國飛機上流通的雜誌）裡頭有一篇文章解釋爲何要區隔不同階級的球迷：

某個執行長每年付一百萬美元租下運動場裡的豪華包廂，就是爲了和新客户交際談生意。他當然不會關心看台上那些擁擠的球迷。企業家最不想在私人空間裡看到的，就是在臉上塗色、對裁判罵髒話的瘋狂球迷。（諷刺的是，最忠心的球迷往往就是負擔不起昂貴、奢侈包廂的那群人。）59

勞動階級再也負擔不起到球場看球，去不成昔日的聚會場所。他們應該還能在運動酒吧延續運動迷狂歡的傳統。在美國，運動酒吧到處都有。畢竟，要找到一家酒吧，裡頭沒有擺放球隊周邊商品，它的大螢幕沒有鎖定在運動頻道，那可眞不容易。但就像幾百年前的鄉民足球賽和競走比賽，也許二十世紀後期多采多姿的運動迷傳統將永遠消失。當初創造這些活動的階級，也許再也沒機會進球場狂歡了。

結論　再創嘉年華

誠如本書一開始提到的，十九世紀的新教改革者只要一想到，改信基督教的霍屯督人會多麼討厭「不得體」的嘉年華活動，就覺得那些熱愛嘉年華的歐洲人一定會打受打擊。新教徒幻想著，這些改信基督的「野人」若發現文明的基督徒居然戴面具跳舞，像家鄉那些未改宗的同胞一樣在公開場合嬉鬧，一定會很厭惡。不過，想像未改宗的「野人」噗通掉進現代都市，那才有趣吧。如果我們把十八世紀澳洲土著、北美印地安人或新幾內亞的居民送到曼哈頓午餐尖峰時刻的街上，會發生什麼事情呢？

他們一定會被紅綠燈、汽車和大片取代樹和草的建築物嚇得目瞪口呆。先不論未來科技帶來的驚嚇（如同所有的喜劇情節），最令他們驚奇的是身在人群中的感覺：一個路口就聚集了這麼多人，他們生活中唯一有機會看到這種場面，是部落每年一度的聚會，幾百個人在同一時間齊聚，跳舞、飲食、狂歡個幾天。

依他們的經驗來看，這麼多人聚在一起，應該是為了舉辦慶典，既然城市街上有這麼多人，顯然是為了參加更熱鬧、更有創意的活動，場面一定超過自己家鄉幾十個人的慶典。片刻間，在這些「野人」的眼中，紐約客臉上的妝、身上穿的制式「服裝」，會讓他們誤以為闖入一個慶典，但這些人臉上的表情很快就會推翻他們的猜測。這些人表情緊繃，沒有一絲笑容，迴避眼神交流，只顧著要去辦事。不管這些人要去做什麼，顯然都不是在玩樂。原住民朋友大為震驚，這麼多人聚在街上，居然沒打算（或沒能力）來辦個嘉年華？

彭透斯王和戴奧尼索斯、教宗和跳舞的農夫、清教徒和嘉年華愛好者、傳教士和跳狂熱舞蹈的原住民，在這長達三千年的對峙過程中，彭透斯王和他的盟友似乎獲勝了。集體歡愉的場合被嚴重邊緣化，窮人們只能在教堂外的街道聚集，年輕人只好去的陰暗的酒吧鬼混。更重要的是，歡愉的源頭——「他人」，包括陌生人，也不再引人入勝。在今日的世界，「他人」成為我們個人成就的阻礙。「他人」在市區街上和高速公路上妨礙我們行進，搶了我們的停車位和工作。「他人」這麼多，房價才會高居不下。「他人」粗魯又吵鬧，毀了我們喜愛的度假地點。「他人」更可能是殺人魔或恐怖分子。人類經演化成爲社會性動物，程度遠比任何靈長類高，還能和非親非故的人一起玩樂。但現在超過六十億的地球人，都在同一片土地上競爭石油、水這些資源，我們內化的社會性於是顯得幼稚、落伍、不管用了。

在這四分五裂的世界中，沒有一個宗教派別傾力推崇饗宴和舞會，宣傳這些活動的美好之處。美國的基本教義派基督徒、中東地區的伊斯蘭激進分子都對狂歡活動充滿敵意。激進的伊斯蘭派崛起後，便開始打壓狂熱的蘇非教派，禁止後者的音樂、舞蹈表演、更不允許兩性同時出席公開場合。美國福音派清教徒的「重生運動」讓許多個人得到宗教上的啓示，但大體上而言，他們還是一脈相承冷酷的喀爾文精神，敦促信徒努力工作，保持清醒，也不特別強調慈善工作。至於西方一般知識分子與學者，這些人所持的觀點我們在書中都提過了，他們可是發自內心討厭「原始的」狂歡活動。共產國家本應該要宣揚人類的社會性，結果也和西方資本主義國家一樣單調乏味（古巴勉強算是例外），用大型集會和軍事遊行取代了悠久的慶典傳統。

好幾世紀以來，反對者一直強調，慶典活動、狂熱儀式與文明相衝突，特別是現代文明。學者比較能理解傳統慶典的重要性，但還是把它們當成過時的文化。人類學家阿爾弗雷德・梅特勞說：「當社會越來愈複雜，階級與專業分工別越來越明顯，傳統慶典便難以存活。」[1]法國社會學家尙・杜明紐（Jean Duvignaud）也提到：「隨著市場經濟與工業化的發展，社會條件成熟後，自然就會排除掉慶典活動。」[2]工業化、市場經濟以及複雜的勞力分工，這三者與慶典活動不相容。這種看法跟佛洛伊德的說法大同小異（也一樣可疑），照他們的想法，無拘束的性行爲也是與文明相衝突的。所以，如果你想要抗生素、室內空調和搭飛機旅行這些文明產物，就不該再牽著陌生人的手在街上跳舞。

文明與集體狂熱傳統兩者不相容，這種預設本身有點矛盾。文明是好的，是吧？它建立在許多良好的人類特質，如智力、自我犧牲還有科技創造。但狂熱慶典也是好的，它表達了我們的藝術情懷、靈性追求，以及我們的團結。如果我們將慶典、狂熱儀式、集體愉悅排除在文明之外，那又怎麼能稱得上是進步呢？畢竟那是人類最與眾不同的特質，是我們最深的渴望。保羅・哈爾莫斯（Paul Halmos）在一九五二年發表了一篇知名的文章〈合唱舞蹈的衰落〉（The Decline of the Choral Dance）。哈爾莫斯表示，合唱舞蹈是一種團體舞蹈，非常古老，分布地區也很普遍。它與近代歐洲發展出的雙人舞蹈大不相同，團體舞蹈表達出人類「集結成群的衝動」和「生物層次的社會需求」。人類是一種社會性生物，因此，團體舞蹈在複雜的社會中消失（特別是工業化的文明），也代表我們生活中某個層面正在消失。這是令人非常不快的結論。[3]

文明的標準爲何？也許只是規模大小的問題。狂熱儀式和慶典已經發展到可以在同時間吸引幾百人前來參加，在這樣大小的團體中，每個人都聽得見現場的音樂（未經擴音器），而且一眼就能看到其它的參加者。然而所謂的文明社會，似乎就是好幾千人（我們的時代則是好幾百萬人）被綁在一起，經濟上相互依存，軍事上面對同樣的敵人，以及遵守同一套法律。無論是古早或現代的大型社會，要創造休戚與共的感覺，通常都透過能讓上千人觀賞的大型集會；電視則可以讓數百萬人凝聚在一起。

法國理論家居伊・德博（Guy Debord）稱呼現代社會爲「以大型集會爲中心的社會」，依據他的描述，它出現在「沒有慶典的時代」。人們不會自行創造集體的愉悅，而是大型集會中從吸收、取用快樂，當中包括商業性的娛樂活動、國家慶典以及其他消費文化等。同時，媒體則不斷宣傳個人獨享的快樂經驗。德博感慨地說：「長期下來，觀眾的角色越來越被動。不得不說，大型集會是被禁錮的現代社會的夢魘，它最終沒有傳達任何意義，只有讓人累得想睡覺。」[5]

我們始終找不到明確的理由解釋，爲何慶典與狂熱儀式不能在大型社會中存活下來。一七九〇年，法國所有城市都在慶祝大革命周年紀念，跳舞的人成行成列從街上延伸到郊外。搖滾演唱會則能吸引上萬人前來，幾天下來，人人都平和地一起跳舞、相互認識。巴西現在仍然會舉辦嘉年華，千里達也還保留自己的節慶活動。今日的非暴力革命，例如烏克蘭的橙色革命，參加者一定會播放搖滾樂和饒舌樂，穿著革命顏色的服裝，在大街上唱唱跳跳。不管人數有多少，都能創造歡慶的氣氛。

雖著時間發展，社會規模不斷變大，但這不能解釋爲何菁英階級長久以來對平民慶典與狂熱儀式有敵意。這種敵意至少可追溯到古希臘城邦時代，當時每個城邦也只有幾萬人而已。彭透斯王對付酒神女祭司，羅馬人查禁戴奧尼索斯祭典，都不是因爲擔心信徒的人數有多少。幾世紀以來，當局打壓慶典和狂熱儀式的都是有意識進行的，他們（男女都有）感受到實在且迫切的威脅。所有構成文明的元素當中，對慶典最有敵意的，不是晚近才出現的資本主義或工業化，而是更古早的社會階級。當某個階級、族群或性別統治一定數量的人口時，便會害怕地位低下者充滿力量的儀式將威脅既有的社會結構。

以中世紀後期的歐洲以及加勒比海地區爲例，首先，菁英分子退出慶典活動，可能是因爲害怕，也或許是想要維持尊嚴，刻意與大眾保持距離。沒有他們的參與，慶典仍維持其傳統的功能，讓參加者產生團結一致的感覺。這麼一來，參加者就只剩下被統治的那群人，無可避免地，他們一團結起來，更是會挑戰統治階級，例如在嘉年華活動中嘲諷國王和教會。歐洲殖民者四處征戰，全世界都有這些菁英的足跡。他們用自己的觀念強看待各地文化，視原住民爲「野蠻人」，一到當地就威嚇他們。這就是文明與集體狂歡的矛盾癥結所在：狂歡儀式能營造團體向心力，但若團結起來的是被統治者——農夫、奴隸、女人、被殖民者，菁英分子便會呼叫軍隊來幫忙。

從某方面來說，比起政治上的威脅，被統治者那些唱歌跳舞的慶祝活動對菁英分子的威脅更爲嚴重。畢竟國王與統治者都是人，都能感受到音樂吸引人的魅力。彭透斯王難以抗拒誘惑，於是穿上女人的衣服，加入女祭司，最後被母親肢解，死狀悽慘。爲何十九世紀歐洲的殖民者經常以「失控」描述原住民的舞蹈？參加儀式的人並沒有失去對自己行爲的控制力，因爲這些儀式是細心排練過的。害怕「失去控制」的，其實是殖民者自己。在某些情況下，旁觀者也會接受到同樣的誘惑，尤其是年輕人。羅馬人就害怕酒神祭典會影響到年輕人。在童話故事裡，魔笛手用他的風笛引誘德國小鎮的孩子，把他們帶到外地去。一九五〇年代的搖滾樂若只在黑人圈子中流傳，不對外滲透到白人青年的生活圈，想必白人家長們應該就沒那麼反感。

不過，菁英分子對戴奧尼索斯慶典的敵意不只是出於實際的考量，擔心年輕人變得叛逆、愛上狂歡。就哲學上來說，菁英分子是想逃離混亂的公眾娛樂生活。階級的本質便是在人與人之間建立界線，誰可以去哪些地方，誰可以接近誰，這裡歡迎誰、不歡迎誰，但慶典劃破了這些界線。古典學家查爾斯・西格爾（Charles Segal）這麼說：「阿波羅設立限制，強化界線。他的對手戴奧尼索斯個性相反，化解了區隔。」6（編按：在希臘神話中，阿波羅象徵和諧、理性與秩序，不同於戴奧尼索斯代表的享樂精神。）

階級將人排除在外，節慶則是海納百川。音樂讓每個人翩然起舞；分享食物就是在破壞階級與特權。面具在儀式中有象徵意義，此外，它隱藏了參加者的眞實身分，我們就分不出誰是陌生人，誰是熟人：熟人暫時成爲陌生人，陌生人也不用再擔心跟大家不熟。嘉年華打破一切，不管你我之間有哪種差別，就算是身分不同，當下都不重要了。跨性別裝扮是在貶低男女之分，如同變裝爲牧師和國王是在嘲諷權力與階級。節慶活動進入高潮時，每個人都離開了自己既定的角色和地位——性別、種族、部落和階級，短暫地進入充滿平等精神、創意與愛的烏托邦。史前時代的人透過舞蹈和節慶形成群體，至今我們仍有那樣的渴望。

綜觀幾千年來的人類歷史，我們可以看到文明的基本進程。越文明的社會，階級化越明顯，總是會有些階級或團體擁有掌控多數人的權力，而且他們厭惡節慶與傳統的狂熱活動。（這是否爲文明的內在特徵，目前並不清楚，當然，時下民主的擁護者不希望得出這個結論。當代的無政府主義者與社會主義者則有別的看法，他們提出一些複雜的草根民主方案，希望廢除各種階級，同時也能保持現代的生產工具。邁克・阿爾伯特〔Michael Albert〕在其著作《參與型經濟》〔*Parecon*, London: Verso, 2003〕中便提出了這樣的社會方案。著名的無政府主義思想家約翰・哲忍〔John Zerzan〕有更激進的看法，他認爲，若不消除工業化，甚至整個勞力分工體系，就無法達到眞正的民主。）

沒有了節慶，階級社會就沒有媒介可以凝聚人民，除了大型集會，或者乾脆強迫他們聚在一起。在民主的表象下，當代文明世界實則極度階級化，身分、種族與性別依舊分化我們的社會。雖然數百萬人在經濟上相互依存，但這樣的結合完全沒有情感上的連結。美國人住在世界上較富裕的地區，也知道自己大量依賴中國工人、印度資訊工程師以及移民美國的清潔工，但我們不認識這些人，大部分時候也不感興趣。我們幾乎不認識鄰居，還常把同事視爲競爭對手。文明世界中，沒有幾樣元素可以連結集體的情感，戰爭新聞和名人喪禮偶爾能凝聚眾人的同情心，但除此之外，文明只是個空洞的成就。

我們爲了這種情感上的空洞付出很高的代價。就個人的層面，我們在社會上各自孤立，還得了憂鬱症，雖然這些症況不致死，但卻是心血管疾病和其他疾病的溫床。就整體而言，我們要面對的處境越來越艱難，一天比一天更令人不安。世界上半數的人因貧窮越來越衰弱，傳染病擊垮整個國家。冰山融化、自然災害遽增。但我們多數時候麻木不仁，缺乏方法或意願來有效改善我們的生活。事實上，「整體」、「共善」這些概念已經被自私的掌權階級消耗光了，他們貪婪，渴望更多權力。整個世界（包括資本主義與後共產主義國家）數十年來保守的社會政策沒有讓全體一起承擔責任，而是讓個人或家庭自己去承擔風險。

不過，美國福音派教會告訴我們，家庭就可以滿足一切需求，它就像個完美的容器，它是整個社會效忠的對象，是所有希望的源頭。如果要找出一件事說明人類的演化正在倒退，肯定就是強調家庭價值了。我們將自己的社會需求壓縮在家庭的界限中，生活的方式跟舊石器時代的祖先完全不同。我們成為人類前、還是靈長類的時候就懂得跳舞了，只是還不知道舞蹈儀式是一種「生物科技」，可以用來集結更大的群體。人類擁有智慧和慷慨心，能夠去認識非親非故的他人，不像原始人只能與同類依偎在一起。

當然，文明也創造一些歡愉來彌補損失，不過多半都在消費文化中。消費文化鼓勵我們改變欲望的對象，想辦法獲得「物品」去向他人展示：新車、新鞋、新面孔（也就是拉皮），這些都能加強我們的身分地位，讓自己覺得不孤單、有影響力。比起中世紀英國的市集，現代人的購物廣場應該沉悶得多了，不過它能提供許多讓人意想不到的迷人商品（來自全球各地）以及貼心、便利的服務。現代人還有各種「娛樂」，除了電影、影集，只要有台i-Pod，你就可以獨自享受源源不絕的音樂。解悶的玩意兒還有電玩遊戲，甚至連虛擬實境遊戲都快出現了。藥物也很流行，不管是合法或不合法的，都可以讓我們擺脫憂鬱、撫平焦慮、恢復自信心。它最能說明現代人普遍的空虛感。今日我們談到「狂喜」時，不是指一種體驗，而是一種藥，它叫作搖頭丸，給人瞬間的愉快感以及同樂心情。

但這種補償性的歡愉並不能滿足我們深處的渴望。一旦你拒絕消費文化、商業娛樂、藥物的誘惑後，很快就會發現人類生活中有些事「消失了」。我們很難確切指出那是什麼，若用比較不精確的字眼表達，則是「靈性」或「社群」。知識分子常常發表一堆冗長的文章，談論我們社會喪失了黏著劑，再也沒有強力的工具能把我們和家人以外的陌生人的連繫在一起。一九八五年，歷史學家羅伯特・貝拉（Robert Bellah）等人出版《心的習慣：美式生活中的個人及其歸屬》（*Habits of the Heart: Individual and Commitment in American Life*）。他們發現，美國人沉迷於個人的野心中，無法想像自身外有更大的社群。二〇〇〇年，政治學者羅伯特・帕特南（Robert D. Putnam）出版《獨自打保齡球：美國社群的衰落與復興》（*Bowling Alone: The Collapse and Revival of American Community*），他在書中指出，美國人不只減少參與公民活動，其他團體活動都不熱衷。知識分子紛紛站出來提倡「社群主義」（Communitarianism），目的在恢復小型、團結社會中才有的那種凝聚力，這股思潮的擁護者包括前美國總統柯林頓夫婦。

對多數人而言，「消失」的那些事情很快就可以用宗教取代。如同馬克斯預測的，宗教不會凋謝，甚至正大舉地復甦中，在美國爲主流的基督教與全球各地的伊斯蘭教仍然欣欣向榮。人們在宗教中找到許多寄託，例如活著的目的、受苦受難的形上學解釋等。在宗教裡也能找到社群，不管是伊斯蘭的「烏瑪」（umma，編按：來自同一地區、祖先相同的社群）或臨近的小鎮教堂，都讓人有歸屬感。基督教擬人化的上帝更是成爲人類團結的象徵，雖然我們肉眼看不見，但祂能陪伴我們、安慰我們、給予各種建議。據說祂能治療憂鬱、疏離感、寂寞，甚至解決一些現實的問題，像是酒精與藥物成癮，祂發揮的力量就像有愛的社群一樣。

但比起過去熱愛跳舞的宗教，今日的「信仰」比較呆板、沒有活力。不過既然是「信仰」，也就是說它基本上是由信念組成，而不是直接的認知。不過史前時代祭典上的舞者、酒神女祭司或伏都教的信徒並非如此，他們不「相信」神存在，而是「感知」

到神，因為集體狂熱活動到達高潮時，神明便附身在他們身上。現代基督徒也許有類似的經驗，但基督教的基本要求是「信念」，得透過努力想像才知神意。相反地，戴奧尼索斯不會要求追隨者相信他，而是呼喚他們前來與他接觸，讓他進入他們的身體與心靈，感受他的狂野與光芒。

從以上種種論點看來，我們想像中那些「未改信基督的野人」看到文明的成果，應該會感到失望。他們會感慨神明不見了，現代人要請神降臨的話，就得運用自己的想像力以及內在的信念，而不是跟眾人一起參加祭典。他們也會被現代人繁衍的成果嚇到，地球上居然有這麼多人口，快超出環境負荷了。雖然人口這麼多，但個人的生活並沒有變得更豐富，人與人之間反倒充滿敵意與挫敗感。周邊環境的慘況令他們害怕，科技進步了，但對於貧窮與疾病仍然無能為力。最令他們難過的是，這些同種人已經瀕臨滅亡的邊緣了——流行病、全球暖化、核武威脅、自然資源耗盡，這些危機終將毀滅人類。現代人又太過疏離，無法團結面對問題，像遠古的智人那樣肩並肩站在一起抵抗掠食者。

當然，我們已經開始嘗試解決問題了。世界上數以百萬的人參與各種運動，關心經濟正義、和平、平等、環保等等議題，這些運動孕育出我們日常被動生活中難以見到的團結和歡慶精神。不過，今日我們已經找不到人要創造單純的集體歡愉活動了。大多數人已不太熟悉「集體歡愉」這個概念，還以爲是一種異國情調。

我們得好好解釋一下爲何集體歡愉的聲音消失了。我們先還給慶典的敵人一些公道，比如羅伯斯比爾和列寧這些革命家。假如他們有些幽默感，願意討論一下的話，大概會想說服我們，那些失去的東西其實不重要。說眞的，只有傻瓜或是嗑太多藥的嬉皮才會以爲，恢復慶典和狂熱儀式可以拯救人類以及解決目前的危機。就算我們現在復興了古早的慶典活動，還能找回它原來的熱度和意義嗎？手牽手、一起唱歌跳舞並不能帶來世界和平，也不能修復被汙染的大地。事實上，慶典有時候只是用來安撫或麻痺參加者的情緒。歐洲好幾個世紀以來，嘉年華與暴政並行不悖，因此學者才用「安全閥」來解釋嘉年華的社會功能。美洲原住民無法靠狂熱儀式「神鬼之舞」改變他們被種族滅絕的命運，同樣地，被殖民的非洲人跳舞跳到出神也不會變得刀槍不入。在群體存亡的關鍵時刻，舉辦狂熱儀式可能只是浪費體力。不只如此，像海地的獨裁者「爸爸醫生」杜瓦利埃（François 'Papa Doc' Duvalier）就極力支持伏都教，好用它來加強對人民的控制。

我身上也流著喀爾文教徒的血液，畢竟我的祖先可是貨眞價實的蘇格蘭長老會信徒。他們孜孜不倦地告訴我，做好工作、拯救世界，有時間再慶祝一下。在貧窮、困境和生存危機下，沒時間、也沒正當理由去想尋歡作樂的事。我們心裡的聲音如是說：「別聽那些微弱的鼓聲和笛聲，狂野的嘉年華和跳舞儀式都是古老的事情了。酒神的女祭司早就死了，古典學家出於好奇心作祟才研究她們。地球上也沒有多少『原住民』了。忘了過去吧，反正多半都是想像出來的，去工作！」

但是……狂熱的因子並沒有遠離。官方鎮壓了幾百年，還打算用大型集會取代慶典，但它還是在看似不可能的地方冒出新芽。搖滾革命在戰後美國突破重圍，解除社會常規下的焦慮感，反文化運動因此誕生。在文化光譜的另一端，大型運動賽事結合民族主義，吸引人們參加運動嘉年華，個人的創造力和集體愉悅都被召喚回來。宗教領域的狂熱活動也還在進行，例如每年猶太教哈西德派教徒（Hasidic）會去烏克蘭小鎮烏曼（Uman）朝聖。共產主義瓦解後，猶太教哈西德派就發起這項朝聖活動，男眾全身穿著白色衣服在街上唱歌跳舞，以紀念死去的拉比。參加大眾慶典的衝動一直都還在，一有機會我們絕不會放過。伊朗絕對是世界上最壓抑的國家之一，它在一九九七年晉級世界盃足球賽，根據《新聞週刊》的報導：「慶祝活動癱瘓了整個德黑蘭，女人脫下了政府規定要戴的面紗，男人紙杯裡倒的是平常禁止飲用的伏特加，青少年則在街上跳舞。」7

有時候，沒有演場會或運動賽事，人們還是會無來由地聚在一起辦派對。每年夏天有好幾千名女性朋友參加密西根的女人音樂節（Michigan Womyn's Music Festival），官網上描述說：「那是地球上最棒的派對。」男同志圈則盛行「巡迴派對」（Circuit Party），他們跳舞、扮裝，在化學藥物的刺激下，可以嗨個好幾天。同樣地，我們要感謝同志將萬聖節變成大人的節日，現在每逢萬聖節，各種性傾向的人都可以扮裝上街參加遊行。歷史學家尼古拉斯・羅傑斯（Nicholas Rogers）簡述近年來在這個節日觀察到的景象：

在舊金山，許多同志漫步在卡斯楚街（Castro）、波克街（Polk）。卓卡代羅俱樂部（Trocadero Transfer Club）則舉辦三天的主題派對，所有人扮成澳洲類型電影《衝鋒飛車隊》裡的角色。在麻薩諸塞州的賽勒姆（Salem），萬聖節的活動多達四十場，吸引五萬多名遊客前來參加。鹽湖城的私人俱樂部也開心地在舉辦派對，雖然當地的摩門教徒不喜歡褻瀆和逾矩的行爲。有位遊客記得很清楚，他看見懷孕的修女和不正經的神父在舞池裡打情罵俏，還有人在現場複製了三個摩門教教會屋頂上擺放的金色天使。8

最近發起的慶典活動也很引人注目，例如柏林「愛的遊行」（Love Parade），這個戶外跳舞派對每年吸引超過一百人萬參加。還有每年在內華達州黑岩沙漠（Black Rock Desert）舉辦的「火人活動」（Burning Man），數千人不分老幼每年齊聚一堂從事藝術創作、跳舞、彩繪、扮裝。

抗議活動是社會改革的手段，雖然它本身有些問題，但透過它我們可以創造許多嘉年華。我參加過各種示威活動，訴求包括反戰、兩性平等或經濟正義，它們都具有嘉年華的特色：扮裝、音樂、隨性起舞、分享食物和飲料。媒體經常嘲笑抗議現場的嘉年華精神，說我們偏離嚴肅的政治主題，沉溺在娛樂當中。但經驗豐富的組織者都知道，人們可不能等到「革命成功」之後才享樂。德州民粹主義者吉姆・海托華（Jim Hightower）二十一世紀初期在美國各地發起「滾雷」（Rolling Thunder）活動，提供音樂、食物，讓許多人可以相互交流；他的訴求是「讓政黨回歸政治」。在這些運動中，每個人都能立即感受到團結帶來的喜悅。面對國家與企業的強大權力，團結是人民唯一的力量來源。

事實上，從過去幾年的趨勢看來，抗議示威活動確實越來越像嘉年華，尤其是歐洲、拉丁美洲、加拿大和美國的「反全球化運動」。這些運動人士都是年輕人，會針對遊行特別設計服裝，最有名的是一九九九年西雅圖環保運動中出現的烏龜服。他們臉上戴面具或彩繪，示威的時候帶著鼓，有時也在街上跳舞，還在街頭表演行動劇嘲弄當權者。西雅圖的報紙報導了一九九九年的示威：「那個場景……和紐約跨年派對很像。有人砰砰砰地打鼓，有人吹喇叭，往空中丟飛盤，其中一個掉到警察的腳邊，警察把飛盤撿起來，又丟回歡呼的群眾裡。」[9]扮裝、在大街上跳舞、嘲笑權貴、擁抱陌生人，這些衝動是很難壓抑的。

說到底，爲什麼人們會想做這些事？集體歡愉的能力內建在我們體內，那是非常深沉的渴望，就如同我們能跟另一個人從事性愛活動。當然沒有這些活動，大多數的人還是可以生存，但風險是陷入憂鬱、孤單的夢魘中。爲什麼不找回我們人類特有的天賦？身爲萬物之靈，只有人類能夠在音樂、色彩、饗宴與舞蹈中創造狂熱歡愉呢！

兩年前，在里約熱內盧美麗的科帕卡巴納海灘（Copacabana）海天一線的美景中，我和同伴被一陣鼓聲給吸引。沿著沙灘往北走，我們遇到了一群森巴舞者，約每十人一排，塞滿整個街道，有人告訴我們，他們是森巴舞蹈學校的學生，在爲嘉年華排練。舞者分布在各個年齡層，從四、五歲的孩子到八旬老人都有，有些穿著華美的服裝，有些穿著里約街頭常見的背心和短褲。對十九世紀的傳教士甚至二十世紀的保守教徒來說，他們的舞步很淫蕩，又充滿性暗示。再說，街上被棕色皮膚的人占滿，看起來就讓人很苦惱。

但森巴學校的學生表現出高貴與自信，專注在他們的節奏中，跳著舞往沙灘移動。他們的臉色顯露疲態，卻同時閃耀著宗教般的高昂精神。一個清瘦、皮膚棕色的年輕男子在樂手的後面帶頭跳舞。他現實生活中的職業是什麼？銀行行員？公車司機？無論如何，在他光彩的羽毛裝襯托下，現在他是一位王子，一個神話人物，甚至是個神明。此時此刻，人們之間沒有分別，每個人都是嘉年華創造的愛玩客。

當他們踏上沙灘的棧道，不需要邀請、也不需要吆喝，旁觀的人便自動隨著節奏擺動。沒有人會尷尬，也不需要酒精來解除都市生活的規範。森巴舞者跳到哪群人身邊，那裡瞬間就變成慶典會場，當中沒有任何「意義」，沒有宗教寓意、意識形態，也不是為了賺錢——只是跳舞。在這個擁擠的星球，我們需要更多沒意義的活動，去體會我們存在當下的奇蹟，並且好好慶祝一番。

注釋

導論

1 引用Oesterley，頁2。
2 引用Moorehead，頁30。
3 引用同上，頁94。
4 引用同上，頁128-29。
5 引用Durkheim，*The Elementary Forms of the Religious Life*，頁249。
6 見Frey and Wood，頁147。
7 引用同上，頁59。
8 引用Cowley，頁40-41。
9 引用Raboteau，頁62。
10 引用Murphy，頁149。
11 引用Oesterreich，頁140-41。
12 引用Frey and Wood，頁25。
13 見Buchan，頁83。
14 見Hambly，頁16-17。

15 見Cheesman，頁124。
16 引用Oesterreich，頁285-86。
17 見Goodman，頁36，亦見Platvoeto。
18 引用Oesterreich，頁286。
19 見Michael Taussig，*Mimesis and Alterity: A Particular History of the Senses*（New York: London: Routledge, 1993），頁241。
20 見Conrad，頁32。
21 見Oesterreich，頁237。
22 見Street，頁62。
23 見Davenport，頁243。
24 出處同上，頁306。
25 見Kreiser，頁257-58。
26 見Oesterreich，頁237。
27 見Weidkuhn。
28 見Stoler，頁125。
29 引用Kupperman，頁107。
30 引用Stoler，頁124。
31 見Crapanzano，頁xiii。
32 見Turner，*The Ritual Process*，頁7。
33 出處同上，頁129。
34 出處同上，頁138-39。
35 出處同上。

36 見Crapanzano，頁234。
37 引用Castillo。
38 引用同上。
39 見Sass，頁362。
40 見Trish Hall，"Seeking a Focus on Joy in the Field of Psychology," *New York Times*，一九九八年四月二十八日。
41 引用Stallybrass and White，頁190。
42 見Lindholm，頁57-58。
43 見Freud，*Civilization and Its Discontents*，頁64。
44 見Suryani and Jensen，頁173。
45 見http://www.psychnet-uk.com/dsm_iv/depersonalization_disorder.htm.
46 見Lindholm，頁66。
47 出處同上，頁70。
48 見Lofland。
49 見Turner，*Celebration*，頁12。
50 見Bauman，Beverly J. Stoeltje, "Festival"，頁264-66。
51 出處同上，頁262。
52 引用Raboteau，頁223。

第一章

1 見Garfinkel，頁11。
2 見John Pickrell，"Unprecedented Ice Age Cave Art Discovered in U.K.," *National Geographic News*，二〇〇四年八月

十八日。

3 見Dunbar，頁147-48。

4 見Freeman，頁129。

5 見McNeil，*Keeping Together in Time*，頁2。

6 見D'Aquili，頁22。

7 見Sandra Blakeslee，"Cells That Read Minds"，*New York Times*，二〇〇六年一月十日。

8 見Marcel Kinsbourne，"The Role of Imitation in Body Ownership and Mental Growth"，收錄於Meltzoff and Prinz，頁312-30。

9 見Lewis，頁35-36。

10 見Heather Pringle，"Ice Age Communities May Be Earliest Known Net Hunters"，*Discover*，一九九七年八月二十九日。

11 見Granet，頁168。

12 見Holm，"Ecstatic Prophesy in the Old Testament"，收錄於André Gunnel，頁187-200。

13 見Garfinkel，頁61-62。

14 見Gunnel，頁34。

15 見Patai，頁242。

16 見Lawler，頁238-39。

17 見Sachs，頁238-39。

18 出處同上。頁237。

19 引用同上，頁238。

20 引用Dodds，*The Greeks and the Irrational*，頁271。

21 見Lawler，頁92。

22 見Evans，頁52。
23 見Nietzsche，頁23。
24 出處同上，頁102。
25 見Obbink，頁65-86。
26 見Dodds，Introduction to Euripides，*TheBacchae*，頁xiv。
27 見Evans，頁140。
28 見Calasso，頁78。
29 見Daniélou，頁39。
30 見Turner，*The Ritual Process*，頁156。
31 出處同上，頁160。
32 出處同上。
33 見Dodds，Introduction to Euripides，*The Bacchae*，頁xiv。
34 見Joyce，頁33-34。
35 見Euripides，*TheBacchae*，頁202。
36 見Joyce，頁43。
37 見Portefaix，頁205。
38 見Vellacott，頁25。
39 見Otto，頁136。
40 見Euripides，*TheBacchae*，頁194-95。
41 見Evans，頁19。
42 見Jameson，頁44。
43 出處同上，頁47。

44 見Durkheim，*The Elementary Forms of the Religious Life*，頁250。
45 見Dodds，*The Greeks and the Irrational*，頁272。
46 見Lawler，頁50。
47 見Burkert，*Ancient Mystery Cults*，頁31。
48 見Backman，頁5。
49 見Burkert，"Bacchic *Teletai* in the Hellenistic Age"。
50 見Jameson，頁63。

第二章

1 見Euripides，*TheBacchae*，頁205。
2 見Joyce Marcus and Kent V. Flannery，"The Co-Evolution of Ritual and Society: New C-14 Dates from Ancient Mexico,"*Proceedings of the Natural Academy of Science* 1, no.52 (2004): 頁18257-18261。
3 更多戰爭形塑早期社會的資料請參見我的著作*Blood Rites*，第九章。
4 引用Patai，頁230。
5 見Armstrong，頁24。
6 引用Evans，頁149。
7 見Lawler，頁95。
8 見Burkert，*Ancient Mystery Cults*，頁97。
9 引用同上，頁90。
10 見Max Weber，*The Sociology of Religion*，頁180。
11 見Sachs，頁248。

12 見Max Weber，*The Sociology of Religion*，頁180。
13 引用Balsdon，頁274。
14 見The historian Richard Gordon，引用於
Sawyer，頁122。
15 見Sachs，頁246。
16 見Balsdon，頁275。
17 見Juvenal，頁44。
18 見Cumont，頁29。
19 見Gordon Richard，“From Republic to Principate: Priesthood, Religion and Ideology,” in Beard and North，頁179-98。
20 見Beard，頁165。
21 見Gordon，頁122。
22 引用同上，頁123。
23 見Juvenal，頁50。
24 引用Livy，頁409。
25 引用Wilken，頁12。
26 見*Oxford Classical Dictionary*，第三版， Simon Hornblower and Anthony Spawforth主編（Oxford: Oxford University Press, 1996），頁229。
27 見Livy，頁401-2。
28 出處同上，頁406-7。
29 出處同上，頁402。
30 出處同上，頁409。

31 引用同上，頁410。
32 見Balsdon，頁247。

第三章

1 見George Steiner，一九九九年於波士頓大學講課，記錄於www.bu.edu/bridge/archive/1999/features2.html.
2 見Timothy Freke and Peter Gandy，*The Jesus Mysteries: Was the "Original Jesus" a Pagan God?*（New York: Three Rivers Press, 1999），頁5。
3 見Morton Smith，*Jesus the Magician*。
4 見Euripides，*TheBacchae*，頁194。
5 見Chance。
6 見Burkert，"Bacchic *Teletai* in the Hellenistic Age"，頁21。
7 見Kerényi，頁387。
8 見Momigliano，頁197。
9 見Morton Smith，*studies in the Cult of Yahweh*，vol 1。
10 出處同上，頁233。
11 見Price。
12 見Kerényi，頁257。
13 見Morton Smith，*Jesus the Magician*，頁158。
14 見Freke and Gandy，頁52。
15 見Cumont，頁65。
16 見"Mystery religions,"*Encyclopedia Britannica 2006*, Encyclopedia Britannica Premium Service，二〇〇六年五月

三十日，http://www.britannica.com/eb/article-15867。
17 引用Wilken，頁96。
18 引用同上，頁19。
19 出處同上。
20 見Armstrong，頁87。亦見Meeks，頁140-63。
21 見Robert Jewett，"Are There Allusions to the Love Feast in Romans 13.8-10?"收錄於*Common Life in the Early Church*（Harrisburg, PA: Trinity Press International, 1998），Julian V. Hills等編，頁265-78。
22 見Stephen G. Wilson，"Early Christian Music"，收錄於Hills，頁390-41。亦見Meeks，頁144-45。
23 引用Backman，頁21。
24 出處同上，頁21-22。
25 引用Sawyer，頁104。
26 引用Knox，頁28。
27 引用Dodds，*The Greeks and the Irrational*，頁274。
28 引用Boles，頁68。
29 見H. Wayne House, "Tongues and Mystery Religions of Corinth,"*Bibliotheca Sacra* 140, no.558（一九八三年四月），頁134。
30 見William Samarin，一九九九年六月三十日與作者的電話訪談。
31 見Morton T. Kelsey，*Tongue Speaking: An Experiment in Spiritual Experience*（Garden City, NY: Doubleday, 1964）。
32 引用Janet MacIntosh，二〇〇三年五月五日與作者私人通訊。
33 見"Speaking in Tongues | Believers Relish the Experience,"*Los Angeles Times*，一九八七年九月十九日。
34 見Mary Smalara Collins，"I May Speak in the Tongue of Angels,"*US Catholic*, 一九九四年三月，頁25。

35 見Meeks，頁149。
36 見James Hastings編，*Encyclopedia of Religion and Ethics*, vol.3（New York: Scribner's, no date），頁371。
37 見Meeks，頁121。
38 見Knox，頁27-29；Walker，頁55-56。
39 見Burkert，*Ancient Mystery Cults*，頁43。
40 見Brown，頁147。
41 引用同上，頁140。
42 見Walker，頁47。
43 引用Backman，頁25。
44 引用同上，頁30-31。
45 引用同上，頁32。
46 引用Evans，頁20。
47 見Lewis，頁34。
48 出處同上，頁132。
49 見Weber，*The Sociology of Religion*，頁161。
50 出處同上，頁160。
51 出處同上，頁178。

第四章

1 見Gurevich，頁180。
2 見Hutton，頁65。

3 見Delumeau，頁73-74。
4 見Chambers，頁161。
5 見Lonsdale，*Animals and the Origins of Dance*，頁29。
6 見Backman，頁157。
7 見Cambrensis，頁92。
8 見Backman，頁51。
9 出處同上，頁91。
10 見Doob，頁125。
11 見Cohn，頁136-41。
12 見Hecker，頁8。
13 出處同上，頁2。
14 出處同上。
15 出處同上，頁12。
16 見Donaldson, Cavanagh, and Rankin，頁201-4。
17 見Hecker，頁21。
18 出處同上，頁2。
19 出處同上，頁21。
20 見Davis，*Society and Culture in Early Modern France*，頁137。
21 引用Orloff，頁178。
22 引用同上，頁187。
23 見Chambers，頁325。
24 引用同上，頁294。

25 出處同上，頁292。

26 出處同上，頁332。

27 出處同上，頁98。

28 見Thompson，*Customs in Common*，頁51。

29 見William Shakespeare，*The Merchant of Venice*, Act 2, scene 5, lines 876-81。876-81。

30 見Goethe，頁390。

第五章

1 見Scribner，頁303-29。

2 見Desplat。

3 見Chouraqui。

4 見Hoffman，頁46-54。

5 見Hill，頁154。

6 引用Thompson，*Custom in Common*，頁54。

7 引用Elias and Dunning，頁178。

8 見Hill，頁59。

9 見Strallybrass and White，頁176。

10 引用Hoffman，頁52。

11 引用Malcolmson，頁105。

12 見Hill，頁121。

13 見Weber，*The Protestant Ethic*，頁168。

14 引用Humphrey，頁33。

15 引用Strallybrass and White，頁13。

16 引用Bakhtin，頁75。

17 引用Thompson，*Customs in Common*，頁47。

18 見Ladurie，*The French Peasantry*，頁367。

19 引用Ladurie，*Carnival in Romans*，頁100。

20 見Jan Darby，"Robin Hood: The Lord of Misrule," *Renaissance* 9, no.3 (2004)"，頁41-46。

21 見Muir，頁106。

22 見Davis，*Society and Culture in Early Modern France*，頁119。

23 見Weidkuhn，頁39。

24 見Ladurie，*Carnival in Romans*，頁178-80。

25 見Thompson，*Customs in Common*，頁68。

26 引用同上，頁234。

27 見Strallybrass and White，頁14。

28 引用Burke，頁217。

29 出處同上。

30 見Scribner，頁317。

31 見Burke，頁217。

32 引用Tripp，頁136。

33 見Scribner，頁309。

34 見Weidkuhn，頁342。

35 見Scribner，頁321。

36 見Weidkuhn，頁40。
37 見Walzer，頁45。
38 見Ladurie，*Carnival in Romans*，頁42。
39 出處同上，頁96。
40 出處同上，頁101。
41 見Ingram，頁82。亦見Underdown，頁58。
42 見Ozouf，頁238。
43 出處同上，頁239。
44 出處同上，頁241。
45 出處同上。
46 出處同上，頁89。
47 引用同上，頁236。
48 見Ruiz，頁311。
49 見Twycross，頁20。
50 見Nijsten。
51 見Ruiz，頁311。
52 見Ladurie，*Carnival in Romans*，頁313。
53 見Chouraqui。
54 見Spencer，頁369。
55 引用Thompson，*Customs in Common*，頁56-57。
56 見Muri，頁37。
57 引用Darnton，*The Great Cat Massacre*，頁133。

58 出處同上，頁133。
59 見Malcolmson，頁165。
60 見Elias，*Power and Civility*，頁236-37。
61 出處同上，頁271。
62 引用同上，頁65-66。
63 出處同上，頁69。
64 見Castiglione，頁75。
65 見Greenblatt，頁103。

第六章

1 見Huntington，頁111。
2 見Vasil'ev，頁78。
3 見Hakima，頁35。（我要感謝Elizabeth Thompson找到並翻譯這一段。）
4 見Geoffrey Parker，頁20-21。
5 見McNeil，*The Pursit of Power*，頁129-30。
6 見Feld，頁422。
7 見Walzer，頁278。
8 引用同上，頁287。
9 見Corancez，頁8。
10 見Gilsenan。
11 見Weber，*The Religion of China*，頁27-28。

12 出處同上，頁145-46。

第七章

1 引用Doughty，頁259。

2 引用Oppenheim，頁14。

3 見Boswell，頁44。

4 引用Jamison，頁232。

5 見Soloman，頁299。

6 引用Sánchez，頁157。

7 見Trossbach，頁5。

8 見Goldstein，頁97。

9 見Klerman and Weissman。

10 "Mental Disorder, Depression Set to Rise, UN says," Reuters, 二〇〇一年一月十一日。

11 見Boswell，頁152。

12 引用Porter，頁84。

13 引用同上，頁96。

14 引用Solomon，頁300。

15 引用Wolpert，頁7。

16 引用Julius H. Rubin，頁8。

17 見Burton，頁16。

18 見Porter，頁82、87。

19 見Kinsman，頁275。
20 見Burton，頁346。
21 見Boswell，頁127。
22 引用Newton，頁99。
23 引用James，頁136。
24 見Styron，頁45。
25 見James，頁132。
26 引用Coffin，頁270。
27 引用Newton，頁100。
28 見Trilling，頁19。
29 見Sass，頁2。
30 見Hsia,，Tuan以及Sass。
31 見Davis，*The Return of Martin Guerre*，頁40。
32 見Burton，頁53。
33 見Trilling，頁19。
34 見Tuan，頁139。
35 出處同上。
36 見Klerman and Weissman。亦見Baumeister and Leary。
37 見Durkheim，*Suicide*，頁336。
38 見Oppenheim，頁7。
39 引用Brann，頁70。
40 見Weber，*The Protestant Ethic and theSpirit of Capitalism*，頁106。

41 見Bunyan，*Pilgrim's Progress*，頁15。
42 見Bunyan，*Grace Abounding*，頁24。
43 見Weber，*The Protestant Ethic*，頁104。
44 出處同上，頁119。
45 見William Buchan，引用於Jackson，頁37。
46 見Bunyan，*Grace Abounding*，頁14。
47 引用Mazlish，頁68。
48 引用同上，頁69。
49 引用Mitzman，頁48。
50 引用同上，頁49-50。
51 出處同上。
52 見Durkheim，*Suicide*，頁154。
53 見Hsia，頁162-65。
54 見Ozouf，頁15。
55 見Strallybrass and White，頁182。
56 出處同上，頁171。
57 出處同上，頁176。
58 見Burton，頁482。
59 出處同上，頁451。
60 出處同上，頁89。
61 引用Kinsman，頁291。
62 見Browne，頁55。

63 出處同上，頁16。
64 出處同上，頁65。
65 引用Malcolmson，頁71。
66 見Burkert，*Ancient Mystery Cults*，頁113。
67 見Solomon，頁296。
68 見Katz，頁54。
69 見Crapanzano，頁4-5。
70 見"Global Youth," *For di People* (Freetown, Sierra Leone)，二〇〇一年四月二十八日。
71 見Hecker，頁20。
72 出處同上，頁31。
73 見Lewis，頁76-77。
74 見Nietzche，頁102。
75 出處同上，頁23-24。

第八章

1 見Howarth，頁162。
2 見Davenport，頁323。
3 引用Harris，頁55。
4 見MacDonald，頁58。
5 見Comaroff，頁151。
6 見Janzen，頁164。

7 見Comaroff，頁151。
8 引用The Drums of Winter (Sarah Elder and Leonard Kamerling拍攝的紀錄片)，University of Alaska Museum, Fairbanks, Alaska，一九八八。
9 見Kirby，頁60。
10 見Stoeltje "Fstival"，於Buman，頁262。
11 引用Dougherty，頁60。
12 引用同上，頁62。
13 引用Kirby，頁61。
14 引用Frey and Wood，頁25。
15 引用同上，頁26。
16 見Murphy，頁118。
17 引用Ward，頁211。
18 見Comaroff，頁151。
19 引用同上。
20 引用Oesterley，頁80。
21 見Thorsley，頁288。
22 引用同上，頁289。
23 見MacDonald，頁60。
24 引用Harris，頁24。
25 引用Comaroff and Comaroff，頁101。
26 引用Tom Englehardt，"The Cartography of Death," *Nation* 271, no. 12，二〇〇〇年十月二十三日，頁25。
27 引用Cocker，頁136。

28 見Englehardt。

29 見Cocker，頁6。

30 見Raboteau，頁214-15。

31 引用MacRobert，頁16。

32 見Voeks，頁156；Fenn。

33 見Hiney，頁212-13。

34 見Kirby，“Most missionaries considered the colonial administration as allies in the essential task of destroying existing [native] structures.”，頁61。

35 見MacDonald，頁57。

36 見Comaroff，頁151。

37 引用Ward，頁210。

38 引用Fenn，頁127。

39 引用同上，頁138。

40 有關千里達的嘉年華，我廣泛參考的主要文獻是John Cowley的著作，*Carnival, Canboulay and Calypso: Traditions in the Making*。

41 引用同上，頁20-21。

42 出處同上，頁22。

43 出處同上，頁21。

44 引用同上，頁27。

45 見Chasteen。

46 引用Cowley，頁69。

47 引用同上，頁73。

48 見Campbell，頁14。
49 見Fenn，頁141、135。
50 引用Cowley，頁13。
51 見Bettelheim。
52 引用Fenn，頁141。
53 引用Cowley，頁102-4。
54 引用Olmos and Paravisini-Gebert, introduction，頁7。
55 見Métraux，頁89。
56 見Joan Dayan，"Vodoun, or the Voice of the Gods,"收錄於Olmos and Paravisini-Gebert，頁19。
57 見Raboteau，頁64；Simpson，頁17。
58 見Voeks，頁38。
59 見Omari，頁148。
60 引用Murphy，頁47。
61 出處同上；Laguerre，頁14。
62 見Laguerre，頁14。
63 出處同上，頁63-64。
64 見Ward，頁223。
65 見Lanternari，頁143。
66 出處同上，頁153。
67 出處同上，頁251。
68 出處同上，頁252。
69 見Karen E. Fields, *Revival and Rebellion in Colonial Central Africa*,人類學對「非理性」（irrational）的厭惡，本

書有精彩的討論。

70 引用同上，頁21。

71 見Lanternari，頁315。

72 見Wilson，頁19。

73 引用Mazlish，頁90。

74 引用Ozouf，頁282。

75 引用Walzer，頁313-14。

76 引用同上，頁310。

77 見Ward，頁202。

78 見Fields，頁140-41。

79 見Campbell，頁7。

80 見Laguerre，頁59。

81 見Murphy，頁47。

82 見Mooney，頁782-83。

83 引用Juneja，頁91。

84 引用Cowley，頁100。

85 見Benítez，頁199。

86 見Lewis，頁116。

87 見Comaroff，頁233。

88 見Howarth，頁124。

89 出處同上，頁172。

90 見Moorehead，頁83-85。

91 見Cocker，頁263。

第九章

1 見Shirer，頁15。
2 見Toland，頁492。
3 見Shirer，頁18。
4 出處同上，頁16。
5 見François-Poncet，頁209。
6 見Lindholm，頁156。
7 見McNeil，*Keeping Together in Time*，頁151。
8 見S. Alexander Haslam and Stephen D. Reicher, "The Psychology of Tyranny," *Scientific American Mind*，二〇〇五年十月，頁44。
9 引用Laura Flanders，"Come Together!" *Common Dreams News Center*，二〇〇二年四月十八日。
10 Kevin Connolly引用Dave Martin, "Dying with Dignity," *Eye-Comedy*，二〇〇〇年二月二十四日。
11 引用Martin and Segrave，頁123。
12 見Leslie Epstein, "The Roar of the Crowd," *The American Prospect*, 二〇〇〇年五月八日。http://www.prospect.org/web/page.ww?section=root&name=ViewPrint&articleId=4408
13 見Le Bon，頁11。
14 出處同上，頁33。
15 出處同上，頁xvi。
16 引用Turner and Killian，頁2。

17 見Mosse，*Masses and Man*，頁111。
18 見Louis-Sébastien Mercier，引用於Gutwirth，頁243-44。
19 引用Ozouf，頁22。
20 引用Blum，頁212。
21 見Ozouf，頁3。
22 見Hibbert，頁182。
23 引用Gutwirth，頁308。
24 見Ozouf，頁29。
25 引用同上，頁229。
26 見Gutwirth，頁308。
27 引用Hibbert，頁110。
28 見Carlyle，頁360。
29 見Michelet，頁445。
30 出處同上，頁448。
31 見Ozouf，頁111。
32 見McNeil，*Keeping Together in Time*，頁134。
33 見Ozouf，頁6。
34 見Myerly，頁142。
35 出處同上，頁139。
36 出處同上，頁39。
37 引用同上，頁140-41。
38 引用同上，頁140。

39 引用同上，頁142。
40 引用同上，頁161。
41 見Le Bon，頁112。
42 引用同上，頁114。
43 引用同上，頁117。
44 引用同上，頁113。
45 見Lindholm，頁111。
46 引用Gentile，頁88。
47 引用Michael Golston, “Im Anfang War der Rhythmus’: Rhythmic Incubations in Discourses of Mind, Body and Race from 1850-1944,” *SEHR*, vol.5, supplement: Cultural and Technological Incubation of Fascism，一九九六年。
48 見Kremer。
49 見Burleigh，頁262-63。
50 引用Gentile，頁51。
51 見Falasca-Zamponi，頁104。
52 見Gentile，頁90-91。
53 出處同上，頁91。
54 引用同上，頁52。
55 見Falasca-Zamponi，頁25。
56 引用Lindholm，頁112。
57 引用Fritzsche，頁221。
58 見Toland，頁494。
59 見Fritzsche，頁219。

60 引用Berezin，頁89。

61 引用Gentile，頁88。

62 引用同上，頁145。

63 見Berezin，頁85。

64 見Gentile，頁98。

65 引用Schnapp，頁79。

66 見Fritzsche，頁218。

67 引用同上，頁220。

68 見"Nazism Punctured: Nuremberg Rallies Turned Inside Out," *Guardian*，二〇〇一年十一月六日。

69 見"Showing Off for the Party People," *Financial Times*, 二〇〇一年十一月十日。

70 見Peukert，頁188。

第十章

1 見Martin and Segrave，頁8。

2 見Miller，頁94。

3 見Martin and Segrave，頁134。

4 出處同上，頁133。

5 引用同上，頁136。

6 出處同上，頁42。

7 見Miller，頁152。

8 見David Gates, "Requiem for the Dead," *Newsweek*，一九九五年八月二十一日。

9 見Sennett，頁74。
10 見Meltzoff and Prinz。
11 見Pratt，頁140。
12 見Van de Velde，頁235。
13 引用Barbara Ehreneich, Elizabeth Hess and Gloria Jacobs, *Remaking Love: The feminization of Sex* (New York: Anchor Press, 1986)，頁16。
14 引用Miller，頁148。
15 見Bernard Weiraub, "Poineer of a Beat Is Still Riffing for His Due," *New York Times*，二〇〇三年二月十六日。
16 見Small，頁116。
17 見Frey and Wood，頁118。
18 出處同上，頁145。
19 引用Malone，頁227。
20 見Raboteau，頁246。
21 引用Frey and Wood，頁147。
22 見Levine，頁179-80。
23 出處同上，頁180。
24 引用Malone，頁228。
25 引用同上，頁228。
26 引用同上，頁234。
27 見Ashe，頁278。
28 見Martin and Segrave，頁3。
29 出處同上，頁48-51。

30 引用同上，頁53。

31 引用同上，頁49。

32 見Miller，頁265。

33 見John Skow, "In California, the Dead Live On," *Time*，一九八五年二月十一日。

34 見Ben Ehreneich, "Burying the Dead," *Topic*, 2003, http://www.webdelsol.com/Topic/articles/04/ehrenreich.html#top.

35 引用Chidester。

36 見Woody West, "A Farewell to the Dead," *Washington Times*，一九九五年九月十一日。

37 http://www.logosresourcepages.org/rock.html#bottom.

38 引用McNally，頁387。

第十一章

1 見Guttmann，頁156。

2 見Lipsky，頁20。

3 引用Goodman，頁163。

4 http://www.koreainfogate.com/2002worldcup/news.asp?column=97.

5 見Lever，頁16。

6 引用Mark Dyreson, "The Emergence of Consumer Culture and the Transformation of Physical Culture: American Sport in the 1920's," in Wiggins，頁207-24。

7 見Robert A. Baade, "Evaluaing Subsidies for professional Sports in the United States and Europe: A Public Sector Primer," *Oxford Review of Economic Policy* 19, no.4 (2003)，頁587-93。

8 見Steve Lopez, "Money for Stadiums, But Not for Schools," *Time*, 一九九九年六月四日。

9 見Holt，頁36。
10 見Rader，頁7。
11 見Vincent，頁28-29。
12 見Lever，頁36。
13 出處同上，頁41。
14 見Hobsbawm, “Mass Producing Traditions”，頁288-89。
15 出處同上，頁300。
16 見Pope，頁328。
17 見Norman Chad, “World Cup Soccer Stirs Emotions That Few Americans Can Understand,” *Los Angeles Times*, 一九八六年六月十五日。
18 見Louis Kutcher, “The American Sports Events as Carnival: An Emergent Norm Approach to Crowd Behavior,” *Journal of Popular Culture* 16, no.4，一九八三年春季號，頁34-41。
19 見Morris，頁248。
20 見http://www.straightdope.com/classics/a2_186.html.
21 見Bob Harvilla, “Thumping for Tejada,” *East bay Express*，二〇〇三年五月二日，頁58。
22 見Mark Simon, “A little Bit of Brazil in Palo Alto,” *San Francisco Chronicle*，一九九三年六月二十一日。
23 見Mary Colleen，與作者的電話訪談。
24 見Bobbi Weiner，與作者的電話訪談。
25 http://www.koreainfogate.com/2002worldcup/news.asp?column=97.
26 “Soccer Crowds Sing, Sing, Sing for the Homeland Team,” *Washington Post*，一九九四年七月十六日。
27 見Klaus Hansen, review of *Soccer fan Singing: A FANomebology*, by Reinhard Kopiez and Guido Brink, *PRM*, no.26, 一九九八年夏季號。

28 見Bellos，頁140。
29 見Morris，頁258。
30 引用同上，頁258。
31 見Mark Trumbull, "How 'the Wave' Swept the Nation," *Christian Science Monitor*，一九九三年一月二十九日。
32 見George Vecsey, "Help Stop the Wave," *New York Times*，一九八四年六月二十五日。
33 見"Sport of the Times: Permanent Wave in Motown," *New York Times*，一九八四年十月六日。
34 見Cashmore，頁182。
35 見Wann等，頁128。
36 見Kutcher，頁39。
37 見Sheila Moss，http://www.humorcolumnist.com/football.htm.
38 見Morris，頁252。
39 見Bellos，頁128。
40 見"It Isn't Just a Game: Clues to Avid Rooting," *New York Times*, 二〇〇〇年八月十一日。
41 見Havilla, "Thumping for Tejada."
42 見Franz Lidz, "Out of Bounds," *Sports Illustrated*, 一九九二年十一月三十日。
43 見Faludi，頁205-6。
44 見Bellos，頁140。
45 見Guttmann，頁145。
46 見Faludi，頁204。
47 引用Michael Silver, "Rock 'n' Roll Is Here to Play," *Time*，一九九九年五月二十四日。
48 引用如上。
49 出處如上。

50 見Damian Dobrosielski and Deepika Reddy, "The Art of Sport," http://www.collegian.psu/hppt//www.collegian.psu.edu/07-05-94index.asp-news07-05-94index.asp-news.
51 見Catherine Applefeld Olson, "Pro Sports Marketing Pitches for Athletic Events,"*Billboard*，二〇〇二年九月八日。
52 見Sean Jensen, "Bring Down the Noise," *Pioneer Press*，二〇〇二年三月二十日。
53 Tara Rodgers, "Take Me 'out' to the Ballgame: Interventions into the Transformation of the Village People's 'YMCA'from Disco Anthem to Ballpark Fun," Pinknoises.com, http://www.pinknoises.com/ymca.shtml.
54 Stan Savran, "Stadium Music Has Gone to Dogs," http://www.postgazette.com/sports/columnist/20001022stan.asp.
55 見David Jackson, "Passion Fuels Soccer;s Biggest Party,"*Dallas Morning News*，一九九四年七月十日。
56 見Masakazu Yamazaki, "A Parody of Nationalism: Soccer and the Japanese," *Correspondence* [Council on Foreign Relations], 二〇〇二年冬季號，頁3-30。
57 D.S. Eitzen，引用於Wann等，頁197。
58 見Faludi，頁211。
59 見Jack Boulware, "Plush Rush,'*American Way*, 一九九七年九月一日，頁51。

結論

1 見Métraux，頁9。
2 見Duvignaud，頁16。
3 見Paul Halmos, "The Decline of the Choral Dance,"收錄於Josephson and Josephson，頁172-79。
4 見Debord，第154段。
5 出處同上，第20段。
6 引用Roth，頁38。

7 見Christopher Dickey, "Iran's Soccer Diplomacy," *Newsweek*，一九九八年四月二十七日。

8 見Nicholas Rogers，頁126。

9 見"Party Time for the Protesters," *Seattle Post-Intelligencer*，一九九九年十二月四日。

參考書目

Abrahams, Roger D. "The Language of Festivals: Celebrating the Economy." In Turner (1982), pp. 161-77

Anderson, Benedict. *Imagines Communities: Reflections on the Origins and Spread of Nationalism*. London: Verso Books, 1991.

Armstrong, Karen. *A History of God: The 4,000-Year Quest of Judaism, Christianity and Islam*. New York: Knopf, 1994.

Ashe, Bertram D. "On the Jazz Musician's Love/Hate Relationship with the Audience."In Caponi, pp. 277-92.

Babb, Lawrence. *The Elizabethan Malady: A Study of Melancholia in English Literature from 1580 to 1642*. East Lansing: Michigan University Press, 1951

Backman, E. Louis. *Religious Dances in the Christian Church and in Popular Medicine*.Translated by E. Classen. London: Allen and Unwin, 1952.

Bakhtin, Mikhail. *Rabelais and His World*. Translated by Helene Iswolsky. Boston: MIT Pre4ss, 1968.

Balsdon, J. P. V. D. *Roman Women: Their History and Habits*. New York: Barnes and Noble Books, 1983.

Bauman, Richard, ed. *Folklore, Cultural Performances, and Popular Entertainments*. New York: Oxford University Press, 1992.

Baumeister, Roy F., and mark R. Leary. "The Need to Belong: Desire for Interpersonal Attachments as a Fundamental

Human Motivation."*Psychological Bulletin* 117, no. 3(1995): 497-520.

Beard, Mary. "The Roman and the Foreign: The Cult of the 'Great Mother' in Imperial Rome." In *Shamanism, History and the State*, ed. Nicholas Thomas and Caroline Humphrey, pp. 164-90. Ann Arbor: University of Michigan Press, 1994.

Beard, Mary, and John North, eds. *Pagan Priests: Religion and Power in the Ancient World*. Ithaca, NY: Cornell University Press, 1990.

Bell, Daniel. *The Cultural Contradictions of Capitalism*. New York: Basic Books, 1996.

Bellos, Alex. *Futebol: Soccer, the Brazilian Way*. New York: Bloomsbury, 2002.

Benítez, Antonia Rojo. "The Role of Music in Afro-Cuban Culture."Translated by James Maraniss. In *The African Diaspora: African Origins and New World Identities*, ed. Isidore Okpewho, Carole Boyce Davies, and Ali A. Mazrui, pp. 197-203. Bloomington, IN: Indiana University Press, 1999.

Bercé, Yves-Marie. *History of Peasant Revolts: The Social Origins of Rebellion in Early Modern France*. Translated by Amanda Whitmore. Itchaca, NY: Cornell University Press, 1990.

Berezin, Mabel. *Making the Fascist Self: The Political Culture of Interwar Italy*. Ithaca, NY: Cornell University Press, 1997.

Bertaud, Jean-Paul. *The Army of the French Revolution: From Citizen-Soldiers to Instrument of Power*. Translated by R. R. Palmer. Princeton, NJ: Princeton University Press, 1988.

Bettelheim, Judith. "Negotiations of Power in Carnaval Culture in Santiago de Cuba."*African Arts* 24, no.2 (1991): 66-75.

Blakely, Thomas E., W. E. A. van Beek and D. L. Thomson, eds. *Religion in Africa*. London and Portsmouth, NH: Heinemann-James Currey, 1994.

Bloch, Maurice. *From Blessing to Violence: History and Ideology in the Circumcision Ritual of the Merina of Madagascar*. Cambridge: Cambridge University Press, 1986.

Blum, Carol. *Rousseau and the Republic of Virtue: The Language of Politics in the French Revolution*. Itchaca, NY: Cornell

Univeristy Press, 1986

Boles, John B. *The Great Revival*, 1787-1805. Lexington, KY: University Press of Kentucky, 1972

Boswell, James L. *The Life of Samuel Johnson*. London: Penguin Books, 1986.

Boyle, Raymond, and Richard Haynes. *Power Play: Sport, the Media and Popular Culture*. London: Longman, 1999.

Brann.Noel."The Problem of Distinguishing Religious Guilt from Religious Melancholy in the English Renaissance."*Journal of the Rocky Mountain Medieval and Renaissance Association* 1 (1980): 63-72.

Brown, Peter R. *The Body and Society: Men, Women and Sexual Renunciation in Early Christianity*. New York: Columbia University Press, 1988.

Browne, Richard. *Medicina Musica or, A Mechanical Essay on the Effect of Singing, Music and Dancing, on Human Bodies*. London: J. and J. Knapton, 1729.

Buchan, John. *Prester John*. New York: Doran, 1920.

Bunyan, John. *Grace Abounding to the Chief of Sinners*. London: Penguin Books, 1987.

———. *Pilgrim's Progress*. Mineola, NY: Dover, 2003.

Burke, Peter. *Popular Culture in Early Modern Europe*. New York: Harper Torchbooks, 1978.

Burket, Walter. *Ancient Mystery Cults*. Cambridge, MA: Harvard University Press, 1987.

———. "Bacchic *Teletai* in the Hellenistic Age."In Carpenter and Faraone, pp.259-75.

Burleigh, Michael. *The Third Reich: A New History*. New York: Hill and Wang, 2000.

Burton, Robert. *The Anatomy of Melancholy*. Vol. 1. Whitefish, MT: Kessinger, no date.

Caillois, Roger. *Man and the Sacred*. Translated by Meyer Barash. Glencoe, IL: Free Press, 1959.

Calasso, Roberto. *Ka: Stories of the Mind and Gods of India*. Translated by Tim Parks. New York: Knopf, 1998.

Caldwell, Sarah. "Bhagavati: Ball of Fire." In *Devi: Goddesses of India*, ed. John S. Hawley and Donna S. Wulff, pp. 195-226. Berkeley: University of California Press, 1996.

Cambrensis, Giraldis. *The Journey Through Wales and the Description of Wales*. London: Penguin Classics, 1978.

Campbell, Susan. "Carnival, Calypso, and Class Struggle in Nineteenth Century Trinidad."*History Workshop* 26 (1988):1-27

Caponi, Gena Dagel, ed. *Signifyin[g], Sanctifyin'& Slam Dunking: A Reader in African American Expressive Culture*. Amherst: University of Massachusetts Press, 1999.

Carlyle, Thomas. *The French Revolution*. Edited by K. J. Fielding and David Sorensen. Oxford: Oxford University Press, 1989.

Carpenter, Thomas H. and Christopher A. Faraone, eds. *Masks of Dionysus*. Ithaca, NY: Cornell University Press, 1993.

Case, Shirley Jackson. *The Evolution of Early Christianity: A Genetic Study of First-Century Christianity in Relation to Its Religious Environment*. Chicago: University of Chicago Press, 1914.

Cashmore, Ernest. *Sports Culture*. London: Routledge, 2000.

Castiglione, Baldestar. *The Book of the Courtier*. Edited by Daniel Javitch. New York: Norton, 2002.

Castillo, Richard J. "Spirit Possession in South Asia: Dissociation or Hysteria? " *Culture, Medicine and Psychiatry* 18, no.1 (1994): 1:21.

Chambers, E. K. *The Mediaeval Stage*. Vol. 1. London: Oxford University Press, 1903.

Chance, M. R. A. "Biological Systems Synthesis of Mentality and the Nature of the Two Modes of Mental Operation: Hedonic and Agonic." *Man-Environment Systems* 14, no. 4 (July 1984): 143-57.

Chasteen, John Charles. "The Prehistory of Samba: Carnival Dancing in Rio de Janeiro, 1840-1917" *Journal of Latin American Studies* 28, (1996): 29-47.

Cheeseman, Evelyn. *Backwaters of the Savage South Seas*. London: Jarrolds, 1933.

Chidester, David. "The Church of Baseball, the Fetish of Coca-Cola, and the Potlatch of Rock 'n' Roll." *Journal of the American Academy of Religion* 64, no. 4 (Winter 1994): 743-66.

Chouraqui, J.-M. "Le combat de Carnval et de Carême en Provence, XVIe-XIXe siècle." *Révue d'histoire moderne et contem-*

poraine 32 (January-March 1985): 114-24.

Clopper, Lawrence M. *Drama, Play, and Game: English Festive Culture in the Medieval and Early Modern Period*. Chicago: University of Chicago Press, 2001

Cocker, Mark. *Rivers of Blood, Rivers of Gold: Europe's Conquest of Indigenous Peoples*. New York: Grove Press, 1998.

Coffin, Charles Monroe. *John Donne and the New Philosophy*. New York: Humanities Press, 1958.

Cohn, Norman. *The Pursuit of the Millennium: Revolutionary Millenarians and Mystical Anarchists of the Middle Ages*. New York: Oxford University Press, 1970.

Comaroff, Jean. *Body of Power, Spirit of Resistance: The Culture and History of a South African People*. Chicago: University of Chicago Press, 1985.

Comaroff, Jean, and John Comaroff. *Of Revelation and Revolution: Christianity, Colonialism and Consciousness in South Africa*. Vol. 1. Chicago: University of Chicago Press, 1991.

Conrad, Joseph. *Heart of Darkness*. New York: Dover, 1990.

Cook, Michael. "On the Origins of Wahhabism." *Journal of the Royal Asiatic Society*, 3rd ser,. vol. 2, no. 2 (1992): 191-202.

Corancez, Louis Alexandre Olivier de. *A History of the Wahhabis*. Reading, UK: Garnet, 1995.

Cowley, John. *Carnival, Canbouley and Calypso: Traditions in the Making*. Cambridge: Cambridge University Press, 1996.

Cox, Harvey. *The Feast of Fools: A Theological Essay on Fantasy and Festival*. Cambridge, MA: Harvard University Press, 1969.

Crapanzano, Vincent. *The Hamadsha: A Study in Moroccan Ethnopsychiatry*. Berkeley: University of California Press, 1973.

Crapanzano, Vincent, and Vivian Garrison, eds. *Case Study in Spirit Possession*. New York: Wiley, 1977.

Cumont, Franz. *The Oriental Religious in Roman Paganism*. New York: Dover, 1956.

Daniélou, Alain. *Shiva and Dionysus: The Religion of Nature and Eros*. Translated by K. F. Hurry. New York: Inner Traditions International, 1984.

D'Aquili, Eugene G. "Human Ceremonial Ritual and Modulation of Aggression." *Zygon* 20, no.1 (1985): 21-30.

D'Aquili, Eugene G., and Charles D. Laughlin, Jr. "The Neurobiology of Myth and Ritual." In *The Spectrum of Ritual: A Biogenetic Structural Analysis*, ed. Charles D. Laughlin, John McManus, Eugene G. D'Aquili. et al., pp.152-81. New York: Columbia University Press, 1982.

Darnton, Robert. *The Great Cat Massacre and Other Episodes in French Cultural History*. New York: Basic Books, 1999.

———. Mesmerism and the End of the Enlightenment in France. Cambridge, MA: Harvard University Press, 1968.

Davenport, Frederick Morgan. *Primitive Traits in Religious Revivals: A Study in Mental and Social Evolution*. New York: Macmillan, 1906.

Davis, Natalie Zemon. *The Return of Martin Guerre*. Cambridge, MA: Harvard University Press, 1983.

———, *Society and Culture in Early Modern France*. Stanford, CA: Stanford University Press, 1975.

Debord, Guy. *Society of the Spectacle*. Detroit: Black and Red, 1977.

Delumeau, Jean. *Sin and Fear: The Emergence of a Western Guilt Culture*, 13th-18th *Centuries*. Translated by Eric Nicholson. New York: St. Martin's Press, 1990.

Desplat, Christian. "Réforme et culture populaire en Béarn du XVI siècle au XVIII siècle." *Histoire Economie et Société* 3, no. 2 (1984): 183-202.

Dodds, E.R. *The Greeks and the Irrational*. Berkeley: University of California Press, 1951.

Donaldson, L. J., J. Cavanaugh, and J. Rankin. "The Dancing Plague: A Public Health Conundrum." *Public Health* 111, no.4 (1997): 201-4.

Donne, T. E. *The Maori Past and Present*. London: Seeley Service, 1927.

Doob, Penelope Reed. *The Idea of the Labyrinth: From Classical Antiquity Through the Middle Ages*. Ithaca, NY: Cornell University Press, 1990.

Dougherty, Michael. *To Steal a Kingdom: Probing Hawaiian History*. Waimanalo, HA: Island Style Press, 1992.

Doughty, Oswald. "The English Malady of the Eighteenth Century." *Review of English Studies* 2, no.7 (1926): 257-69.

Dowd, David Lloyd. *Pageant-Master of the Republic: Jean-Louis David and the French Revolution*. University of Nebraska Studies, new series no. 3, 1948.

Dunbar, Robin. *Grooming, Gossip and the Evolution of Language*. Cambridge, MA: Harvard University Press, 1996.

Dunning, Eric, Patrick Murphy, Tim Newburn and Ivan Waddington. "Violent Disorders in Twentieth-Century Britain" In *The Crowd in Contemporary Britain*, ed. George Gaskell and Robert Benewick, pp. 19-75. London: Sage, 1987.

Durkheim, Emile. *The Elementary Forms of the Religious Life*. New York: Free Press, 1915.

Durkheim, Emile. *Suicide: A Study in Sociology*. New York Free Press, 1951.

Duvignaud, Jean. "Festivals: A Sociological Approach." *Culture* 3, no.1 (1976): 13-25.

Ehrenreich, Barbara. *Blood Rites: Origins and History of the Passions of War*. New York: Metropolitan Books, 1998.

Elbourne, Elizabeth. "Word Made Flesh: Christianity, Modernity and Cultural Colonialism in the Work of John and Jean Comaroff." *American Historical Review* 108, no. 2 (2003): 435-59.

Elias, Norbert. *The Civilizing Process: The Development of Manners*. Translated by Edmund Jephcott. New York: Urizen Books, 1978.

———. "An Essay on Sport and Violence." In Elias and Dunning, pp. 150-74.

———. *Power and Civility: The Civilizing Process*. Vol. 2. Translated by Edmund Jephcott. New York: Pantheon Books, 1982.

Elias, Norbert, and Eric Dunning. *Quest for Excitement: Sport and Leisure in the Civilizing Process*. Oxford: Blackwell, 1986.

Ellwood, Robert S., Jr. *One Way: The Jesus Movement and Its Meaning*. Englewood Cliffs, NJ: Prentice Hall, 1973.

Erikson. Erik H. *Young Man Luther: A Study in Psychoanalysis and History*. New York: Norton, 1958.

Euripides, *The Bacchae*. Edited by E. R. Dodds. Oxford: Clarenden Press, 1960.

Evans, Arthur. *The God of Ecstasy: Sex Roles and the Madness of Dionysos*. New York: St. Martin's Press, 1988.

Falasca-Zamponi, Simonetta. *Fascist Spectacle: The Aesthetics of Power in Mussolini's Italy*. Berkeley: University of California Press, 2000.

Faludi, Susan. *Stiffed: The Betrayal of the American Man*. New York: Morrow, 1999.

Feld, M. D. "Middle-Class Society and the Rise of Military Professionalism" *Armed Forces and Society* 1, no.4 (1975): 419-42

Fenn, Eliabeth A. "'A Perfect Equality Seemed to Reign': Slave Society and Jonkonnu." *North California Historical Review* 65, no. 2 (1988): 127-53.

Fields, Karen E. *Revival and Rebellion in Colonial Central Africa*. Princeton, NJ: Princeton University Press, 1985.

Flanigan, C. Clifford. "Liminality, Carnival and Social Structure: The Case of Late Medieval Biblical Drama." In *Victor Turner and the Construction of Cultural Criticism: Between Literature and Anthropology*, ed. Kathleen M. Ashley, pp.42-63. Bloomington: Indiana University Press, 1990.

Flynn, Maureen. "The Spectacle of Suffering in Spanish Streets." In Hanawalt and Reyerson, pp.153-61.

François-Poncet, André,. *The Fateful Years: Memoirs of a French Ambassador in Berlin, 1931-1938*. Translated by Jacque LeClerq. New York: Harcourt, Brace, 1949.

Freeman, Walter J. *Societies of Brains: A Study in the Neuroscience of Love and Hate*. Hillsdale, NJ: Erlbaum, 1995.

Freud, Sigmund. *Civilization and Its Discontents*. Translated and edited by James Strachey. New York: Norton, 1961.

———. *The Standard Edition of the Complete Psychological Works of Sigmund Freud*. Vol. 18. Translated by James Strachery. London: Hogarth Press and the Institute of Psycho-Analysis, 1937.

Frey, Sylvia R., and Betty Wood. *Come Shouting to Zion: African American Protestantism in the American South and British Caribbean to 1830*. Chapel Hill: University of North Carolina Press, 1998.

Fritzsche, Peter. *Germans into Nazis*. Cambridge, MA: Harvard University Press, 1998.

Garfinkel, Yosef. *Dancing at the Dawn of Agriculture*. Austin: University of Texas Press, 2003.

Gentile, Emilio. *The Sacralization of Politics in Fascist Italy*. Translated by Keith Botsford. Cambridge, MA: Harvard University Press, 1996.

Gilbert, Paul. *Depression: The Evolution of Powerlessness*. New York: Guilford Press, 1991.

Gilsenan, Michael. "Signs of Truth: Enchantment, Modernity, and the Dreams of Peasant Woman." *Journal of the Royal Anthropological Society* 6, no. 4 (2000):597-615.

Ginzburg, Carlo. *Ecstasies: Deciphering the Witches' Sabbath*. Translated by Raymond Rosenthal. New York: Penguin Books, 1991.

Glassman, Jonathan. *Feats and Riots: Revelry, Rebellion and Popular Consciousness on the Swahili Coast, 1856-1988*. Portsmouth, NH: Heinemann, 1995.

Goethe, Johann Wolfgang von. *Italian Journey*. New York: Suhrkamp, 1989.

Goldstein, Jan. *Console and Classify: The French Psychiatric Profession in the Nineteenth Century*. Cambridge: Cambridge University Press, 1987.

Goodman, Felicitas. *Speaking in Tongues: A Cross-Cultural Study of Glossolalia*. Chicago: University of Chicago Press, 1972.

Goody, Jack. *Technology, Tradition and the State in Africa*. London: Oxford University Press, 1971.

Gordon, Richard. "From Republic to Principate: Priesthood, Religion and Ideology." In Beard and North, pp. 179-98.

Granet, Marcel. *Chinese Civilization*. New York: Barnes and Noble, 1957.

Greenblatt, Stephen J. *Learning to Curse: Essays in Early Modern Culture*. New York, London: Routledge, 1990.

Gurevich, Aron. *Medieval Popular Culture: Problems of Belief and Perception*. Translated by János M. Bale and Paula A. Hollingsworth. Cambridge: Cambridge University Press, 1988.

Guttmann, Allen. *Sports Spectators*. New York: Columbia University Press, 1986.

Gutwirth, Madelyn. *The Twilight of the Goddesses: Women and Representation in the French Revolutionary Era*. New Brunswick, NJ: Rutgers University Press, 1992.

Hakima, Ahma Mustafa Abu. *Kitab Lam' al-Shihab fi Sirat Muhammad ibn 'Abd al-Wahhab*. Beirut: Dar al-Thaqafa, 1967.

Hambly, W. D. *Tribal Dancing and Social Development*. London: H. F. and G. Witherby, 1926.

Hanawalt, Barbara A.. and Kathryn L. Reyerson, eds. *City and Spectacle in Medieval Europe*. Minneapolis: University of Minneapolis Press, 1994.

Harris, John. *One Blood: 200 Years of Aboriginal Encounter with Christianity: A Story of Hope*. Claremont, CA: Albatross, 1990.

Harvey, Graham, ed. *Indigenous Religions: A Companion*. London and New York: Cassell, 2000.

Hastings, Adrian, ed. *A World History of Christianity*. Grand Rapids, MI: Eerdmans, 1999.

Heaton, John Wesley. *Mob Violence in the Late Roman Republic, 133-49 BC*. Illinois Studies in the Social Sciences, vol. 23, no. 4. Urbana: University of Illinois Press, 1939.

Hecker, J. F. C., M.D. *The Dancing Mania of the Middle Ages*. Translated by B. G. Babington, M.D. New York: Franklin, 1970.

Hibbert, Christopher. *The Days of the French Revolution*. New York: Morrow Quill Paperbacks, 1981.

Hill, Christopher. *Society and Puritanism in Pre-Revolutionary England*. New York: St. Martin's Press, 1997.

Hiney, Tom. *On the Missionary Trail*. New York: Atlantic Monthly Press, 2000.

Hobsbawm, Eric. *The Age of Revolution, 1789-1848*. Cleveland and New York: World, 1962.

———, "Mass Producing Traditions: Europe, 1870-1914." In *The Invention of Tradition*, ed. Eric Hobsbawm and Terence Ranger, pp. 263-307. Cambridge: Cambridge University Press, 1983.

Hoffman, Philip T. "The Church and the Rural Community in the 16th and 17th Centuries" *Proceedings of the Annual Meeting of the Western Society for French History* 6 (1978):46-54.

Holm, Nils G. *Religious Ecstasy*. Stockholm: Almqvist and Wiksell, 1982.

Holt, Richard. *Sport and the British: A Modern History*. Oxford: Oxford University Press, 1990.

Horne, Alistair. *The Fall of Paris: The Seige and the Commune, 1870-71*. New York: St. Martin's Press, 1965.

Howarth, David. *Tahiti: A Paradise Lost*. New York: Viking Press, 1984.

Hsia, Po-Chia R. *Social Discipline in the Reformation: Central Europe, 1550-1750*. London and New York: Routledge, 1989.

Humphrey, Chris. *The Politics of Carnival: Festive Misrule in Medieval England*. Manchester: Manchester University Press, 2001.

Huntington, Samuel P. *The Clash of Civilizations and the Remaking of World Order*. New York: Simon and Schuster, 1996.

Hutton, Ronald. *The Rise and Fall of Merry England: The Ritual Year, 1400-1700*. Oxford: Oxford University Press, 1994.

Ingram, Martin. "Ridings, Rough Music and the 'Reform of Popular Culture' in Early Modern England". *Past and Present*, no. 105 (1984): 77-113.

Jackson, Stanley W. *Melancholia and Depression: From Hippocratic Times to Modern Times*. New Haven, CT: Yale University Press, 1986.

James, William. *The Varieties of Religious Experience*. New York: Macmillan, 1961.

Jameson, Michael. "The Asexuality of Dionysus." In Carpenter and Faraone, pp.44-64.

Jamison, Kay Redfield. *Touched with Fire: Manic-Depression Illness and the Artistic Temperament*. New York: Free Press, 1993.

Janzen, John M. *Ngoma: Discourses of Healing in Central and Southern Africa*. Berkeley: University of California Press, 1992.

Josephson, Eric, and Mary Josephson, eds. *Man Alone: Alienation in Modern Society*. New York: Dell, 1962.

Joyce, Lillan Bridges. "Maenads and Bacchantes: Images of Female Ecstasy in Greek and Roman Art." Ph.D. diss,. University of California, Los Angeles, 1997.

Juneja, Renu. "The Trinidad Carnival: Ritual, Performance, Spectacle, and Symbol." *Journal of Popular Culture* 21, no. 1 (Spring 1988): 87-99.

Juvenal. *The Sixteen Satires*. Translated by Peter Green. London and New York: Penguin, 2004.

Katz, Richard. *Boiling Energy: Community Healing Among the Kalahari Kung*. Cambridge, MA: Harvard University Press, 1982.

Kerényi, Carl. Dionysus: *Archetypal Image of Indestructible Life*. Translated by Ralph Manheim. Princeton, NJ: Princeton University Press, 1976.

Kinsman, Robert S. "Folly, Melancholy, and Madness: A Study in Shifting Styles of Medical Analysis and Treatment, 1450-1675." In *The Darker Vision of the Renaissance*, ed. Robert S. Kinsman, pp.273-320. Berkeley: University of California Press, 1974.

Kirvy, Jon P. "Culture Change and Religious Conversion in West Africa." In Blakely et al., pp.57-71.

Klerman, Gerald L., and Myrna M. Weissman. "Increasing Rates of Depression" *JAMA* 261, no. 15 (1989): 2229-35.

Knox, Ronald A. *Enthusiasm: A Chapter in the History of Religion*. Notre Dame, IN: University of Norte Dame Press, 1950.

Kraemer, Ross S., ed. *Maenads, Martyrs, Matrons, Monastics*. Philadelphia: Fortress Press, 1988.

Kreiser, B. Robert. *Miracles, Convulsions, and Ecclesiastical Politics in Early Eighteenth-Century Paris*. Princeton, NJ: Princeton University Press, 1978.

Kremer, Hannes. "Neuwertung 'überlieferter' Brauchformen?" *Die neue Gemeinschaft* 3 (1937): 3005 a-c, translation at http://www.calvin.edu/academic/cas/gpa/feier37.htm.

Kupperman, Karen Ordahl. *Settling with the Indians: The Meeting of English and Indian Cultures in America, 1580-1640*. Totowa, NJ: Rowman and Littlefield, 1980.

Kutcher, Louis. "The American Sports Event as Carnival: An Emergent Norm Approach to Crows Behavior." *Journal of Popular Culture* 16, no. 4 (Spring 1983):34-41.

Kyle, Donald G. *Spectacles of Death in Ancient Rome*. London: Routledge, 1998.

Ladurie, Emmanuel Le Roy. *Carnival in Romans*. Translated by Mary Feeney. New York: George Braziller, 1979.

———. *The French Peasantry, 1450-1660*. Translated by Alan Sheridan. Berkeley: University of California Press, 1987.

Laguerre, Michael S. *Voodoo and Politics in Haiti*. New York: St. Martin's Press, 1989.

Lanternari, Vittorio. *The Religions of the Oppressed: A Study of Modern Messianic Cults*. Translated by Lisa Sergio. London: MacGibbon and Kee, 1963.

Lawler, Lillian B. *The Dance in Ancient Greece*. Middletown, CT: Wesleyan University Press, 1964.

Le Bon, Gustave. *The Crowd: A Study of the Popular Mind*. Atlanta, GA: Cherokee, 1982.

Lefebvre, Henri. *Everyday Life in the Modern World*. Translated by Sacha Rabinovitch. New York: Harper Torchbooks, 1971.

Lehmann, Hartmut. "Ascetic Protestantism and Economic Rationalism: Max Weber Revisited After Two Generations" *Harvard Theological Review* 80.no. 3 (1987)" 307-20.

Lever, Janet. *Soccer Madness: Brazil's Passion for the World's Most Popular Sport*. Prospect Heights, IL: Waveland Press, 1995.

Levine, Lawrence W. *Black Culture and Black Consciousness: Afro-American Folk Thought from Slavery to Freedom*. New York: Oxford University Press, 1977.

Lewis, I. M. *Ecstatic Religion: An Anthropological Study of Spirit Possession and Shamanism*. Harmondsworth, England: Penguin Books, 1971.

Lindholm, Charles. *Charisma*. London: Blackwell, 1990.

Lipsky, Richard. *How We Play the Game: Why Sports Dominate American Life*. Boston: Beacon, 1981.

Livy. *Rome and the Mediterranean*. Translated by Henry Bettenson. London: Penguin Books, 1976.

Lofland, John. "Crowd Joys." *Urban Life* 10. N0. 4 (1982):355-81.

Lonsdale, Steven. *Animals and the Origins of Dance*. New York: Thames and Hudson, 1981.

———. *Dance and Ritual Play in Greek Religion*. Baltimore: John Hopkins University Press, 1993.

Lovejoy, David S. *Religious Enthusiasm in the New World: Heresy to Revolution*. Cambridge, MA.: Harvard University Press, 1985.

Lyons, Bridget Gellet. *Voices of Melancholy: Studies in Literary Treatments of Melancholy in Renaissance England*. London:

Routledge, 1971.

MacAloon, John J., ed. *Rite, Drama, Festival, Spectacle: Rehearsals Toward a Theory of Cultural Performance*. Philadelphia: Institute for the Study of Human Issues, 1984.

MacDonald, A. J. *Trade Politics and Christianity in Africa and the East*. New York: Negro Universities Press, 1969.

MacRobert, Iain. *The Black Roots and White Racism of Early Pentecostalism in the USA*. New York: St. Martin's Press, 1988.

Maffesoli, Michel. *The Shadow of Dionysus: A Contribution to the Sociology of the Orgy*. Translated by Cindy Lines and Mary Kristina Palmquist. Albany: SUNY Press, 1993.

Malcolmson, Robert W. *Popular Recreations in English Society, 1700-1850*. Cambridge: Cambridge University Press, 1973.

Malone, Jacqui. "'Keep to the Rhythm and You'll Keep to Life': Meaning and Style in African American Vernacular Dance." In Caponi, pp. 222-38.

Martin, Linda and Kerry Segrave. *Anti-Rock: The Opposition to Rock 'n' Roll*. New York: Da Capo Press, 1993.

Mazlish, Bruce. *The Revolutionary Ascetic: Evolution of a Political Type*. New York: Basic Books, 1976.

McKenzie, Peter. *The Christians: Their Beliefs and Practices*. Nashville: Abingdon Press, 1988.

McNally, Dennis. *A long Strange Trip: The Inside History of the Grateful Dead*. New York: Broadway Books, 2002.

McNeil, William H. *Keeping Together in Time: Dance and Drill in Human History*. Cambridge, MA: Harvard University Press, 1995

———. *The Pursuit of Power: Technology, Armed Force and Society Since A.D. 1000*. Chicago: University of Chicago Press, 1982.

Meeks, Wayne A. *The First Urban Christians: The Social World of the Apostle Paul*. New Haven, CT: Yale University Press, 1983.

Meltzoff, Andrew N., and Wolfgang Prinz, eds. *The Imitative Mind: Development, Evolution and Brain Base*. Cambridge: Cambridge University Press, 2002.

Métraux, Alfred. *Haiti: Black Peasants and Their Religion*. Translated by Peter Lengyel. London: Harrap, 1960.

Michelet, Jules. *History of the French Revolution*. Translated by Charles Cocks. Chicago: University of Chicago Press, 1967.

Miller, James. *Flower in the Dustbin: The Rise of Rock and Roll, 1947-1977*. New York: Simon and Schuster, 1999.

Mitzman, Arthur. *The Iron Cage: An Historical Interpretation of Max Weber*. New York: Knopf, 1970.

Momigliano, Arnaldo. *On Pagans, Jews and Christians*. Hanover, NH: Wesleyan University Press, 1987.

Mooney, James. *The Ghost-Dance Religion and Wounded Knee*. Mineola, NY: Dover Reprints, 1973.

Moorehead, Alan. *The Fatal Impact: An Account of the Invasion of the South Pacific, 1767-1840*. New York: Harper and Row, 1966.

Morris, Desmond. *The Soccer Tribe*. London: Cape, 1981.

Mosse, George L. *Confronting the Nation: Jewish and Western Nationalism*. Hanover and London: Brandeis University Press, 1993.

———. *Masses and Man: Nationalist and Fascist Perceptions of Reality*. Detroit: Wayne State University Press, 1987.

Muchembled, Robert. *Popular Culture and Elite Culture in France, 1400-1750*. Translated by Lydia Cochrane. Baton Rouge and London: Louisiana State University Press, 1985.

Muir, Edward. *Ritual in Early Modern Europe*. Cambridge: Cambridge University Press, 1997.

Murphy, Joseph M. *Working the Spirit: Ceremonies of the African Diaspora*. Boston: Beacon Press, 1994.

Myerly, Scott Hughes. *British Military Spectacle: From the Napoleonic Wars Through the Crimea*. Cambridge, MN: Harvard University Press, 1996.

Nandy, Ashis. *The Intimate Self: Loss and Recovery of Self Under Colonialism*. Delhi: Oxford University Press, 1983.

Newberg, Andrew, Eugene D'Aquili, and Vince Rause. *Why God Won't Go Away: Brain Science and the Biology of Belief*. New York: Ballantine, 2001.

Newton, Peter M. "Samuel Johnson's Mental Breakdown and Recovery in Middle-Age: A Life Span Development Approach to Mental Illness and Its Cure." *International Review of Psycho-Analysis* 11, no. 1 (1984): 93-118.

Nietzsche, Friedrich. *The Birth of Tragedy and the Geneaology of Morals*. Translated by Francis Golffing. New York: Anchor Books, 1990.

Nijisten, Gerard. "The Duke and His Towns: The Power of Ceremonies, Feasts and Public Amusement in the Duchy of Guelders (East Netherlands) in the Fourteen and Fifteen Centuries" In Hanawalt and Reyerson, pp.235-66.

Nye, Robert A. *The Origins of Crowd Psychology: Gustave LeBon and the Crisis of Mass Democracy in the Third Republic*. London: Sage, 1975.

Obbink, Dirk. "Dionysus Poured Out: Ancient and Modern Theories of Sacrifice and Cultural Formation." In Carpenter and Faraone, pp. 65-68.

Oesterley, W. O. E. *The Sacred Dance: A Study in Comparative Folklore*. Cambridge: Cambridge University Press, 1923.

Oesterriech, T. K. *Possession, Demoniacal and Other: Among Primitive Races, in Antiquity, the Middle Ages, and Modern Times*. Translated by D. Ibberson. New Hyde park, NY: University Books, 1966.

Olmos, Margarite Fernández, and Lizabeth Paravisini-Gebert, eds. *Sacred Possession: Vodou, Santeria, Obeah, and the Caribbean*. New Brunswick, NJ: Rutgers University Press, 1999.

Omari, Mikelle Smith. "Candomblé: A Socio-Political Examination of African Religion and Art in Brazil." In Blakely et al., pp.135-59.

Oppenheim, Janet. *Shattered Nerves: Doctors, Patients, and Depression in Victorian England*. New York: Oxford University Press, 1991.

Orloff, Alexander. *Carnival: Myth and Cult*. Wörgl, Austria: Perlinger Verlag, 1981.

Otto, Walter F. *Dionysus: Myth and Cult*. Translated by Robert B. Palmer. Dallas, TX Spring, 1981.

Ozouf, Mona. *Festivals and the French Revolution*. Translated by Alan Sheridan. Cambridge, MA: Harvard University Press, 1988.

Parker, Geoffrey. *The Military Revolution: Military Innovation and the Rise of the West, 1500-1800*. Cambridge: Cambridge University Press, 1989.

Parker, Noel. *Portrayals of Revolution: Images, Debates and Patterns of Thought on French Revolution*. Carbondale: Southern Illinois University Press, 1990.

Patai, Raphael. *The Hebrew Goddess*. Detroit: Wayne State University Press, 1990.

Peukert, Detlev J. K. *Inside Nazi Germany: Conformity, Opposition and Racism in Everyday Life*. Translated by Richard Deveson. New Haven, CY: Yale University Press, 1987.

Pierson, William D. "African-American Festival Style." In Caponi, pp.417-34.

Plass, Paul. *The Game of Death in Ancient Rome: Arena Sport and Political Suicide*. Madison: University of Wisconsin Press, 1995,

Platvoet, Jan G. "Rattray's Request: Spirit Possession Among the Bono of West Africa." In Harvey, pp. 80-96.

Pope, Steven W. "Negotiating the 'Folk Highway' of the Nation: Sport, Public Culture and American Identity, 1870-1940." *Journal of Social History* (Winter 1993): 327-40.

Portefaix, Lillian. "Religio-ecological Aspects of Ancient Greek Religion from the Point of View of Woman: A Tentative Approach." *Temenos* 21 (1985): 144-51.

Porter, Roy. *Mind-Forg'd Manacles: A History of Madness in England from the Restoration to the Regency*. Cambridge, MA: Harvard University Press, 1987.

Pratt, Ray. *Rhythm and Resistance: Exploration of the Political Uses of Popular Music*. New York: Praeger, 1990.

Price, Robert M. "Christianity, Diaspora Judaism, and Roman Crisis." *Review of Rabbinic Judaism* 5, no. 3 (2000): 316-31.

Putnam, Robert D. *Bowling Alone: The Collapse and Revival of American Community*. New York: Simon and Schuster, 2000.

Raboteau, Albert J. *Slave Religion: The "Invisible Institution" in the Antebellum South*. New York: Oxford University Press, 1978.

Rader, Benjamin G. *American Sports: From the Age of Folk Games to the Age of Televised Sports*. 2nd ed. Englewood Cliffs, NJ: Prentice Hall, 1990.

Rogers, Cornwell B. *The Spirit of Revolution*. New York: Greenwood Press, 1949.

Rogers, Nicholas. *Halloween: From Pagan Ritual to Party Night*. New York: Oxford University Press, 2002.

Roper, Lyndal. *Oedipus and the Devil: Witchcraft, Sexuality and Religion in Early Modern Europe*. London and New York: Routledge, 1994.

Ross, Robert, ed. *Racism and Colonialism*. Leiden: Nifhoff, 1982.

Roth, Marty. *Drunk the Night Before: An Anatomy of Intoxication*. Minneapolis: University of Minnesota Press, 2005.

Rouget, Gilbert. *Music and Trance: A Theory of the Relations Between Music and Possession*. Translated by Brunhilde Biebuyck. Chicago: University of Chicago Press, 1985.

Rubin, Julius H. *Religious Melancholy and Protestant Experience in America*. New York: Oxford University Press, 1994.

Rubin, Miri. *Corpus Christi: The Eucharist in Late Medieval Culture*. Cambridge: Cambridge University Press, 1991.

Rudé, George. *The Crowd in the French Revolution*. Oxford: Oxford University Press, 1959.

Ruiz, Teofilo F. "Elite and Popular Culture in Late Fifteenth-Century Castilian Festivals." In Hanawalt and Reyerson, pp. 296-318.

Sachs, Curt. *The World of the Dance*. New York: Norton, 1937.

Samarin, William J. *Tongues of Men and Angels*. New York: Macmillan, 1972.

Sánchez, Magdalena S. *The Empress, the Queen and the Nun: Woman and Power at the Court of Philip III of Spain*. Baltimore: Johns Hopkins University Press, 1998.

Sass, Louis A. *Madness and Modernism: Sanity in the Light of Modern Art, Literature and Thought*. New York: Basic Books, 1992.

Sawyer, Deborah F. *Women and Religion in the First Christian Centuries*. London and New York: Routledge, 1996.

Schnapp, Jeffrey T. *Staging Fascism: 18BL and the Theater of the Masses for the Masses*. Stanford: Stanford University Press, 1996.

Scott, James C. *Domination and the Art of Resistance: Hidden Transcripts*. New Haven, CT: Yale University Press, 1990.

Scribner, Bob. "Reformation, Carnival and the World Turned Upside Down." *Social History* 3, no. 3 (1978):303-29.

Sennett, Richard. *The Fall of Public Man*. New York: Norton, 1992.

Shirer, William L. *Berlin Diary: The Journal of a Foreign Correspondent, 1934-1941*. New York: Knopf, 1941.

Simpson, George Eaton. *Black Religion in the New World*. New York: Columbia University Press, 1978.

Small, Christopher. "Africans, Europeans and the Making of Music." In Caponi, pp.110-34.

Smith A. W. "Some Folklore Elements in Movements of Social Protest." *Folklore* 77 (1967):241-52.

Smith, Morton. *Jesus the Magician: Charlatan or Son of God?* Berkeley, CA: Seastone, 1998.

———. *Studies in the Cult of Yahweh*. Vol. 1, *Studies in Historical Method, Ancient Israel, Ancient Judaism*. Edited by Shaye Cohen, J.D. Leiden: Brill 1996.

Solomon, Andrew, *The Noonday Demon: An Atlas of Depression*. New York: Touchstone Books, 2002.

Spencer, Elizabeth Glovka. "Policing Popular Amusements in German Cities: The Case of Prussia's Rhine Province, 1815-1914." *Journal of Urban History* 16, no. 4 (1990): 366-85

Stallybrass, Peter and Allon White. *The Politics and Poetics of Transgression*. Ithaca. NY: Cornell University Press, 1986.

Stoler, Ann Laura. *Race and the Education of Desire: Foucault's History of Sexuality and the Colonial Order of Things*. Durham, NC: Duke University Press, 1995.

Street, Brian V. *The Savage in Literature: Representations of "Primitive" Society in English Fiction, 1858-1920*. London and Boston: Routledge, 1975.

Styron, William. *Darkness Visible: A Memoir of Madness*. New York: Vintage Books, 1990.

Suryani, Luh Ketutm and Gordon D. Jensen. *Trance and Possession in Bali: A Window on Western Multiple Personality Posses-*

sion Disorder and Suicide. Kuala Lumpur: Oxford University Press, 1993.

Taiwo, Olu. "Music, Art and Movement Among the Yoruba." In *Indigenous Religions: A Companion*, ed. Graham Harvey, pp.173-89. London and New York: Cassell, 2000.

Thompson, E. P. *Customs in Common: Studies in Traditional Popular Culture*. New York: New Press, 1993.

———. "Patrician Society, Plebeian Culture." *Journal of Social History* 7, no. 4 (1974): 382-405.

Thorsley, Peter. "The Wild Man's Revenge." *In The Wild Man Within: An Image in Western Thought from the Renaissance to Romanticism*, ed. Edward Dudley and Maximillian E. Novak, pp.281-308. Pittsburgh: University of Pittsburgh Press, 1972.

Toland, John. *Adolf Hitler*. New York: Anchor Books, 1992.

Trilling, Lionel. *Sincerity and Authenticity*. Cambridge, MA: Harvard University Press, 1973.

Tripp, David. "The Image of the Body in the Protestant Reformation." *In Religion and the Body*, ed. Sarah Coakley, pp. 131-51. Cambridge: Cambridge University Press, 1997.

Trossbach, Werner. "'Klee-Skrupel': Melancholie und Öknomie in der Deutschen Spätaufklärung." *Aufklärung* 8, no. 1 (1994): 91-120.

Tuan, Yi-Fu. *Segmented Worlds and Self: Group Life and Individual Consciousness*. Minneapolis: University of Minnesota Press, 1982.

Turner, Ralph H., and Lewis M. Killian. *Collective Behavior*: 4th ed. Englewood Cliffs, NJ: Prentice Hall, 1993.

Turner, Victor. "*Carnival* in Rio: Dionysian Drama in an Industrializing Society." In *The Celebration of Society: Perspectives on Contemporary Cultural Performance*, ed. Frank Manning, pp. 103-24. Bowling Green, OH: Bowling Green University Popular Press, 1983.

———. ed. *Celebration: Studies in Festivities and Ritual*. Washington, DC: Smithsonian Institution Press, 1982.

———. *The Ritual Process: Structure and Anti-Structure*. Ithaca, NY: Cornell University Press, 1966.

Twycross, Meg, ed. *Festive Drama: Papers from the Sixth Triennial Colloquium of the International Society for the Study of Medieval Theatre, Lancaster, 13-19 July, 1989*. Brewer, 1996.

Underdown, David. *Rebel, Riot and Rebellion: Popular Politics and Culture in England, 1603-1660*. Oxford: Clarendon Press, 1985.

Van de Velde, T. H. *Ideal Marriage: Its Physiology and Technique*. New York: Random House, 1961.

Vasil'ev, Aleksei Mikhailovich. *The History of Saudi Arabia*. London: Saqi Books, 1998.

Vellacott, Philip. Introduction to *The Bacchae and Other Plays*, by Euripides, translated by Philip Vellacott. London and New York: Penguin Books, 1954.

Vincent, Ted. *The Rise and Fall of American Sport: Mudville's Revenge*. Lincoln: University of Nebraska Press, 1981.

Voeks, Robert A. *Sacred Leaves of Candomblé: African Magic, Medicine, and Religion in Brazil*. Austin: University of Texas Press, 1997.

Wagner, Ann. *Adversaries of Dance: From the Puritans to the Present*. Urbana and Chicago: University of Illinois Press, 1997.

Walker, Williston. *A History of the Christian Church*. New York: Scribner's, 1959.

Walzer, Michael. *The Revolution of the Saints: A Study in the Origins of Radical Politics*. Cambridge, MA: Harvard University Press, 1965.

Wann, Daniel L., Merrill J. Melnick, Gordon W. Russell, and Dale G. Pease. *Sport Fans: The Psychology and Social Impact of Spectators*. New York and London: Routledge, 2001.

Ward, Kevin. "Africa." In *A World History of Christianity*, ed. Adrian Hastings, pp.192-233. Grand Rapids, MI: Eerdmans, 1999.

Weber, Max. *The Protestant Ethic and the Spirit of Capitalism*. London and New York: Routledge, 1992.

———. *The Religion of China: Confucianism and Taoism*. Translated by Hans H. Gerth. New York: Free Press, 1951.

———. *The Sociology of Religion*. Boston: Beacon Press, 1991.

Weidkuhn, Peter, "Carnival in Basle: Playing History in Reverse." *Cultures* 3, no. 1 (1976): 29-53.

Weinstein, Fred, and Gerald M. Platt. *The Wish to be Free: Society, Psyche and Value Change*. Berkeley: University of California Press, 1969.

Wiggins, David K., ed. *Sport in America: From Wicked Amusement to National Obsession*. Champaign, IL: Human Kinetics, 1995.

Wilken, Robert L. *The Christians as the Romans Saw Them*. New Haven: Yale University Press, 1984.

Williams, Roger L. *The French Revolution of 1870-1871*. New York: Norton, 1969.

Wilmore, Gayraud S. *Black Religion and Black Radicalism*. Garden City, NY: Doubleday, 1972.

Wilson, Bryan R. *The Noble Savages: The Primitive Origins of Charisma and Its Contemporary Survival*. Berkeley: University of California Press, 1975.

Wolpert, Lewis. *Malignant Sadness: The Anatomy of Depression*. New York: Free Press, 1999.

Wulff, David M. *Psychology of Religion*. New York: Wiley, 1991.

Zolberg, Aristide R. "Moments of Madness." *Politics and Society* 2, no. 2 (1972): 183-208.

致謝

我無法感謝所有協助這本書完成的人，原因很簡單，有個颶風毀了我原本的致謝名單，也毀了許多珍貴的書籍和檔案。感謝名單若有闕漏，請多包涵。我要感謝Matthew Bartowiak、Lalitha Chandrasekher、Alison Pugh、Hank Sims、Mitchell Verter在研究上熱情的協助，Heather Blurton與Lauriallen Reitzammer也貢獻良多。

許多學者與記者親切地回覆我各式各樣迫切重要的問題，包括Peter Brown、Peter Brooks、Reginald Bulter、Michael Cook、E.J. Gorn、Allen Guttman、Edward Hagen、Arlie Hochschild、Riva Hocherman、Ann Killian、Marcel Kinsbourne、Simon Kuper、Peter Manuel、Jack Santino、James Scott、Laura Slatkin、Ellen Schattschneider、Wolfgang Schivelbusch、Katherine Stern、Ann Stolar、Michael Taussig以及Daniel Wann。我特別感謝

Elizabeth Thompson解釋阿拉伯的歷史背景以及翻譯阿拉伯文資料。

謝謝以下給予初稿建議的人，Diane Alexander、Darren Cushman Wood、Ben Ehrenreich、Edward Hagen以及William H. McNeill。後者的著作《與時俱進》（*Keeping Together in Time*）啓發了我，令我深信這是個值得研究的主題。

Janet McIntosh對這本書的貢獻難以歸類，也難以言喻，我感激不盡。她還是研究生的時候就擔任我的研究助理，說「老師」還比較貼切，因爲她的工作就是發給我一堆資料，我們還一起討論。這本書裡沒有任何部分是她不清楚的。希望她的才華與知識能大放光彩。

我合作多年的大都會出版社編輯Sara Bershtel依然以她滿腹的經綸以及精闢的邏輯審閱本書。我也非常感謝編輯Vicki Haire，她勤奮不懈地確認每一項事實，使我免於出糗。最後要感謝出版業相關的工作人員，是他們將一堆稿子變成了書。

國家圖書館出版品預行編目資料

嘉年華的誕生：慶典、舞會、演唱會、運動會如何翻轉全世界
芭芭拉.艾倫瑞克(Barbara Ehrenreich)著；胡訢諄譯
-- 初版. -- 新北市：左岸文化出版：遠足文化發行, 2015.02
面；　公分. (左岸社會觀察)

譯自：Dancing in the streets : a history of collective joy

ISBN 978-986-5727-16-1 (平裝)

1. 風俗　2.民俗活動　3.文化史

538.8　　103027429

左岸｜社會觀察 217

嘉年華的誕生——慶典、舞會、演唱會、運動會如何翻轉全世界

作　　者　芭芭拉・艾倫瑞克
譯　　者　胡訢諄
總 編 輯　黃秀如
責任編輯　許越智
封面設計　張瑜卿
內文排版　宸遠彩藝

社　　長　郭重興
發行人暨出版總監　曾大福
出　　版　左岸文化事業有限公司
發　　行　遠足文化事業股份有限公司
231 新北市新店區民權路108-4號8樓
電　　話　02-2218-1417
傳　　真　02-2218-8057
客服專線　0800-221-029
E - M a i l　service@bookrep.com.tw
左岸文化部落格：http://blog.roodo.com/rivegauche

法律顧問　華洋法律事務所 蘇文生律師
印　　刷　成陽印刷股份有限公司
初　　版　2015年02月

定　　價　350元
I S B N　978-986-5727-16-1